VERDI

La vie, le mélodrame

DU MÊME AUTEUR

LE THÉÂTRE DES NUES, L'Alphée, Paris, 1981.
LES LIENS, L'Alphée, Paris, 1982.
LA CHUTE D'ORLANDO MARIN, Obsidiane, Paris, 1984.
ÉLÉGIE, *suivi de* PARVA DOMUS, La Dogana, Genève, 1984.
LANGUE MORTELLE, L'Alphée, Paris, 1987.
DESTIN, Le Temps qu'il fait, Cognac, 1987.
NOMEN NESCIO [1], Grasset, Paris, 1989.
ODOR DI FEMINA, Le Temps qu'il fait, Cognac, 1989.
UNE BAIGNOIRE À L'OPÉRA-COMIQUE, Obsidiane, Paris, 1990.
LA LUNETTE DE STENDHAL, Grasset, Paris, 1991.
TROIS GUERRIERS PLUS UN, Le Temps qu'il fait, Paris, 1993.
LE SENTIMENT DU FER, Grasset, Paris, 1994.
HISTOIRE D'UNE ASCENSION, Le Temps qu'il fait, Cognac, 1996.
MES ANGES *(ou Comment j'ai écrit à Sophie Marceau)*, Libr. Tschann, Paris, 1996.
ITALIE OBSCURE, *La défaillance de l'illusion*, Belin, Paris, 2001.

Principales traductions

POÉSIES *de Michel-Ange*, Imprimerie Nationale, Paris, 1993.
TROIS LIVRETS POUR MOZART *de Lorenzo Da Ponte*, Flammarion, Paris, 1994.
CHANTS / CANTI *de Giacomo Leopardi*, Aubier, Paris, 1995.
ROLAND FURIEUX *de l'Arioste*, Editions du Seuil, Paris, 2000.

à paraître

JÉRUSALEM LIBÉRÉE *du Tasse*, Gallimard, Paris.

1. Paru sous le titre *N.N. ou l'Amour caché*

MICHEL ORCEL

VERDI

La vie, le mélodrame

BERNARD GRASSET
PARIS

A mon père.

Ce livre doit beaucoup aux stimulants échanges que j'ai pu avoir avec la savante Daniela Goldin Folena, qui m'a fait l'amitié de me suivre dans mon travail. Ma gratitude ne s'adresse pas moins à Martine Boutang, qui a pris la peine de me relire page à page et m'a fait profiter de ses fines remarques tout au long de la rédaction de cet ouvrage.

M.O.

CHAPITRE I

« Devenir quelqu'un parmi les hommes [1] »

Une des légendes les plus défavorables à la connaissance critique de l'œuvre de Verdi touche à l'origine sociale et à la formation du compositeur. Cette légende, en partie nourrie par le musicien lui-même – chez qui l'on flaire, comme chez le grand dramaturge Vittorio Alfieri, l'un de ses maîtres, le souci de s'autogénérer –, voudrait que Verdi fût né dans un milieu paysan d'une grande pauvreté et n'eût reçu qu'une éducation élémentaire. En vérité, la figure hagiographique du génie naissant tout armé, et presque sans géniteur, ne sert en rien le décryptage de l'œuvre verdien et doit être abandonnée au profit d'une histoire et d'un portrait plus subtils.

Giuseppe Verdi (dont l'acte de naissance fut rédigé en français, par suite du rattachement du nord de l'Italie à la France napoléonienne) naquit – une incertitude demeure [2] – le 9 ou le 10 octobre de l'an 1813, dans le village de ou des Roncole (aujourd'hui Roncole Verdi),

1. Lettre à Antonio Barezzi du 4 septembre 1838.

2. Si les actes de naissance et de baptême concordent sur la date du 10 octobre 1813, Verdi crut, jusque tard dans sa vie, être né le 9 octobre 1814, comme le lui avait toujours dit sa mère.

près de l'antique bourgade de Busseto, capitale de l'Etat souverain des Pallavicini jusqu'à la fin du XVIe siècle. Son père, Carlo Verdi, était aubergiste et petit propriétaire foncier. Le portrait de lui qui se forme à l'étude des documents ne le rend guère sympathique (malgré les larmes qu'il versa lorsque, à la représentation de *Nabucco* à Parme, il assista pour la première fois au triomphe de son fils), et Verdi n'eut jamais des rapports faciles avec lui. Sa mère, Luigia Uttini, semble, en revanche, avoir été une excellente femme ; elle tenait le ménage et filait. Si l'on en croit une de ces anecdotes à demi fabuleuses qui entourent l'enfance du compositeur, en 1814, la jeune mère sauva le nourrisson de la barbarie des troupes russes en se réfugiant avec lui dans le clocher de l'église du village. L'enfant n'avait pas cinq mois. Selon les biographes les plus récents, l'événement est fort plausible, à cela près que les armées étrangères qui se battirent contre les Français dans la zone des Roncole (entre février et mars 1814) ne semblent pas avoir compté de contingents russes.

La branche maternelle du musicien, lointainement originaire des Alpes suisses, avait compté au XVIIIe siècle deux cantatrices de renom, un ténor qui se produisit avec Mozart lors d'un concert donné en 1770 à l'Académie royale de Mantoue, et surtout un compositeur, Francesco Antonio Uttini, qui avait épousé une nièce d'Alessandro Scarlatti et composé la musique du couronnement de Gustave III de Suède, ce même monarque dont l'assassinat servira bien plus tard d'argument à l'un des chefs-d'œuvre de Verdi *(Un bal masqué)*. Le compositeur ignorait très probablement ces détails, qui montrent cependant que, du côté maternel, l'enfant n'était pas né de rien. Du côté paternel, la filiation est beaucoup plus obscure, mais les Verdi appartenaient depuis plusieurs générations à la petite bourgeoisie paysanne ; et il faut au moins redire avec force que le père de Verdi eut le mérite de faire donner à son fils – que, tout austère que fut son enfance, il faut imaginer dans le monde un peu pittoresque des auberges de campagne – l'éducation la meilleure qui se pouvait alors concevoir dans le *contado*, la province paysanne, de Parme. Dès l'âge de quatre ans, l'enfant reçut des leçons particulières d'italien et de latin, et entra à l'école du village à l'âge de six ans, s'initiant en même temps (orgue et, peut-être, direction chorale) à la musique, laquelle, au dire des contemporains, provoquait déjà chez lui une sorte d'extase. Cette attraction poussa les Verdi à acheter à leur fils une petite épinette, instrument auquel le compositeur resta fort attaché et qui se trouve aujourd'hui au Musée de la Scala. C'est à peu près à cette époque que se situe une seconde anecdote chère à l'hagiographie verdienne. Un jour qu'il servait la messe à l'église du village, captivé par la musique de l'orgue, le petit Verdi n'entendit pas le prêtre lui demander les burettes. Le curé donna une bourrade à l'enfant, qui roula au pied de l'autel et, humilié et furieux, lui lança en dialecte : *« Dio t'manda 'na sajetta ! »*, entendez : « Que Dieu te foudroie ! » Si elle s'arrêtait là, l'anecdote ne ferait guère qu'illustrer l'empire que la musique exerçait déjà sur l'enfant, sa promptitude de caractère, et les racines de son futur anticléricalisme. Mais le fait est que, huit ans plus tard, le curé, en même temps que quatre autres prêtres et deux choristes, fut réellement tué par la foudre dans une église du pays. Verdi échappa fortuitement à la catastrophe, mais la vision qui s'offrit à lui quand il arriva dans l'église – horreur et grotesque mêlés, le prêtre avait été foudroyé en train de priser du tabac – le marqua si fort que, bien des années plus tard, il se le rappelait comme un événement presque onirique. La malédiction – qui était appelée à jouer un rôle si grand dans la mécanique du mélodrame verdien (dans *Nabucco*, où le roi est, justement, foudroyé, dans *Macbeth, Rigoletto, Simon Boccanegra, La Force du destin*) – semble ainsi trouver une troublante origine dans la vie même du compositeur, chez lequel on peut aussi bien voir un héros doté de pouvoirs divins que le coupable d'un meurtre magique.

Cependant, grâce à l'épinette, aux leçons du maître d'école et au caractère sérieux de l'enfant, « peu enclin au divertissement » et, selon les souvenirs de certains, déjà doté d'une aura d'autorité, les dons musicaux de Verdi faisaient merveille, si bien que le conseil de fabrique le nomma, à douze ans à peine, organiste titulaire de l'église du village. Entre-temps, ses parents l'avaient envoyé à Busseto pour poursuivre son éducation au Gymnasium, école secondaire dont il suivit le cycle normal. L'adolescent s'éloigna ainsi de la maison familiale et de sa petite sœur, Giuseppa Francesca, qu'il chérissait, dit-on, comme lui-même, et qui mourut en 1833 [1]. Le directeur du Gymnasium, don Pietro Seletti, était, dans les limites de la province et de l'époque, un intellectuel curieux, passionné de lettres grecques et hébraïques, évidemment bon latiniste, philologue et même astronome amateur. Musicien, enfin, cela va de soi dans une des provinces les plus naturellement musiciennes de l'Italie, où verront plus tard le jour Toscanini et Respighi. Toutefois, du point de vue musical, c'est à Antonio Provesi, organiste de Busseto, qui avait été l'élève d'Alessandro Rolla (lui-même maître de Paganini et de Paer), ainsi qu'à Antonio Barezzi, un des premiers commerçants de la ville [2], que l'adolescent dut la poursuite de sa formation musicale. Provesi était doté

1. La déficience mentale attribuée par certains à la sœur de Verdi n'est attestée par aucun document.
2. Il était distillateur et épicier en gros.

d'une nature rebelle et poétique. Barezzi, quant à lui, était un dilettante passionné et, comme toute une partie de sa famille, un bon musicien, pratiquant plusieurs instruments à vent. Bien longtemps avant de devenir son beau-père, il fut pour Verdi un véritable mécène, dont le compositeur répéta souvent qu'il lui devait « absolument tout » et qu'il l'avait aimé « comme un père [1] ». Les deux hommes, Barezzi et Provesi, régnaient sur la Société philharmonique de la ville, bastion de la musique profane et foyer de l'anticléricalisme local. C'est donc tout en travaillant l'harmonie et la composition que Verdi poursuivit ses études littéraires, au cours desquelles il fréquenta notamment, et non sans succès, Virgile, Juvénal, Pline, Cicéron... Avant d'attaquer, entre seize et dix-sept ans, Alfieri, Manzoni et (si l'on en croit sa plus récente biographie) Shakespeare. Chacun sait l'adoration qu'il portait aux *Fiancés* et à son auteur (« le Saint »), auquel il dédia bien plus tard son *Requiem*, et, plus profondément encore, au dramaturge anglais, qu'il connaissait à fond et avec lequel il se colleta sa vie durant. Mais on ignore, ou l'on sous-estime le plus souvent, l'influence qu'eut sur lui le théâtre d'Alfieri, dont, jusqu'à l'époque de l'indépendance italienne, il allait en quelque sorte devenir, du double point de vue esthétique et politique, le vrai successeur. La vitesse de l'action, l'âpreté phonique, la grandeur barbare des personnages, la soif de liberté unie au pessi-

1. Lettre à Clarina Maffei, de Sant'Agata, le 30 juin 1867 (d'après la reconstruction de M. Conati, in A. Oberdorfer, *Verdi : autobiografia dalle lettere*). Verdi ne ménagea jamais sa reconnaissance envers cet homme éminemment sympathique et généreux. Parmi les mille témoignages de cette gratitude, le compositeur, dans les années 50, écrivait à son librettiste Francesco Maria Piave à propos de notes autobiographiques qu'on lui avait demandées : « Je voudrais seulement que les éloges dus à mon beau-père [Barezzi] ne soient pas oubliés » (cité par F. Abbiati, *Giuseppe Verdi*, t. II, p. 240).

Les références des ouvrages cités dans les notes sont fournies dans les « Orientations bibliographiques » en fin de volume.

misme le plus amer sont autant de points, non exhaustifs, qui apparentent les deux œuvres. Malgré les sources européennes du mélodrame verdien, apparemment si éloigné du néoclassiscime presque étouffant d'Alfieri, *Nabucco, I due Foscari, Attila, Don Carlos* et jusqu'à *Aida* témoigneront, chacun à sa manière, fût-ce de façon de plus en plus labile, de la permanence de cet intertexte. Disons déjà que, d'après les jugements enthousiastes de Barezzi et de son cousin Giuseppe Demaldè, une des toutes premières compositions vraiment notables du musicien encore adolescent (il avait quinze ans) fut une cantate pour baryton et orchestre en huit mouvements intitulée *Les Délires de Saül*, pièce, hélas perdue, directement inspirée d'un des chefs-d'œuvre du dramaturge piémontais *(Saul)*. En 1830, du reste, au milieu de mille autres travaux, le jeune Verdi composa, à l'occasion de la Semaine sainte, des *Lamentations de Jérémie* pour baryton et orchestre. Ce qui nous donne l'occasion d'ajouter l'Ancien Testament aux grandes lectures formatrices du musicien.

Verdi avait fini ses études secondaires en 1827 avec la mention « Très bien » et achevé sa formation musicale à l'école de Provesi en 1829. Son premier concert public, donné au pied levé, à l'âge de treize ans, dans l'église du Gymnasium, avait révélé à tous son talent ; d'autres concerts confirmèrent sa gloire locale. Durant les trois années suivantes, il continua à tenir l'orgue des Roncole, à aider son maître de musique et à écrire une foule de compositions (« des marches par centaines », selon ses propres mots, des *sinfonie*, des variations pour divers instruments, des pièces religieuses, parmi lesquelles un *Stabat Mater* et une Messe à quatre voix), compositions sans aucune valeur, au dire même du compositeur, mais techniquement utiles, destinées à la Société philharmonique, à l'église et au théâtre de Busseto. C'est pour cet établissement qu'il écrivit en 1828 une ouverture pour le *Barbier de Séville*, qui suscita l'enthousiasme de ses concitoyens. Il donnait également des leçons de musique à la fille de son protecteur, Margherita Barezzi, qui deviendra quelques années plus tard sa première épouse. Barezzi, non content de soutenir le jeune homme, lui avait ouvert sa maison, laissé la libre disposition de son piano à queue viennois, et confié l'éducation musicale de sa fille. Entre le jeune maître, ardent sous sa sévérité, et une tendre jeune fille à la splendide chevelure, dont la douceur et les dons musicaux dissimulaient une vraie force de caractère (la vie du couple à Milan le montrera [1]), tout était en place pour une idylle. La romance, découverte par la mère de Margherita, aurait pu choquer la famille, mais le lien qui unissait Barezzi à Verdi (on n'insistera jamais assez sur cette paternité de substitution) était déjà trop puissant, et, bien qu'on ait alors mis un peu de surveillance dans les entrevues, le compositeur, loin d'être inquiété, continua d'habiter chez son protecteur, où il jouissait d'une grande et belle chambre depuis le mois de mai 1831. L'année suivante, Verdi obtint, du Mont-de-Piété de Busseto, une petite bourse pour poursuivre ses études musicales, et partit durant l'été pour Milan dans l'espoir d'être reçu au Conservatoire. Son passeport le décrit « de haute stature » (et, en 1867, Jules Claretie le décrira de « haute taille [2] » ; mais c'est une appréciation

1. L'anecdote fut peut-être inventée par Verdi, mais le compositeur raconta qu'au printemps 1840, comme il n'arrivait pas à payer son loyer, la jeune femme alla de son propre chef vendre ses quelques bijoux en or. La très ferme déclaration qu'elle fit sur l'avenir de Verdi, promis à la musique théâtrale, au moment de la querelle pour la nomination du nouveau maître de chapelle de Busseto (G. Marchesi, *Giuseppe Verdi*, p. 22), en dit encore plus long sur le caractère de Margherita.

2. *Une répétition de « Don Carlos »*, in « Le Figaro » du 17 février 1867. Voir M. Conati, *Interviste e incontri con Verdi*, p. 55 et suiv. Le même article est ironiquement commenté par A. Savinio dans *Hommes, racontez-vous*, p. 135.

très dépendante de l'époque et des lieux : un journaliste allemand dira plus tard de lui qu'il était « de taille moyenne » ; en réalité, il devait mesurer environ un mètre soixante-quinze) ; les yeux gris – bien que certains portraits des années 40 le dotent d'un regard franchement noir, pour accentuer peut-être son physique un peu fatal [1] ; une abondante chevelure châtain foncé ; un visage maigre et pâle, une barbe épaisse, le nez aquilin, les lèvres fines. Ce physique plutôt avantageux est tout de même gâté par la timidité farouche du jeune homme. Et, en déployant chronologiquement les portraits et photographies que nous possédons de lui, on constate que sa beauté s'assombrira dans les années 1840-1860 pour s'épanouir ensuite avec les ans, jusqu'à culminer dans le masque batailleur aux yeux gris et à la barbe hérissée, sous le haut-de-forme luisant et l'écharpe de soie, que lui donna Boldini dans le magnifique portrait de 1886, aujourd'hui visible à la Galerie nationale d'art moderne de Rome.

A la veille de l'été 1832, Verdi, accompagné de son père et de son vieux maître Provesi, fit donc son entrée dans la capitale lombarde, avec, on l'imagine, les sentiments d'un jeune homme de la campagne à la fois craintif et conscient de sa valeur. Hélas, le 22 juin, bien qu'il ait été recommandé au violoniste et compositeur Alessandro Rolla, qui le soutint, il fut refusé au Conservatoire pour des raisons de technique pianistique (la position de la main était défectueuse) longtemps jugées injustes, mais qui, aujourd'hui, ne semblent pas incompréhensibles vu son âge, supérieur à la limite officielle, et sa condition d'« étranger » puisqu'il était sujet du duché de Parme. Ce refus humilia l'ombrageux et timide jeune homme, qui, sur le conseil de Rolla, prit alors pour maître privé Vincenzo Lavigna, ancien élève

1. Portrait de Verdi par F. Torriani, Musée de la Scala.

de Paisiello, compositeur et *maestro al cembalo*, c'est-à-dire claveciniste et directeur d'orchestre, à la Scala (où il avait autrefois dirigé la première italienne de *Don Juan* et préparé, l'année précédente, la création de la *Norma* de Bellini). On observait alors en Italie une nette coupure entre l'enseignement académique (harmonie, contrepoint et composition) et l'apprentissage de la scène, où les compositeurs se formaient sur le tas. Lavigna, s'il laissa en friche le domaine de l'instrumentation – dont Verdi devra explorer plus tard par lui-même les possibilités dramatiques – donna au jeune musicien des leçons de composition et une solide formation contrapuntique (Verdi se plaignit plus tard de n'avoir cessé d'écrire sous sa dictée « des canons et des fugues, des fugues et des canons à toutes les sauces »), lui fit étudier à fond *Don Juan* et le poussa à prendre un abonnement à la Scala. Verdi put y entendre des œuvres de Luigi Ricci, Mercadante, Donizetti (de ce dernier, notons la belle et sévère *Fausta*, variation sur le thème de Phèdre, qui avait été créée à Naples en 1831) ; un an plus tard, dans le même théâtre, il admira certainement le duel vocal auquel se livrèrent la Pasta et la Malibran (de cette dernière, il avait à la fin de sa vie le souvenir d'une artiste « inégale », mais « vraiment merveilleuse »). Il put ainsi découvrir la *Norma*, *La Somnambule, Les Capulets et les Montaigus* de Bellini et l'*Otello* de Rossini. Parallèlement, il étudiait des compositions de maîtres anciens et modernes, italiens (Carissimi, Corelli, Marcello) ou germaniques (Haendel, Haydn, Mozart, Beethoven et même Mendelssohn, qui était son contemporain) ; études qui furent sans doute très profitables au renouvellement constant de ses formes musicales, et qu'il enrichit de lui-même, après les œuvres de la maturité, jusqu'à se passionner au soir de sa vie pour l'écriture contrapuntique.

La première année de cet enseignement, Verdi fit preuve du plus grand sérieux. Mais, l'année suivante, il dut déménager de chez le neveu de don Pietro Seletti (son ancien directeur au Gymnasium), qui l'hébergeait à Milan et se plaignait de sa conduite. Il était indiscipliné, impertinent, incivil même, se relâchait dans ses études, et flirtait, probablement, avec la fille du maître de maison, avec laquelle il se rendit d'ailleurs à Busseto en 1833, alors que tout le monde le tenait déjà pour fiancé à Margherita Barezzi. Même en réajustant la portée des critiques acerbes de son logeur, force est de constater qu'il dut déménager une seconde fois pour les mêmes raisons, ce qui apporte un sérieux correctif au portrait de l'austère jeune homme peint par l'hagiographie verdienne. Enfant studieux de la campagne, Verdi découvrait la liberté ; papillon des champs, il se laissa éblouir par la vie frivole et mondaine de la capitale lombarde. Et ce, non sans profit. C'est ainsi qu'en 1834, il entra en contact avec Pietro Massini, directeur de la très bourgeoise Société philharmonique de Milan, qui abritait en son sein d'ardents libéraux, admirateurs d'Alfieri, parmi lesquels le comte Pompeo Belgiojoso, beau-frère de la célèbre princesse. La chance voulut qu'on lui proposât un jour de remplacer le *maestro al cembalo* lors d'une répétition de *La Création* de Haydn. Il se tira si brillamment de l'épreuve (Verdi évoquera dans sa vieillesse « les petits sourires ironiques de messieurs les dilettantes [1] » qui avaient précédé l'exécution) qu'on finit par lui confier la direction de la première, unanimement fêtée, puis celle d'une représentation de *La Cenerentola (Cendrillon)* de Rossini, non moins bien accueillie. Dans ses souvenirs, Verdi se garda bien de (se) rappeler que c'était en l'honneur de l'empereur Ferdinand Ier d'Autriche qu'à

1. Récit autobiographique adressé à Giulio Ricordi le 19 octobre 1879.

la même époque le comte Borromeo lui avait commandé une cantate. Dissimulation volontaire ou omission de la mémoire, le compositeur parla d'une cantate de mariage. Anecdote significative, qui illustre la *duplicité* souvent inconsciente dont Verdi fit preuve maintes fois dans la reconstruction de ses souvenirs. Son tempérament introverti lui fit toujours haïr les confidences, mais d'autres ressorts, plus archaïques, plus secrets (un puissant conflit affectif avec son père, sans doute, et un douloureux sentiment d'infériorité qui le hantera toute sa vie), lui firent souvent exagérer l'humilité de ses origines et de sa formation pour accentuer, nous l'avons dit, les traits magiques d'une autogénération.

Cependant, alors qu'il avait déjà un élève dont les leçons étaient payées par Antonio Barezzi, qu'il se transformait au contact du monde milanais et songeait à exploiter ces succès en usant de ses nouvelles relations, il dut rentrer à Busseto, où son protecteur, son père et ses partisans voulaient qu'il prît la place de maître de chapelle laissée vacante, l'année précédente, par la mort d'Antonio Provesi. Le poste devint alors l'enjeu d'une véritable guerre communale – tractations infinies, pamphlets, querelles et même coups de poing – entre partisans (libéraux) et adversaires (cléricaux) de Verdi, une guerre qui dura près de deux ans et contraignit le gouvernement ducal de Parme à prendre des mesures draconiennes. Enfin, muni d'un certificat de Lavigna (qui, devant ses difficultés, lui préparait sa nomination au poste de maître de chapelle de Monza), il se rendit à Parme pour passer les épreuves du concours devant le *maestro* Giuseppe Alinovi, organiste à la cour et musicien de qualité, dont Paganini, qui allait prendre pour peu de temps la direction du théâtre ducal, avait fait un grand éloge [1]. Il réussit sans difficulté, n'ayant qu'un concurrent, mais il fit surtout l'admiration d'Alinovi, qui, à la fin des épreuves, lui aurait déclaré : « Jusqu'à présent, j'ai rempli mon rôle d'examinateur sans faiblesse, mais, maintenant, j'endosse celui d'admirateur. Cette fugue est digne d'un maître consommé : elle mérite d'être publiée. Vous possédez une telle science que ce n'est pas seulement à Busseto que vous devriez être maestro, mais à Paris ou à Londres. »

Le 5 mars 1836, Verdi fut nommé maître de chapelle à Busseto. A son grand dam, car il plaçait désormais ses ambitions beaucoup plus haut et travaillait déjà à un opéra destiné à la Société philharmonique de Milan. Le compositeur épousa deux mois plus tard Margherita Barezzi et assuma, en rongeant son frein mais avec gravité, sa lourde et frustrante tâche.

Bien que sa célébrité ait rapidement franchi les limites de Busseto pour s'étendre à toute la région et qu'il fût partout fêté comme un dieu, le jeune compositeur rêvait toujours plus de la « grande ville » et d'une carrière théâtrale. D'autant que sa jeune épouse, qui l'encourageait dans cette direction, attendait un enfant et que son salaire de maître de musique était misérable. Dans les années qui viennent, il recourra du reste plusieurs fois à la générosité de son protecteur. Le mystère continue d'envelopper la gestation du premier mélodrame de Verdi. On sait seulement qu'entre 1836 et 1838 le compositeur tenta, mais en vain, de faire représenter une œuvre à Milan et à Parme. Selon l'hypothèse la plus vraisemblable, cet opéra s'intitulait initialement *Rochester* (italianisé en *Rocester* sous la plume de Verdi). Néanmoins, quarante ans plus tard, le composi-

1. Il semble que Paganini ait eu l'intention de monter à Parme la première œuvre de Verdi. Voir à ce sujet M.J. Phillips-Matz, *Giuseppe Verdi*, p. 102.

teur en personne raconta dans une lettre [1] que, pour écrire le livret d'*Oberto, conte di San Bonifacio*, son premier opéra représenté, Temistocle Solera s'était servi d'une œuvre précédente, intitulée *Lord Hamilton*, dont le livret était d'un certain Piazza. De cet imbroglio on peut seulement déduire que *Rocester* et *Lord Hamilton* n'étaient peut-être que deux états d'une même œuvre et/ou qu'ils furent refondus pour devenir *Oberto*.

L'année 1838 fut, pour Verdi, funeste mais décisive. Père, depuis mars 1837, d'une petite Virginia (du nom d'une héroïne romaine immortalisée par Alfieri dans sa tragédie homonyme [2]) et, depuis juillet 1838, d'un garçon baptisé Icilio Romano (autre souvenir de la même tragédie), le jeune homme dut, un mois plus tard, assister impuissant à la mort de sa fille âgée de seize mois. Malgré ses échecs à faire représenter un opéra, Verdi, sous le coup de ce chagrin, se décida à partir pour Milan. Il est vrai que c'est là que devaient paraître à l'hiver les *Six Romances* qu'il avait composées entre janvier et février.

Les Six Romances de 1838

Deux des poèmes retenus par Verdi sont des extraits de *Faust* (médiocrement traduits par un notable de Busseto), deux autres sont de Jacopo Vittorelli, petit maître de la fin du XVIIIe, et les deux derniers sont dus à des poètes de second ordre. Même dans les deux pièces

1. Lettre à Emilio Seletti, en date du 14 mai 1871 (Musée de la Scala).
2. Pour l'histoire de l'imaginaire verdien, il n'est pas inintéressant de rappeler que, dans cette tragédie, Virginius tue sa fille Virginia pour la soustraire au tyran Appius Claudius. Voir, pour plus de détails, notre analyse de *Rigoletto*, ch. VII, p. 165.

tirées de Goethe (*« Perduta ho la pace »*, qui correspond à la scène de « Marguerite au rouet », et *« Deh, pietosa, o Addolorata »*, qui n'est autre que la prière de Marguerite à la Vierge), où s'esquisse une complicité entre l'instrument et la voix, le piano, conformément à la musique italienne de l'époque, n'a qu'une fonction d'accompagnement qui peut paraître très décevante aux amateurs de *lieder*. En revanche, l'écriture vocale des six premières romances, déjà très dramatique, est réellement inspirée. A partir d'une matrice plutôt bellinienne que donizettienne, Verdi dessine un paysage vocal tout à fait personnel et même étonnamment prophétique, si l'on songe aux préfigurations mélodiques d'œuvres de la maturité que ces romances donnent à entendre. On peut ainsi entrevoir la cavatine de Leonora au premier acte du *Trouvère* dans la troisième pièce *(« In solitaria stanza »)*, l'air de Gilda *« Tutte le sere al tempio »* de *Rigoletto* dans la cinquième *(« Perduta ho la pace »)*, ou encore un bref fragment du finale du deuxième acte de *Nabucco* dans la sixième *(« Deh, pietosa »)*. Au demeurant, on observera que, par rapport à *Oberto*, les *Six Romances* sont nettement en avance du point de vue de la conception dramatique et du raffinement musical.

Encouragé par ses connaissances milanaises, Verdi, à son retour, donna sa démission et, en février 1839, quitta Busseto pour Milan, avec Margherita et leur fils. Pour oser un tel geste et miser sur une création de son opéra à la Scala, le plus prestigieux théâtre d'Italie avec le San Carlo de Naples, il fallait qu'il fût assez sûr, non seulement de son génie, mais de son réseau de relations. Toujours est-il qu'au printemps le musicien put à la fois voir publier trois nouvelles pièces pour chant et piano (*L'Esule*, une véritable scène d'opéra sur un texte de Temistocle Solera, *La seduzione* et le nocturne pour trois voix *« Guarda che bianca luna »*) et recevoir de l'imprésario du théâtre, Bartolomeo Merelli, la nouvelle tant attendue : *Oberto, conte di San Bonifacio* avait été inscrit au programme de la saison, et, qui plus est, avec un admirable quatuor de voix. A l'inverse de maints imprésarios italiens de l'époque, et bien qu'il ne fût pas un mécène mais un homme d'affaires, Merelli était un homme distingué, vrai musicien (il avait été formé par Giovanni Simone Mayr), librettiste et ami de Donizetti, dont il avait été l'agent. Ces qualités ne furent certes pas étrangères à la confiance dont il fit preuve envers le jeune compositeur inconnu. Mais l'appui de Giuseppina Strepponi, qui deviendra plus tard sa compagne et sa seconde épouse, et du grand baryton Giorgio Ronconi, qui créera trois ans plus tard le rôle-titre de *Nabucco*, fut déterminant : c'est en pensant à eux que Verdi avait conçu son œuvre, et l'audition qu'il leur en avait donnée les avait convaincus du talent du jeune maître. Malheureusement, Verdi dut patienter jusqu'à l'automne et, par suite d'un malheureux concours de circonstances, renoncer à la distribution initiale, qui lui était très favorable, puisqu'on y comptait en effet, outre la Strepponi et Ronconi, Napoleone Moriani, dit « le ténor de la belle mort » pour son art à mourir en scène, et une autre soprano de qualité, Adelaïde Kemble. Mais ce désagrément fut effacé par un autre événement : le petit Icilio Romano, deuxième enfant de Verdi et Margherita, mourut en quelques jours d'une pneumonie, un peu plus d'un an après sa sœur Virginia. Un mois plus tard, le 17 novembre 1839, *Oberto* fut créé avec d'excellents chanteurs (pour qui Verdi retoucha sa partition [1]) et remporta un succès assez vif pour que Merelli jugeât bon d'augmenter le nombre de représentations. Signa-

1. Ignazio Marini (Oberto), Antonietta Marini (Leonora), Lorenzo Salvi (Riccardo), Maria Shaw (Cuniza).

lons, à propos de la distribution, que, dès sa première œuvre, Verdi, était prêt à retirer son ouvrage plutôt que d'accepter des chanteurs qui ne le satisfassent pas. Nous n'y sommes pas encore, mais la révolution idéologique et vocale qui, avec l'exaltation romantique de la subjectivité créatrice, va être marquée par la domination du compositeur sur les chanteurs, est en marche. Il était alors d'usage que le compositeur écrive directement en fonction des chanteurs engagés pour la saison et qu'en conséquence il transpose ou récrive souvent des parties entières lorsqu'une reprise ou un changement de distribution le nécessitait. Tant bien que mal, Verdi se pliera longtemps à cette pratique et composera parfois avec les chanteurs, mais il ne transigera jamais sur le but qu'il poursuit. Et il finira, comme son contemporain Wagner, par créer de toutes pièces les voix dont il avait besoin.

Oberto, conte di San Bonifacio

Dans un Moyen Age de convention (bien que le livret situe précisément l'histoire en 1228 dans le château du cruel Ezzelino da Romano, que Dante avait jeté dans le cercle des Violents de son Enfer [1]), le comte Oberto di San Bonifacio apprend que Riccardo di Salinguerra, qui s'apprête à épouser Cuniza, a naguère séduit et abandonné sa fille, Leonora. Celle-ci obtient le pardon du comte, et père et fille alertent la future épousée, qui renonce à son fiancé et lui impose d'épouser Leonora. Oberto n'en provoque pas moins en duel Riccardo, qui le tue et s'enfuit en proie au remords. Leonora, désespérée, prendra le voile.

1. Chant XII, v. 110.

Malgré un livret banal – auquel Merelli mit la main en suggérant avec intelligence l'insertion du beau quatuor du second acte – et beaucoup de gaucheries (parfois productrices d'effets imprévus), la première œuvre dramatique de Verdi, sans laisser augurer du destin du compositeur, révèle des accents tout personnels dans l'atmosphère, les situations (le duo père/fille), la nervosité rythmique, la ligne vocale, déjà marquée par des tensions et de larges intervalles qui seront bientôt comme la signature du compositeur. Certains ne s'y méprirent pas, tel cet obscur critique qui, dans « La Moda » en date du 21 novembre écrivait : « [Verdi] s'est formé un style qui n'est qu'à lui. (...) Il a cherché l'alliance de la poésie et de la musique ; il a établi un lien entre la note et la pensée, et cette alliance, ce lien, ne peuvent jamais relever de l'imitation, car, si l'impression est individuelle, sa manifestation doit fatalement posséder le même caractère. » L'influence de Bellini est en effet sensible ici et là, et bien des pages sont communes, mais, outre une ouverture dont l'ingénuité charme encore (notamment dans sa première section), on ne peut rester insensible au personnage de Leonora, soprano *spinto* qui annonce déjà les grandes sopranos verdiennes, ni au registre (tendu vers l'aigu) et à la couleur si typiques du baryton d'où naîtra peu à peu la configuration du « baryton Verdi ». On observera néanmoins que le jeune compositeur semble presque plus à l'aise dans les récitatifs et les ensembles que dans les airs proprement dits et les chœurs, où il ne fait pas encore preuve de cette verve mélodique qui signera bientôt ses mélodrames. On en voudra pour exemples la belle introduction orchestrale et la construction du récitatif de Leonora au premier acte, bien plus inspiré que l'air lui-même, ou les deux finales et le quatuor du deuxième acte, dont le Verdi de la maturité, pourtant peu enclin à l'autosatisfaction (« Imaginez si notre public (...) pourrait avoir la patience d'écouter les deux longs actes d'*Oberto* ? », disait-il à la fin de sa carrière), reconnaissait la validité.

Sans connaître le triomphe, *Oberto* fut un vrai succès, et l'on vit même paraître, l'année suivante, des recensions favorables dans l'« Allgemeine Musikalische Zeitung » et la « Revue et Gazette musicale de Paris ». Du coup, Merelli proposa à Verdi un contrat fort avantageux pour l'époque, par lequel il lui commandait en deux ans trois nouveaux opéras, destinés à la Scala ou au Kärentertor Theater de Vienne, dont il était également l'imprésario. C'est aussi dès *Oberto* que la maison Ricordi devint l'éditeur officiel du compositeur, et ce, malgré une brève interruption, jusqu'à sa mort.

Le succès d'*Oberto* avait, si l'on peut dire, compensé pour un peu la disparition des deux enfants du jeune ménage. Mais l'année 1840 fut, pour Verdi, proprement tragique. Ayant assez vite refusé un livret – *Il proscritto (Le Proscrit)* – que lui proposait Merelli, il dut accepter d'écrire un opéra bouffe et choisit, selon ses dires, « le moins mauvais » des textes qu'on lui proposait : *Il finto Stanislao (Le Faux Stanislas)*, de Felice Romani, le plus grand des librettistes italiens de la génération précédente, dont la plume élégante et la musicalité avaient magnifiquement servi Bellini. Ce livret avait déjà été mis en musique en 1818 par le compositeur bohémien Adalbert Gyrowetz. Verdi se mit au travail, mais, au mois de juin, Margherita tomba brusquement malade et fut emportée en quelques jours. En deux ans, Verdi avait donc perdu ses deux enfants et sa femme. On comprend (malgré la version qu'il en donna bien plus tard, version qui, resserrant à deux mois ces événements funèbres, leur donnait une couleur vraiment fatale) que cette succession de morts n'ait guère été favorable à la composition d'une œuvre bouffe. De fait, le 5 septembre 1840, la création d'*Un giorno di regno (Un jour de règne)*, nouveau titre du *Finto Stanislao*, échouait lamentablement. Malgré les remaniements apportés au livret, l'opéra fut jugé banal, les chanteurs [1], peu convaincus eux-mêmes, épargnèrent leur voix (la critique s'en fit l'écho), et l'on ne manqua pas de railler le titre de l'œuvre qui semblait prophétiser son fiasco. Et pourtant...

Un giorno di regno

Le livret prend prétexte d'un épisode historique : le retour incognito en Pologne de Stanislas Leszczynski en 1733. Au château du baron de Kelbar, près de Brest, le chevalier Belfiore, ex-amant de la marquise del Poggio, est chargé de se faire passer pour le roi afin de détourner l'attention sur les activités réelles de ce dernier. Le Chevalier empêchera ainsi le mariage de la fille du Baron, Giulietta, avec le cupide Trésorier La Rocca et favorisera l'union de la jeune fille avec son amoureux Edoardo di Sanval. Lui-même retrouvera in extremis l'amour de la Marquise, qui, par dépit, s'apprêtait à épouser le comte Ivrea.

L'ouverture, dans les limites du genre, est d'une belle veine, allègre et piquante, qui mêle un ton presque français (Auber n'est pas loin) à des inventions tout à fait

1. Antonietta Marini (la marquise del Poggio), Luigia Abbadia (Giulietta), Lorenzo Salvi (Edoardo di Sanval), Raffaele Ferlotti (Belfiore), Agostino Rovere (le Trésorier), Raffaele Scalese (le baron de Kelbar) et Giuseppe Vaschetti (le comte Ivrea).

personnelles, comme l'usage bouffe des trombones. D'une seule pièce *allegro*, elle fait entendre des thèmes qu'on retrouvera dans l'œuvre, spécialement à l'ouverture du rideau et au finale, ce qui contribue très heureusement à l'homogénéité de l'ouvrage. En bref, elle compte parmi les meilleures pages de l'œuvre et mériterait d'être entendue en concert, comme on le faisait naguère encore avec ce genre de pièces. L'opéra lui-même, en deux actes, est, malgré les influences qu'on peut y déceler (Rossini, mais surtout Cimarosa et Donizetti), d'une excellente tenue, plus proche, il est vrai, de la comédie sentimentale que de l'opéra bouffe, malgré les excellents duos de basses (dont le premier semble être une parodie de toutes les pièces de ce genre) et l'entraînant sextuor, très rossinien, du premier acte. Les rares commentateurs de l'œuvre n'ont peut-être pas assez noté l'ombre de Mozart, qui semble planer ici ou là (le chœur *« Sì festevola mattina »*, par exemple, rappelle, au moins dramatiquement, le *« Ricevete, o padroncina »* des *Noces*, et en maints endroits on décèle la connaissance de *Don Juan*). Le climat de l'œuvre, qui tranche sur la veine absurde et échevelée de Rossini, dont Verdi semble soigneusement éviter les crescendos, peut être assez bien illustré par l'écriture du rôle de la Marquise, qui donne souvent l'impression de sortir d'un opéra seria, et les courbes élégiaques des envolées amoureuses. Frappante enfin, ici et là, l'écriture orchestrale, qui, par-delà les cadences déjà usées et le recours aux formules martiales (peut-être un premier signe de l'auto-ironie verdienne : voyez dans cet esprit la cabalette *« Infiammato di spirto guerriero »* du duo entre le Chevalier et Edoardo), montre parfois des transparences ou des ponctuations originales (ainsi dans le très amusant duo du second acte entre la Marquise et le Chevalier), peu prévisibles chez un compositeur qu'on ne tardera pas à caricaturer comme un « musicien casqué » (Rossini).

Ces quelques éléments permettent de revenir sur la question du fiasco qui marqua la création de l'œuvre et de l'oubli universel dans lequel elle allait sombrer (progressivement, car l'œuvre fut d'abord reprise dans plusieurs théâtres d'Italie, et même avec un réel succès à Venise). Outre l'indéniable mauvaise volonté de certains chanteurs, l'échec à la Scala fut peut-être dû aux influences multiples qu'un public assidu reconnut sur-le-champ, et que nous n'entendons plus aujourd'hui. Si nous décryptons aisément les réminiscences de Rossini ou de Donizetti, il est bien malaisé de déceler les traces des Nicolaï, Coccia et autres Ricci qui formaient l'ordinaire des répertoires italiens de l'époque. Mais l'ingénuité, relative, qui est la nôtre peut devenir un précieux instrument d'écoute. Non seulement pour jouir des qualités de cette œuvre secondaire, mais pour mieux comprendre comment, dans sa maturité, Verdi, sous la forme du grotesque ou de l'ironie, inclura le comique auquel, apparemment, le préparait si peu son pessimisme natif, avant que, par un retournement prodigieux, il n'opère, à l'âge de quatre-vingts ans, non pas un renouvellement, mais une véritable mutation du genre bouffe avec la merveilleuse conversation en musique de *Falstaff*.

CHAPITRE II

Grandeur et failles de l'« homme-chêne [1] »

En deux ans, Verdi avait tout conquis, et tout perdu. Ses deux enfants, sa jeune femme, et le beau succès d'*Oberto* si patiemment mûri. Les huées qui saluèrent *Un giorno di regno* laisseront dans son âme une longue amertume. Mais, sur le moment, il s'écroula. Selon Giuseppe Demaldè, à la mort de Margherita, il ne pensait déjà qu'à se terrer en quelque coin obscur, à disparaître de la scène de la vie. Aldo Oberdorfer trouve des mots plus intuitifs que documentés, mais très éclairants, pour raconter qu'il se laissa « reconduire à Busseto par son beau-père comme un enfant ». On imagine la dépression dans laquelle il sombra devant l'échec humiliant de son second ouvrage. Souscrivons aux termes qui, par deux fois déjà, nous sont venus spontanément sous la plume. Humiliation. Dépression. Derrière l'« homme-chêne » des plaines brumeuses du duché de Parme, derrière le campagnard solide, réservé, retors même, et ambitieux, se dissimulait un enfant au narcissisme fragile, avide de reconnaissance,

1. L'expression est d'Alberto Savinio dans *Narrate, uomini, la vostra vita* (trad. fr., *Hommes, racontez-vous*, « Verdi homme-chêne », p. 131-138).

et sujet à de véritables défaillances psychiques. Une étude un peu attentive de sa biographie révèle la fréquence des somatisations anxieuses (angines, fièvres, maux d'estomac et autres troubles gastriques [1]) associées au travail créateur, et les crises dépressives succédant presque immanquablement, non à l'achèvement d'une œuvre, mais à sa *création publique*, fût-elle triomphale. Anticipant de beaucoup notre propos, citons ces mots proprement effarants qu'il écrivait à son amie la comtesse Clara Maffei au lendemain même du magnifique succès du *Trouvère* : « On dit que cet opéra est trop triste et qu'il compte trop de morts. Mais enfin, dans la vie, tout est mort ! Qu'est-ce qui existe ? [2] »

Le pessimisme de Verdi reste à explorer, et c'est en partie ce à quoi nous nous emploierons dans ces pages. Pessimisme signifie élaboration rationnelle d'une expérience psychique, donc méta-physique. C'est pourquoi, dans cette œuvre apparemment si directe, si « populaire », si peu « philosophique », bien que le mot ne soit pas absent des commentaires de ses contemporains [3], se fera rapidement jour une vision cohérente de l'homme et de la vie dont il nous faudra dégager les moteurs et la portée morale.

Revenons cependant à l'histoire. Pour remplacer *Un giorno di regno*, retiré dès le lendemain de la création, l'imprésario de la Scala remit à l'affiche *Oberto*, et, un mois plus tard, le même public qui venait de siffler

1. Voir par exemple la lettre d'E. Muzio à A. Barezzi du 14 décembre 1846.
2. *I copialettere di Giuseppe Verdi*, p. 532.
3. Depuis Antonio Barezzi, qui commentait ainsi les *Deliri di Saul*, composés à l'âge de quinze ans : « ... il y témoigne d'un sens philosophique... », jusqu'à A. Ghislanzoni qui, au printemps 1868, écrivait dans la « Gazetta musicale di Milano » : « Pour se reposer de la musique, Verdi recourt à la poésie ; pour tempérer les grandes émotions de l'une et de l'autre, il se réfugie dans l'histoire et dans la philosophie ». On verra plus avant que la culture de Verdi était en effet étonnamment étendue.

Verdi applaudit les dix-sept représentations du mélodrame. Même si la critique ne fut pas tout à fait dupe, cela mit peut-être un peu de baume au cœur du jeune compositeur; cela lui permit surtout de subsister matériellement. Il quitta l'appartement qu'il avait partagé avec Margherita et s'enferma dans une petite chambre meublée, où, raconta-t-il trente ans plus tard, il tuait le temps à lire des romans à quatre sous. Avait-il vraiment l'intention de renoncer définitivement à l'opéra et de rompre son contrat avec Merelli ? C'est plus que probable. Il n'empêche qu'un an plus tard, à l'automne, l'opéra qui allait décider de tout son avenir était achevé.

La genèse de *Nabucco* est des plus confuses. On en possède deux versions, très tardives, données par le compositeur lui-même. Selon la plus célèbre – une conversation de Verdi avec son éditeur, rapportée par Arthur Pougin, l'un de ses premiers biographes –, Merelli, rencontrant par hasard Verdi, toujours décidé à rompre le contrat par lequel il devait encore fournir une œuvre à la Scala, lui aurait mis de force dans les mains le livret de *Nabucco* (écrit par Solera pour le compositeur allemand Otto Nicolai, auquel ce sujet ne plaisait pas) en lui vantant les beautés de l'ouvrage. En rentrant chez lui, le compositeur, en proie à un « malaise indéfinissable », une « immense tristesse », une « angoisse », aurait jeté avec violence sur sa table le livret, qui se serait ouvert sur les vers du chœur des Hébreux : *« Va, pensiero, sull'ali dorate... »* Luttant d'abord contre son attraction, Verdi, ne parvenant pas à dormir, aurait lu et relu le livret durant la nuit, au point de le savoir par cœur au matin, et, comme malgré lui, l'aurait alors mis en musique. On voit que c'est aux vers de ce qui allait devenir le trop célèbre chœur *« Va, pensiero »* que Verdi attribue le réveil de son inspiration. En ce sens, il ne faisait qu'alimenter sa légende de héraut du *Risorgimento*. Sachant le compositeur fort pudique, dissimulateur, et sujet aux reconstructions incertaines, on est en droit de douter de cette relation tardive et vraiment trop conforme à la légende. Du reste, près de dix ans avant ce récit, Verdi avait donné à son ami Michele Lessona une autre version du même événement, selon laquelle le livret serait resté fermé cinq mois sur sa table avant qu'il ne l'ouvrît. Et c'est en lisant la dernière scène, la mort d'Abigaille, que le jeune compositeur aurait reçu la secousse salvatrice Verdi donnait alors cette version pour son « histoire vraie, vraie, vraie ». Sans négliger ce dernier témoignage, nous proposerons une autre reconstruction moins factuelle, une interprétation plus secrète de ce réveil créateur qui allait tirer le jeune homme endeuillé de sa « geôle sombre et glacée » et décider de toute sa carrière.

Nabucodonosor (Nabucco)

Un mot d'abord sur le diminutif de *Nabucco*, dont on a dit parfois, hors d'Italie, qu'il était comme le signe affectueux de la popularité de l'ouvrage. Corrigeons cette erreur en rappelant que, dès le XVIe siècle, dans son *Roland furieux*, l'Arioste nommait ainsi le roi de Babylone en évoquant l'épisode biblique de la folie [1], et qu'en 1819 était parue une tragédie de Giovan Battista Niccolini, dramaturge libéral, intitulée *Nabucco*.

Le livret de Temistocle Solera n'entretient aucun rapport avec ce dernier ouvrage. Il s'inspire directe-

1. Chant XXXIV, st. LXV, vv. 5-8.

ment, non, comme on l'a cru longtemps, d'une pièce intitulée *Nabuchodonosor*[1] donnée à Paris en 1836, mais du ballet *Nabucodonosor* d'Antonio Cortesi, donné trente-cinq fois à la Scala durant l'année 1838, lui-même issu de la pièce française. Malgré les citations de Jérémie qui servent d'épigraphes à chacune des quatre parties de l'opéra, la source de l'argument est à rechercher dans le Livre prophétique de Daniel, qui relate, après le rêve de Nabuchodonosor interprété par le prophète hébreu, l'*hybris* du roi, son châtiment (la folie) et sa rédemption. Il suffit de mettre en parallèle le texte biblique et le livret pour mesurer les importantes modifications apportées au sujet fourni par l'Ancien Testament non seulement dans l'intrigue et les divers personnages du drame, inventés de toutes pièces, mais dans la description de la folie du roi de Babylone et la libération du peuple hébreu qui fait suite à la rédemption du souverain.

> Au VIe siècle av. J.-C. Ire partie (« Jérusalem »). Dans le Temple de Salomon, le grand prêtre Zaccaria (basse) rassure le peuple hébreu *(« D'Egitto là sui lidi... Come notte a sol fulgente »)* : il détient en otage Fenena (soprano), fille de Nabucco, roi de Babylone, qui menace la ville. Alors qu'il la confie à la garde d'Ismaele (ténor), que l'amour lie à la jeune fille, surgit à la tête des premières troupes assyriennes Abigaille[2] (soprano dramatique), prétendue sœur de Fenena, qui aime également Ismaele (trio *« Io t'amava... »*). Tous les Hébreux refluent vers le Temple, et paraît Nabucco (baryton). Zaccaria menace alors de sacrifier Fenena (sextuor *« Tremin gl'insani »*) : Ismaele la sauve, mais donne ainsi la victoire à Nabucco, qui fait mettre la ville à sac.
>
> IIe partie (« L'impie »). Dans le palais royal de Babylone. Durant l'absence de Nabucco, Abigaille a

1. D'A. Bourgeois et F. Cornue.
2. Prononcez « Abigaïle ».

découvert un écrit révélant qu'elle n'était pas la fille du roi, mais une esclave *(« Ben io t'invenni... Anch'io dischiuso un giorno »)*. Le grand prêtre de Baal, ayant fait courir le bruit que Nabucco est mort, lui propose la régence, tandis que Zaccaria s'apprête à convertir Fenena (prière *« Tu sul labbro dei veggenti »*). Abigaille tente alors de ravir la couronne à celle-ci, quand surgit Nabucco, qui s'en empare (ensemble *« S'appressan gl'istanti »*) et, suscitant l'horreur des Juifs, se proclame Dieu. La foudre éclate, la couronne tombe de la tête du roi, qui sombre dans la folie *(« Chi mi toglie il regio scettro ? »)*.

IIIe partie (« La prophétie »). Ier tableau. Dans les jardins de Babylone. Le grand prêtre de Baal demande à Abigaille, qui occupe le trône, la mort de tous les Juifs. Abigaille manipule alors Nabucco, en état de démence, pour lui arracher sa signature (duo *« Donna, chi sei ? »*). Le roi cède et condamne ainsi à la mort sa propre fille, Fenena. Quand il se reprend et traite Abigaille d'esclave, celle-ci le fait arrêter. Supplications du roi déchu, tentant de sauver Fenena. – IIe tableau. Sur les bords de l'Euphrate, les Hébreux chantent la patrie perdue (chœur *« Va, pensiero, sull'ali dorate »*) et Zaccaria prophétise la libération.

IVe partie (« L'idole brisée »). Ier tableau. Dans le palais royal. Nabucco, délirant, voit sa fille Fenena qu'on conduit à la mort. Implorant le pardon du Dieu des Hébreux *(« Dio di Giuda ! »)*, il recouvre sa raison et, du même coup, la loyauté de ses guerriers. – IIe tableau. Au moment où Fenena s'apprête à mourir *(« Oh, dischiuso è il firmamento »)*, Nabucco surgit, ordonne la destruction de la statue du dieu Baal et libère le peuple hébreu. Entre Abigaille, qui meurt en demandant à son tour pardon au Dieu d'Israël *(« Su me... morente... »)*.

On a répété à satiété que *Nabucco* était un opéra politique et un opéra choral. Et certes, il faudrait remonter au *Mosè in Egitto (Moïse en Egypte)* de Rossini, cet hybride entre opéra et cantate religieuse, pour trouver une amplitude chorale qui tranche de semblable manière avec les interventions souvent maigrelettes du chœur dans les opéras des prédécesseurs immédiats de Verdi. Le peuple hébreu est bien un personnage de l'œuvre. Ce fut aussi, presque involontairement, un opéra politique, où les Milanais (et pas seulement la bourgeoisie, mais le peuple même : le succès de *Nabucco* commença dès les répétitions avec l'enthousiasme des machinistes de la Scala) reconnurent, ou plutôt crurent reconnaître, l'expression de leurs aspirations à la liberté, transformant sur-le-champ le chœur *« Va, pensiero »* en une sorte d'hymne national. Mais soulignons déjà que, en deçà de son caractère politique (qui n'était au fond guère différent de celui d'autres œuvres antérieures, la *Norma* de Bellini, par exemple), *Nabucco* innovait franchement d'un point de vue dramatique en réduisant à un simple accessoire l'amour entre ténor et soprano. Et sans que cette opération se fasse au seul profit de la choralité de l'ouvrage. Verdi raconta plus tard (et, ici, ce que nous savons de son esthétique et de ses méthodes de travail nous porte à le croire) qu'il avait obligé Solera à supprimer au troisième acte un duo entre Ismaele et Fenena, qui « refroidissait l'action », suggérant de le remplacer par la prophétie de Zaccaria. Quel était donc le véritable *enjeu* de l'œuvre ?

Ne nous dissimulons pas les faiblesses de la partition ; elles sont peu nombreuses. Une ouverture accrocheuse en forme de « pot-pourri » (le prélude du troisième acte lui est bien supérieur), qui fut écrite au pied levé, probablement à la demande pressante de l'entourage de Verdi, et un abus de fanfares qui, lors de la création de l'œuvre à Paris en 1845, suggérèrent cet amusant épigramme : « Vraiment l'affiche est dans son tort, /en faux on devrait la poursuivre. /Pourquoi nous annoncer Nabuchodonos-or / quand c'est Nabuchodonos-cuivre [1] ? » Le style brutal et passionnel du jeune compositeur italien n'était d'ailleurs pas prêt à s'imposer à Paris. Le 30 mars 1847, Delacroix, dont l'amour pour Byron [2] et l'esthétique mouvementée nous semblent pourtant si proches d'un certain Verdi, écrivait dans son journal : « Aux Italiens (...). Le *Mariage* [*secret* de Cimarosa] m'a paru plus divin que jamais (...) mais quelle chute jusqu'à *Nabucho* ! » Il est vrai que ce romantique détesté par les académiciens avait des goûts musicaux d'un classicime intransigeant.

Mais, pour en revenir à la création, la stupéfaction émerveillée des Milanais, rompus à l'art du chant et de la scène, (on raconte qu'à l'issue de la première Donizetti, dans une berline, répétait : *« Bello, bello, bello ! »*), ne s'adressait pas qu'aux aspects les plus épidermiques de l'ouvrage, et l'écriture parfois sommaire de Verdi ne doit pas nous dissimuler les vrais mérites de sa partition. Au-delà de la belle écriture chorale, sensible dès la première scène, remarquons la hauteur de certaines pages orchestrales, telles que les seize mesures qui introduisent la Prière de Zaccaria, écrites pour six violoncelles dans un ton intimiste assez proche de la musique de chambre viennoise, mais qui annonce surtout avec deux décennies d'avance l'écriture instrumentale de *Simon Boccanegra* ou de *Don Carlos*. Observons l'invention souvent merveilleuse des ensembles, certes liés à une tradition très italienne (Rossini, Donizetti), mais qui, tout en gardant une séduction mélodique immédiate, atteignent à une redoutable efficacité psycho-dramatique. Exemplaire à

1. Cité par Ch. Osborne, *The Complete Operas of Verdi*.
2. Delacroix donna du reste vers 1855 une version des *Deux Foscari* (Musée Condé, à Chantilly), dont la *tinta* est tout à fait celle de l'opéra homonyme de Verdi.

cet égard, le finale de la seconde partie, où l'arrivée impromptue de Nabucco suspend soudain le temps, stupéfie les rôles en un quatuor en canon : « *S'appressan gl'istanti* » qui sculpte musicalement la terreur des âmes et semble anticiper la bouffée blasphématoire et délirante de Nabucco qui va clore l'acte. Magnifique page dramatique où se fait jour un des caractères fondamentaux du style verdien : la pulsion rythmique. Non plus la pure vitalité d'un Vivaldi, d'un Haendel ou surtout d'un Rossini, qui déborde souvent le sens du texte sur lequel elle prend son essor, mais une pulsion tellurique qui, traversant les formes closes de l'opéra italien, ces sortes d'arrêts sur image issus de la poétique des *affetti* du mélodrame du XVIIIe siècle [1], emporte nécessairement l'œuvre vers son terme. C'est la même pression qui gouverne – et c'est là que Verdi se dresse d'un coup dans toute sa singularité – l'écriture des deux rôles principaux de l'ouvrage : Abigaille et Nabucco.

Abigaille est à n'en pas douter un des rôles les plus éprouvants de tout le répertoire italien, et son écriture tendue, paroxystique, constamment déchirée entre les extrêmes d'un ambitus très large (comme un symbole de son déchirement entre sa nostalgie d'amour et sa soif de pouvoir et de sang) fut peut-être fatale à la voix de Giuseppina Strepponi, créatrice du rôle, qui, huit ans à peine après ses débuts, laissait déjà paraître les défaillances dues à une carrière trop intense et une vie sentimentale des plus agitées. A soi seul, ce rôle requerrait une longue étude, tant du point de vue historique (une révolution dans l'écriture d'un rôle féminin) que psychodramatique, dans la mesure où la violence d'Abigaille n'est pas sans liens (les liens d'une

1. Pour s'initier à cette poétique, on consultera avec profit *L'Opéra seria* d'I. Moindrot.

fausse filiation, d'une filiation *faussée*) avec la folie de Nabucco. Laquelle est, quoi qu'on en dise, le vrai sujet, le vrai foyer, de l'ouvrage. La folie *féminine* était un thème cher au romantisme italien, mais nous voilà d'un coup bien loin des extases de la Nina de Paisiello, de la Lucia de Donizetti, de l'Elvira des *Puritains* de Bellini. Certes, le souverain, première ébauche de ce qui va devenir le « baryton Verdi », ne se voit pas doté d'une écriture aussi révolutionnaire que celle d'Abigaille, mais il est musicalement et psychologiquement si riche et si complexe, spécialement dans son air *« Chi mi toglie il regio scettro »* au finale du deuxième acte, et donc *au centre de l'ouvrage* (le terme d'« air » est trompeur, tant la plasticité musicale du discours, tonalement instable et qui change cinq fois de tempo dans l'espace de cinquante mesures, bouscule la tradition), si émouvant dans sa défaite psychique, son délitement mental, qu'il ne peut qu'arrêter l'observateur. C'est l'occasion de vérifier l'influence d'Alfieri sur Verdi, à laquelle on a déjà fait allusion. Le livret de Solera offrait au musicien un lot de formules ou de stylèmes typiques de l'écriture d'Alfieri et notamment de *Saul* [1], style abrupt et obscur auquel iront longtemps les préférences de Verdi. A preuve, la fameuse lettre adressée à Piave le 3 octobre 1846, où, pour *Macbeth*, le compositeur réclamera à son librettiste des vers « forts et concis à la manière d'Alfieri ». Mais le livret de Solera pouvait surtout raviver, dans la folie de Nabucco, le souvenir de la déchéance mentale du roi Saül, héros éponyme d'une des plus grandes tragédies d'Alfieri. Même si, d'un point de vue pathologique, le personnage de Saül relève de la mélancolie, tandis que celui de Nabucco

1. Et jusqu'à des vers entiers, tels que *« ... oh ! chi pel crin m'afferra ? »* (V, sc. IV, v. 164) qui devient chez Solera : *« Chi pel crine, ohimè, m'afferra ? »* (air cité.) Pour une étude plus précise de ces points de rencontre, on se permet de renvoyer à M. Orcel, *Trois Guerriers plus un*, pp. 52-53 et notes afférentes.

évoque plutôt une bouffée délirante de type schizoïde, affirmons que, dans son délire de grandeur, sa solitude, son identité soudain béante, sa paternité blessée, Nabucco est comme la transposition lyrique du Saul d'Alfieri. Mégalomanie, couronne arrachée, fantasmes de sang, larmes imprévues : les réminiscences se pressent pour former plus qu'un véritable intertexte : une clef de lecture. Au point qu'on peut se demander si l'insertion de la prophétie de Zaccaria, que nous évoquions plus haut comme une probable intervention du compositeur, n'aurait pas été suggérée à Verdi par la prophétie d'Achimélech dans le *Saul* d'Alfieri.

Il est temps de revenir sur le mystère qui entoure le réveil créateur de Verdi après la longue dépression qui suivit ses deuils et l'échec d'*Un giorno di regno.* Tout nous porte à croire qu'à la lecture du livret de Solera la figure du souverain fou, inséparablement liée à celle de l'esclave (comme le sera plus tard Macbeth à son épouse), vint soudainement réactiver l'image du roi biblique captée dans l'enfance à travers le théâtre d'Alfieri – image qui pourrait bien se révéler comme l'incarnation d'un fantasme bien plus archaïque, si l'on en juge par la longue suite de souverains fous, déchus, impuissants et mélancoliques qui hantent le théâtre de Verdi. Sur le fond dépressif de son caractère, le suicide d'Abigaille fut peut-être aussi pour Verdi le moyen d'exorciser un suicide réel. Mais est-ce tout ? De quelle faute Verdi se serait-il ainsi racheté ? Sinon, comme Nabucco, de l'antique *hybris*, cette démesure qui pousse l'homme à s'égaler aux dieux ? En marchant obscurément mais impitoyablement vers la gloire mondaine, le petit campagnard avait laissé derrière lui le cadavre de ses deux enfants et de Margherita. Malédiction ? Le châtiment avait peut-être été la chute d'*Un giorno di regno* – au titre en effet si dérisoire. Le rachat vint par cet exorcisme : la mise en scène d'un roi sombrant dans la folie pour avoir voulu transcender sa condition.

D'après ce que nous savons de Merelli, Verdi n'avança probablement pas l'argent de la création de *Nabucco*, comme on a pu le penser, mais, le programme de la saison comptant déjà trois œuvres nouvelles, il dut se contenter de décors et costumes rapetassés (probablement ceux du ballet de Cortesi), qui se révélèrent « splendides ». Magnifiquement servi par ses interprètes (Giuseppina Strepponi, aux limites de sa voix, mais grande tragédienne, et surtout Giorgio Ronconi, non moins bon tragédien, en Nabucco et Prosper Derivis en Zaccaria), le 9 mars 1842, *Nabucco* connut donc un triomphe public et critique, qui gagna rapidement toute l'Italie. On raconte que, dès le lendemain de la création, on avait vu les commerçants milanais lancer des chapeaux, des châles et même des sauces « à la Verdi ».

Par le biais de la Société philharmonique, le jeune compositeur (il avait vingt-neuf ans) avait déjà quelques relations dans la bonne société milanaise, mais, avec le triomphe de *Nabucco*, il fut véritablement lancé. Bien que les barrières entre monde du théâtre et aristocratie fussent beaucoup plus souples en Italie qu'elles ne l'étaient ailleurs en Europe (songeons au comte Pompeo Belgiojoso, chanteur distingué, ami de tous les grands musiciens italiens de l'époque et notamment de Rossini, qui chanta la partie de basse du *Stabat Mater* de ce dernier à Bologne en 1842, sous la direction de Donizetti), c'est vraiment à cette époque-là que Verdi fit son apparition dans les salons milanais. Comme le fit autrefois remarquer Aldo Oberdorfer [1], on découvre alors, à

1. *Verdi : autobiografia dalle lettere.*

travers sa correspondance, un Verdi inattendu, mondain, galant, presque spirituel (une certaine gaucherie résiste). Ses relations, ses amis bientôt, sont presque tous des aristocrates libéraux et des artistes qui fréquentent les mêmes cercles. Ce sont Andrea et Clara Maffei, qui se séparèrent pour des raisons autant sentimentales que politiques, la comtesse [1] – Clarina, comme l'appelaient ses amis – fermant rigoureusement sa porte à tout sympathisant autrichien. Mais c'est aussi le révolutionnaire Carlo Tenca, amant de ladite comtesse. Ce sont Opprandino Arrivabene, jeune noble n'hésitant pas à tremper dans le journalisme ; Francesco Hayez, peintre romantique (le moyenâgeux *Baiser* reste son œuvre la plus fameuse, où une jeune fille à la robe de satin bleu ploie, languide, dans les bras d'un jeune homme au bonnet emplumé) ; Giulio Carcano, traducteur de Shakespeare ; la comtesse Gina della Somaglia ; Giuseppina Appiani, née Strigelli, belle-fille du grand peintre néoclassique Andrea Appiani, laquelle avait naguère affectueusement protégé Bellini et Donizetti ; enfin et surtout la noble Emilia Zelter Morosini, dont il semble bien que Verdi s'éprit si l'on en juge d'après les déclarations de tendresse éperdue, bien que toujours mêlées d'une pointe de badinage, qu'il lui adressa entre 1842 et 1846 : « Vous allez penser que je suis de bonne humeur ; pas du tout, je suis enragé, déboussolé, j'ai un visage long de deux pieds, j'ai le diable au corps, et je ne sais pourquoi. Peut-être parce que je suis loin de Milan. Oh, Milan ! Milan ! (...) Je suis toujours tendre, ardent, passionné, à demi mort pour vous. (...) Que j'aurais de choses à vous dire ! Un très tendre adieu. » Et dans une autre lettre : « Rappelez-vous que je suis toute tendresse. Je meurs de tendresse. »

1. C'est de son père, et non de son mari, que Clara Maffei tenait son titre. Par commodité, nous avons conservé l'usage italien.

Cependant, dès le lendemain du triomphe de *Nabucco*, Merelli avait commandé un nouvel opéra à Verdi. C'est peut-être sur le conseil de Giuseppina Strepponi que le compositeur demanda pour rémunération une somme considérable, égale ou peut-être même supérieure à ce que Bellini, alors au sommet de sa gloire, avait obtenu dix ans plus tôt pour *Norma* : huit mille livres autrichiennes. Entre les revenus de *Nabucco* et l'avance de sa prochaine œuvre, Verdi, qui se montrera toujours féroce en affaires, put immédiatement exercer sa générosité envers ses parents et de vieilles gens de Busseto. Ce double trait de caractère ne se démentira jamais. Toujours sensible à la détresse, à la misère, spontanément généreux, il n'aimait guère qu'on lui demandât de l'argent, et des questions d'intérêt vinrent souvent voiler ses plus vieilles amitiés. A la même époque, le compositeur se rendit à Bologne et y rencontra longuement Rossini, qui allait réorganiser le « Liceo musicale » de la ville. La réussite matérielle de ce dernier l'impressionna fort : « Ah, quelle grande chose que d'être Rossini ! » écrivit-il. Mais il fallait travailler à la nouvelle œuvre : *I Lombardi alla prima crociata (Les Lombards à la première croisade)*, que Solera devait tirer du long poème homonyme de Tommaso Grossi.

Pour composer cette petite épopée, Grossi, représentant du romantisme milanais, s'était lointainement inspiré de l'Histoire et de la *Jérusalem délivrée* du Tasse. Enfouies sous des accumulations d'incohérences, on en retrouvera d'infimes traces dans le livret de Solera. En chantant : *« Oh belle, a questa misera, / Tende lombarde... »*, Giselda répétera, par exemple, un sublime cri d'Herminie à la vue du camp chrétien, en respectant la puissante hyperbate qui le sous-tend : *« O belle agli occhi miei tende latine* [1] *!* » (« O belles à mes yeux tentes latines ! »). On serait bien en peine pour autant de retrouver chez Grossi et Solera la *gravitas* mêlée d'érotisme du chef-d'œuvre de la Renaissance italienne à son déclin. Il fallut, du reste, pousser ce curieux colosse de Solera, caractère à la fois bouillonnant et paresseux, qui, déjà librettiste et compositeur, fut plus tard intendant des théâtres royaux de Barcelone et de Madrid, agent secret de Cavour, puis partit au Caire réorganiser la police égyptienne. Il travailla même, dit-on, dans un cirque et finira misérablement sa vie. Comme Verdi raconta qu'il l'avait fait pour le livret de *Nabucco*, le librettiste relata à son tour que le compositeur l'avait enfermé dans sa chambre pour l'obliger à travailler aux *Lombards*. C'est une ressource qui n'est pas étrangère à l'histoire des lettres, et le père de Théophile Gautier emprisonnait ainsi son fils pour qu'il écrivît *Mademoiselle de Maupin* ; mais, dans l'Italie romantique, cela ne peut qu'évoquer Alfieri se faisant attacher à sa chaise par son domestique [2]. A son récit, Solera ajoute que Verdi en personne trouva deux vers du duo entre Oronte et Giselda au troisième acte – détail significatif, car, plus il avancera dans son métier et affinera son esthétique, plus Verdi participera à l'élaboration de ses livrets, pliant ses librettistes (jusqu'à ce qu'il rencontre Boito) au simple rôle de secrétaires versificateurs. On rappellera enfin que c'est à l'occasion des *Lombards* que Verdi connut ses premiers démêlés avec la censure. Mgr Gaisruck, évêque de Milan, avait beau être mondain et cynique, voire progressiste à sa manière [3], il ne pouvait guère en effet laisser passer sans protester autant de processions, de chœurs de nonnes, un *Ave*

1. Chant VI, st. 104, v. 2.
2. Anecdote fort célèbre de l'autobiographie d'Alfieri (*Vita*, I, III, ch. 15).
3. Voir M. J. Phillips-Matz, *Giuseppe Verdi*, p. 179.

Maria et un baptême sur scène. Verdi fut intraitable, et ce fut finalement grâce au baron Torresani, préfet de police pourtant foncièrement antilibéral, mais amateur d'opéra, que, à la faveur d'une simple modification d'*Ave Maria* en *Salve Maria*, l'œuvre put être créée le 11 février 1843, avec notamment l'excellente soprano Erminia Frezzolini en Giselda, Carlo Guasco, ténor gracieux mais contesté par Verdi lui-même, en Oronte, Napoleone Marconi en Arvino et Prosper Derivis en Pagano.

I Lombardi alla prima crociata

En 1099. Ier acte (« La vengeance »). A Milan, devant l'église Saint-Ambroise, Pagano (ténor) et Arvino (basse) se réconcilient publiquement. Le premier avait tenté d'assassiner son frère pour lui ravir son épouse Viclinda (soprano). On acclame Arvino, nommé chef des Croisés lombards, tandis que Pagano se décide à renouveler son forfait. – Dans la nuit, Pagano, appuyé par Pirro (basse), pénètre dans le palais d'Arvino pour enlever Viclinda, et tue par mégarde son propre père. Horreur générale.

IIe acte (« L'homme de la caverne »). A Antioche, Giselda (soprano), prisonnière des musulmans, a éveillé l'amour d'Oronte (ténor), fils du tyran de la ville et de Sofia, secrètement chrétienne. – Dans une caverne, un ermite, qui n'est autre que Pagano expiant son parricide, reçoit la visite de Pirro, également honteux de son forfait, qui vit désormais à Antioche après s'être converti à l'islam. Pour se racheter, l'Ermite lui impose d'ouvrir la ville aux Croisés. – Tandis que, dans le harem, Giselda est en butte aux railleries des femmes, la ville est prise d'assaut. En croyant que son père a tué Oronte, qu'elle aime, Giselda recule d'horreur.

IIIe acte (« La conversion »). Dans la vallée de Josaphat, Giselda, dont la raison est ébranlée, retrouve Oronte, qui, gravement blessé, a réussi à s'enfuir. – Dans une grotte près du Jourdain, le jeune homme, baptisé par l'Ermite, meurt dans les bras de Giselda.

IVe acte (« Le Saint-Sépulcre »). Non loin de Jérusalem, alors que Giselda reçoit en vision l'annonce que les Croisés pourront se désaltérer à la fontaine de Siloé, les Lombards, épuisés, pleurent au souvenir de la patrie. Giselda leur découvre la fontaine et, désaltérés, les Croisés se lancent à l'assaut. Arvino, à qui l'Ermite révèle sa vraie identité, montre au loin Jérusalem conquise.

La vraisemblance dramatique est au fond un concept très bourgeois. Et un scénario décousu ou fantastique peut se trouver racheté, voire exalté par la magie de l'inconscient, qui n'a que faire de la logique rationnelle. On en verra plus tard l'illustration dans *Le Trouvère* ou *La Force du destin*. Il n'empêche. Le livret incohérent et chaotique des *Lombards*, avec sa multitude de personnages et de chœurs, si éloigné de la puissance organique de *Nabucco*, avait sans doute aux yeux de Verdi le mérite de pouvoir exciter le patriotisme des Milanais (qui, en effet, se donna libre cours), mais, dépourvu de vrais nœuds pulsionnels, il n'annonçait, hélas, que trop bien l'impression de mosaïque musicale que laisse cette partition bavarde, où une froideur bruyante peut côtoyer des pages d'une incontestable beauté. Le plus étrange étant que, dans ces instants, c'est un Verdi réellement inspiré et souvent novateur qui s'exprime. On retiendra notamment le bel « ensemble psychologique » (pour reprendre une expression de René Leibowitz) du premier acte, lancé par Giselda *(« T'assale un tremito ! »)* ; le *« Salve Maria »* de la même soprano, dont la ligne et le raffinement musical annoncent étonnamment l'*Ave Maria* de Desdémone (*Otello*, 1887), ou son pathétique *« Oh madre, dal cielo soccorri »* (acte II) ; et surtout les deux dernières scènes du troisième acte, qui commencent par un véritable concerto pour violon, digne de Mendelssohn (que Verdi avait étudié chez Lavigna, on se le rappelle), long prélude peut-être suggéré par une page pour violoncelle du *Giuramento* de Mercadante, qui sert d'introduction à un magnifique trio, où le violon, discrètement mais avec une grande indépendance, va créer des effets presque inconnus jusque-là dans l'accompagnement d'un ensemble. Hormis ces sommets (significativement liés au désarroi ou à la mort), les pages les plus honorables relèvent simplement d'un beau mélodisme propre au romantisme italien (voyez la très donizettienne cavatine d'Oronte *« La mia letizia infondere »*). Et le chœur *« O Signore, dal tetto natio »* n'a certes pas l'humble beauté du *« Va, pensiero »* de *Nabucco*, dont il tente, sans vergogne, d'être un *remake*.

A peine deux ans plus tard, les *Lombards* commencèrent à faire le tour de l'Europe : Odessa, Corfou, Berlin, et Londres l'année suivante. En 1847, Verdi, sollicité par l'Opéra, se rendit à Paris (on reviendra sur ce séjour) pour donner, non une simple traduction des *Lombards*, mais, sous le titre de *Jérusalem*, une véritable réécriture de l'œuvre, sur un nouveau texte dû à deux habiles librettistes français, Alphonse Royer et Gustave Vaëz, qui, naturellement, substituèrent des Croisés français aux Italiens de la version originale. L'intrigue y gagna en vraisemblance, et, tant sous la pression du « bon goût » parisien que par l'effet de sa propre maturation musicale, Verdi châtia sa partition en lui imprimant une dignité un peu compassée qui, gommant les vulgarités de l'original, la privait aussi de cette rude immédiateté qui faisait une part de son génie.

L'œuvre y perdit aussi son petit concerto pour violon, mais y gagnait une belle page descriptive de la bataille (en attendant que, pour la version parisienne de *Macbeth*, en 1865, Verdi écrive, sous forme de fugue, une autre bataille autrement suggestive). Outre un ballet obligé – ce que Verdi détestera toujours à cause du ralentissement de l'action –, la version française des *Lombards* comportait enfin une scène de jugement qui semble rétrospectivement préfigurer le jugement de Radamès dans *Aida*.

Mais, avant d'en venir à cette époque (cardinale pour Verdi si l'on songe que 1847 est l'année de la création de *Macbeth*), il nous faut ajouter que si le public milanais fit un triomphe aux *Lombards*, la critique, globalement favorable, fut moins unanime. La critique n'est pas toujours sourde. Cependant, entraîné par sa fortune, Verdi se mit à suivre la reprise de *Nabucco*, à Vienne d'abord, où l'œuvre fut dirigée par Donizetti, alors directeur musical du théâtre Kärentertor, qui, avec humilité, déclara que ses temps étaient révolus et qu'il devait laisser la place à Verdi. La critique autrichienne fit un peu la moue devant la « trivialité » de la partition, lui préférant la sensualité de l'auteur de *Lucia*. Mais, pour Verdi, très sollicité depuis *Nabucco*, et qui se tiendra toujours le plus éloigné possible de la critique, l'heure était déjà venue de penser à une autre œuvre. Venise, en la personne du comte Mocenigo, le voulait à la Fenice. C'est ainsi qu'après de multiples propositions il prit langue avec Francesco Maria Piave, un débutant dans la carrière de librettiste. Cette ignorance, qui agaça d'abord Verdi, devint paradoxalement féconde, le compositeur ayant déjà des idées très arrêtées sur la façon de construire un livret. Sans échapper au style classicisant et souvent ampoulé des librettistes de son époque (dont le romantisme petit-bourgeois fit éclater la belle fluidité du maître de la génération précédente, Felice Romani), Piave allait, de longues années, servir admirablement Verdi au point qu'après avoir été longtemps méprisé il est aujourd'hui souvent considéré, non sans raison, comme son meilleur librettiste.

« Un livret, disait Verdi, un livret, et tout est fait [1] ! » Comme maints compositeurs d'opéra, Verdi attendait le choc inspirateur d'une lecture. Grand lecteur, et d'une vaste amplitude, allant de la Bible et des Grecs [2] au théâtre et aux feuilletons contemporains, en passant par l'Arioste, Shakespeare, Milton et Dumas, Verdi envisagea pour Venise un *Roi Lear*, œuvre fantôme qui le hantera toute sa vie, un *Corsaire* d'après Byron, qu'il mit plus tard en musique. Il pensa également aux *Deux Foscari*, toujours de Byron, mais les descendants des familles vénitiennes du drame (notamment les Loredano) auraient pu s'offusquer de l'argument. On le mit de côté. *Cola di Rienzi* risquait d'indisposer les censeurs. Un *Cromwell* d'après Hugo, que Piave (c'est là qu'il entre en scène) ébaucha dans le détail, lui sembla insuffisamment vital. Enfin, Mocenigo proposa une œuvre qui bouleversait notre compositeur : *Hernani*. « Ah, si l'on pouvait faire *Hernani*, quelle grande chose ce serait ! » répond Verdi à Mocenigo. Et il se met aussitôt à ébaucher un « programme », c'est-à-dire un scénario. Il distribue les scènes, indique l'ampleur et les formes prosodiques qu'il désire, précède même à la fin le poète. Le temps est proche où il demandera à ses librettistes des vers exactement mesurés pour une mélodie déjà conçue.

1. Cette exclamation, extraite d'une lettre à L. Escudier, date en vérité de 1865.

2. Verdi ira jusqu'à fréquenter sérieusement Platon; le journal que Giuseppina Strepponi tenait sporadiquement l'atteste en 1867 (v. M. J. Phillips-Matz, *Giuseppe Verdi*, p. 621).

Tout le sens et la portée du travail de Verdi sont là. Le sens, parce qu'il agit désormais en dramaturge, pour lequel musique et texte sont dépendants d'une *forme* esthétique antérieure : la vision, intuitive et fulgurante, du drame. La portée, car c'est une révolution qu'il va faire subir à l'histoire de l'opéra italien en imposant pour l'avenir la dictature du compositeur sur le librettiste, et bientôt sur toute la machine opératique.

CHAPITRE III

Vers « Macbeth »

Verdi était si secret que nous ne saurons jamais quand commença précisément sa liaison avec Giuseppina Strepponi. Il avait fait sa connaissance dès l'époque d'*Oberto* et, malgré l'admiration et la reconnaissance qu'il devait nourrir à son égard, il se défiait de sa fragilité vocale au point, si l'on en croit Donizetti [1], qu'il ne voulait pas d'elle pour créer le rôle d'Abigaille, dont on a vu qu'il requérait des qualités exceptionnelles. Se surpassant malgré son immense fatigue, la Strepponi assura cependant le succès de l'œuvre, et leurs liens s'en trouvèrent resserrés. A l'époque des *Lombards*, Verdi fut certainement séduit par le charme d'Erminia Frezzolini, soprano de vingt-cinq ans (ce qui n'était pas si jeune à une époque où les chanteuses brûlaient leur voix et leur vie : la Malibran mourut à vingt-huit ans, la Strepponi quitta la scène à trente ans). La Frezzolini était une brune pleine de caractère, chanteuse brillante mais naturelle, au timbre exquis, que les Milanais adoraient depuis ses inter-

1. Dans un message de Donizetti adressé à un imprésario romain, cité par M. J. Phillips-Matz, *Giuseppe Verdi*, p. 152.

prétations de *Lucrezia Borgia* et de *La Somnambule*, et d'un enthousiasme tel qu'elle déclara, paraît-il, à Verdi qui lui souhaitait bon courage le soir de la première des *Lombards* : « Vous doutez que j'en aie ? Je mourrai ce soir sur la scène, s'il le faut, ou votre opéra aura un immense succès [1]. » Au vu d'une gravure qui la représente avec Giorgio Ronconi et son mari Antonio Poggi, on imagine très bien le feu qui dut animer à ces mots son visage aquilin aux grands yeux sombres. Il ne serait guère étonnant que le jeune maestro ait eu une liaison avec elle, tandis que s'affirmait sa « camaraderie » avec Giuseppina Strepponi, avec laquelle il eut peut-être une première liaison lors de la reprise de *Nabucco* à Parme, juste après la création des *Lombards*, mais qui ne devint vraiment sa maîtresse officielle qu'à partir de 1847, à Paris. Par ailleurs, Verdi n'était pas de glace devant les belles Milanaises, et l'on sait qu'il s'éprit sans doute d'Emilia Morosini. A Venise, enfin, il eut peut-être une liaison avec une mystérieuse patricienne dont la pensée l'occupa longtemps. Quoi qu'il en soit, comme d'autres l'ont remarqué avant nous [2], c'est le plus souvent avec les femmes (mais pas toujours) que Verdi s'ouvre un peu, se révèle dans le badinage ou la tristesse, et, parfois, laisse passer un aveu.

On ne s'étonnera donc pas que ce soit dans une lettre (en date du 12 mai 1858) à sa chère et vieille amie Clarina Maffei que Verdi se soit laissé aller à définir rageusement toute la première partie de sa vie de compositeur comme *« sedici anni di galera* [3] *»*. Expression que ne recouvre pas tout à fait le français « seize années de galère », car on pourrait aussi bien la tra-

1. Cité par M. J. Phillips-Matz, *Giuseppe Verdi*, p. 182.
2. A. Oberdorfer, *Verdi : autobiografia dalle lettere.*
3. « Depuis *Nabucco*, je n'ai pas eu, si l'on peut dire, une heure de paix. Seize années de galère ! »

duire par « seize années de bagne » ou « de prison », « *galera* » ayant généralement ce sens en italien. Verdi ne faisait pas seulement allusion au travail de forçat (« pas une heure de paix ») qu'il dut accomplir en enchaînant sans répit les nouvelles productions, mais probablement aussi au sentiment d'être emprisonné, étouffé par une contrainte surhumaine. Il n'est peut-être pas fortuit que la Traviata meure suffoquée par la phtisie, Gilda enfermée dans le sac où Rigoletto croit traîner le corps du Duc, Radamès et Aïda emprisonnés dans le caveau où ils sont enterrés vivants, Desdémone étouffée sous la main d'Othello. Verdi, cependant, releva la tête, et peut-être plus tôt qu'il ne le disait. Si l'on prend à la lettre sa déclaration, les « années de galère » courraient en effet jusqu'au *Bal masqué* (1859). Or, si, de 1842 à 1851, Verdi produisit en effet un ou deux opéras par an (à quoi s'ajoutaient les voyages, les reprises d'œuvres antérieures, les lectures, l'élaboration des livrets, les contrats, les tractations avec les théâtres ou la censure...), entre 1852 et 1859 il n'en donna que cinq. Un peu d'exagération, donc, mais une vraie lassitude aussi après tant d'années chaotiques, surtout pour un compositeur qui n'était pas doté de la fertilité d'un Donizetti.

Les censeurs autrichiens de Venise, qui n'appréciaient vraiment pas du tout le romantisme insolent de l'*Hernani* de Hugo, opposèrent mille obstacles à la création de l'opéra. Un bandit grand seigneur, une conspiration, des poignards, le langage impertinent du héros, tout les irritait, et ils en vinrent même à proposer d'autres titres : *L'Honneur castillan*, ou *Il bandito*, ou *Don Gomez de Silva...* Contre vents et marées, Verdi tint bon. Le miracle de Milan se reproduisit : il imposa ses vues. Et arriva le 2 décembre 1843 à Venise. Malgré la beauté de la Sérénissime (qu'il trouva « poétique »,

« divine », mais intolérable pour lui), le dévouement de Piave et l'accueil chaleureux de la grande société vénitienne, il se sentit d'abord physiquement très mal dans cette ville humide. A cela s'ajouta, le 26 du même mois, le « fiasco » (le mot est de lui) des *Lombards* à la Fenice. Néanmoins, la gestation d'*Ernani* devait l'exciter suffisamment pour compenser les vagues de dépression qui le cernaient. Dépression dont témoigne une lettre à son ami Luigi Toccagni [1], dans laquelle il menace de se « brûler la cervelle » si son opéra n'a pas de succès. La lettre, écrite un soir, alors que *Les Lombards* venaient d'échouer à Venise, est d'une tonalité si triste (« Vient la nuit, mon désespoir ») qu'on ne peut mettre en doute la pulsion suicidaire qui couvait en lui.

C'est sur place, au dernier moment, comme ce fut longtemps son habitude, que Verdi instrumenta son opéra. « J'ai pour système d'écrire l'orchestration durant les répétitions au piano, et la partition n'est finie qu'à la pré-générale », écrivait-il en 1843. Cette méthode pourra surprendre le mélomane ; elle serait impensable aujourd'hui ; elle en dit long sur la nature fondamentalement vocale de l'opéra italien, y compris chez un Verdi qui devait, en cinquante ans, projeter le mélodrame italien du XVIIIe dans la sphère de la déclamation mélodique du XXe siècle.

Une étrange atmosphère entourait l'attente de la création. Les musiciens étaient enchantés de la partition. Le public, non seulement vénitien, mais venu pour l'occasion de Padoue, Trieste, Vérone ou Bologne, fredonnait déjà quelques motifs captés au vol durant les répétitions. Verdi, lui, balançait entre l'agitation et l'accablement. Il ne doutait pas de son ouvrage, mais il avait eu le plus grand mal à trouver un ténor et

1. Citée par F. Abbiati, *Giuseppe Verdi*, I, pp. 481-482. M. Conati date la lettre de février 1844.

s'inquiétait de la désorganisation de la Fenice. Le jour de la générale, les décors n'étaient pas prêts, certains costumes manquaient, et la soprano, Sophia Lœwe, était toujours furieuse de se voir privée de son rondo final, qu'imposait presque la tradition dramaturgique de l'époque. Verdi lui avait substitué un trio.

Nous possédons une sorte de reportage à vif de cette création grâce aux lettres qu'adressa Giovanni Barezzi à son père, le protecteur de Verdi. Reportage dû à la plume d'un fervent partisan du compositeur, mais qui en dit long sur la fébrilité qui régnait alors dans la ville. La veille même de la première, Giovanni écrit par exemple : « Ah, voici les gondoles de la compagnie de chemins de fer qui passent sous mes fenêtres transportant plus de cent Padouans qui arrivent pour *Ernani*[1]. » Mais l'inquiétude de Verdi (« ... Verdi s'habille. Dépêche-toi, me dit-il, allons, il n'y a pas de temps à perdre[2] ») était plus que justifiée. Le soir de la première – le 9 mars 1844 –, la Lœwe chanta faux, Cesare Guasco, le ténor, qui avait appris son rôle au dernier moment, était affreusement enroué après avoir hurlé contre l'impréparation du théâtre. Le succès – très réel : Verdi fut acclamé à chaque fin d'acte – ne fut pas le triomphe qu'avait connu *Nabucco* ; mais, dès le lendemain, continue Giovanni Barezzi, « ce fut une fête (...), un enthousiasme qui dura du premier au dernier air ». L'œuvre avait finalement triomphé, et durant quelques années les jeunes libéraux portèrent le feutre, au revers insolemment relevé, d'Ernani.

1. Lettre à A. Barezzi du 9 mars 1844.
2. *Ibid.*

Ernani

C'est volontairement que, sauf en quelques points précis, justement destinés à mettre en relief l'esthétique verdienne, nous nous épargnerons l'inutile peine de comparer les livrets de Verdi aux modèles littéraires dont ils sont issus. Il faut admettre une fois pour toutes qu'une œuvre doit être jugée selon ses propres critères, et non à l'aune d'une *fidélité* plus ou moins grande. Oublions donc le bel *Hernani* de Hugo pour suivre le canevas de Piave et Verdi.

En Espagne, en 1519. Ier acte (« Le bandit »). Ier tableau. Dans les montagnes d'Aragon. Ernani (ténor), chef d'une troupe de hors-la-loi, demande à ses compagnons de l'aider à enlever sa bien-aimée, Elvira, que son vieil oncle et tuteur, Don Gomez de Silva, veut épouser. – IIe tableau. Dans le château de Silva, Elvira (soprano) rêve ardemment de ce rapt *(« Ernani ! Ernani, involami »)*. Don Carlo, roi d'Espagne (baryton), pénètre chez la jeune femme pour lui déclarer son amour (duo *« Qui mi trasse amor possente »*). Elle le repousse en sortant un poignard. Surgit Ernani, qui hait le roi, meurtrier de son père (trio), puis Silva (basse), qui découvre avec fureur deux « séducteurs » dans son château *(« Infelice ! »)*. Le roi désamorce la rage du vieux noble en lui faisant croire qu'il venait lui demander conseil (ensemble « *Vedi come il buon vegliardo* ») : Maximilien d'Autriche vient de mourir, et le trône d'empereur germanique est vacant. Carlo sauve également Ernani en le faisant passer pour un homme de sa suite.

IIe acte (« L'hôte »). Dans le château de Silva. Ernani, poursuivi par le roi et déguisé en pèlerin, demande l'hospitalité à Silva, qui s'apprête à épouser sa nièce. En voyant les vêtements de noces d'Elvira,

Ernani se croit trahi et révèle son identité (*« Oro, quant'oro... »* et trio). Elvira le rassure sur son amour en lui avouant qu'elle comptait se tuer sur l'autel de ses noces, et Ernani se cache. Fidèle à sa parole, Silva refuse de le livrer au roi (duo *« Lo vedremo, veglio audace »*). Ce dernier emmène en otage Elvira (*« Vieni meco, sol di rose »*), qui l'a supplié de laisser la vie sauve à Silva. Ernani refuse alors de se battre en duel avec Silva, et lui révèle que le roi est leur rival. Il obtient que Silva le laisse partir et, lui remettant son cor, promet de mourir à l'instant où Silva l'appellera.

IIIe acte (« La clémence »). Dans la crypte où repose Charlemagne à Aix-la-Chapelle. Don Carlo, attendant le résultat de l'élection au trône impérial et voulant surprendre les conjurés qui complotent contre lui, médite sur le temps et le pouvoir (*« Gran Dio !... Oh, de' verdi anni miei »*). Il s'enferme dans le tombeau. Les conjurés s'assemblent et, au grand dépit de Silva, c'est Ernani qui est choisi pour tuer le roi. Les conjurés prêtent serment (*« Si ridesti il Leon di Castiglia »*), quand un triple coup de canon annonce l'élection de Carlo, qui surgit du tombeau. Les conjurés sont cernés. Ernani révèle alors son identité de grand d'Espagne, et Elvira implore pour lui la clémence du nouvel empereur, qui, généreusement, accorde la main de la jeune femme à Ernani (*« O sommo Carlo »* et ensemble).

IVe acte (« Le masque »). Au cours de la fête de mariage, tandis qu'Elvira et Ernani chantent leur amour (duo), Silva, dans le jardin, sonne du cor, rappelant à Ernani sa promesse. Ernani tente de fléchir son adversaire (duo), puis, entre le poison et le fer, il choisit le poignard et se tue, tandis qu'Elvira s'évanouit (trio).

Même si le premier acte se contente de présenter en pied les personnages, et que l'action ne démarre vraiment qu'au deuxième acte, *Ernani* peut se prévaloir d'une trame parfaitement nouée et d'une grande clarté expressive. Il est, à cet égard, le premier ouvrage de Verdi qui fasse preuve d'un véritable développement dramatique, s'appuyant sur de puissantes « positions » (terme exemplaire du lexique verdien[1]), c'est-à-dire des sortes de noyaux où se coagulent avec une force particulière le mot, la musique, le geste théâtral. Du coup, le musicien peut déployer sa richesse mélodique (l'harmonie est des plus classiques) avec une cohérence nouvelle et une liberté qui, tout en sacrifiant sans scrupules aux grands airs et aux cabalettes féroces, commence à brouiller les frontières naguère rigides entre les formes : un arioso emprunte une forme régulière, un air lance un ensemble, l'opéra s'achève sur un long trio, etc. Et les personnages se dessinent avec une vraie vie affective : Ernani, ténor encore bellinien, avec sa jeunesse, sa langueur, sa fougue suicidaire ; Elvira, première de toutes les grandes sopranos verdiennes, dans son amour poétique et emporté, plus vitale que son amant ; Silva, dont le sens de l'honneur et l'amour sauvage se fissurent un instant pour avouer la tendresse et le désespoir de l'âge ; Don Carlo, enfin, baryton complexe qui semble parfois emprunter quelque chose à la langoureuse sensualité de Don Juan (voyez son air *« Vieni meco, sol di rose »*, qui n'est pas sans évoquer la sérénade *« Deh, vieni alla finestra »*), tout en méditant sombrement sur la fugacité de la jeunesse et la vanité de l'existence, vanité dans laquelle – au rebours du Philippe II de *Don Carlos* dont il est comme la juvénile anticipation – il puise la raison de rendre son nom immortel. Cette maturité du prince, si peu conforme à l'Histoire, puisque Charles Quint monta sur le trône impérial à l'âge de dix-neuf ans, Hugo n'y faisait allusion que de façon fugitive. Verdi l'accroît, la tire même du côté du désenchantement de la vieillesse. Les vers du splendide récitatif précédant son air *« Oh, de' verdi*

1. Voir l'article définitif qu'a donné Daniela Goldin Folena sur le « Lessico melodrammatico verdiano ».

anni miei » méritent d'être cités, tant pour rendre hommage au modeste Piave, trop souvent méprisé, que pour illustrer notre propos :

Scettri ! Dovizie ! Onori ! Bellezze !
Gioventù ! Che siete voi ?
Cimbe natanti sovra il mar degl' anni,
Cui l'ouda batte d'incessanti affanni,
Finchè giunte allo scoglio della tomba
Con voi nel nulla il nome vostro piomba !

Sceptres ! Richesses ! Honneurs ! Beautés !
Jeunesse ! Qu'êtes-vous donc ?
Barques nageant sur l'océan des ans,
Que l'onde bat de tourments incessants,
Jusqu'à toucher le récif de la tombe
Où votre nom, avec vous, dans le rien tombe !

Mille remarques seraient à faire sur cette partition. La présence, discrète (au regard du drame de Hugo) mais non moins réelle, d'une touche d'humour dans le début *a cappella* de l'ensemble *« Vedi come il buon vegliardo »* (d'ailleurs assez rossinien) ; la touche très typique des musiques campagnardes symbolisant les fêtes, qu'on entendra sonner jusque dans le *Bal masqué* ; la beauté du sombre prélude instrumental du troisième acte, alors que l'orchestration de l'ouvrage reste très secondaire face à la richesse des couleurs vocales ; l'écriture du rôle d'Elvira, avec ses brèves figures déjà si pleinement verdiennes, etc. Mais, par-delà la pulsion qui emporte l'ouvrage – pulsion dramatique, rythmique et psychologique (insistons sur l'avide goût de la mort qui dévore la vaillance d'Ernani) –, observons la structure qui régit les rapports entre basse, baryton et ténor, cette sorte d'empilement qui condamne la voix la plus juvénile, dote la basse d'une noirceur presque surhumaine et fait du baryton la figure d'un doute à la fois existentiel et moral. Cette structure est déjà, nous venons de le suggérer, celle de *Don Carlos*, même si, dans la grande œuvre de la maturité, le roi d'Espagne endossera une voix de basse – moins profonde cependant que celle du Grand Inquisiteur. On verra, le moment venu, le sens de ce schéma générationnel. C'est là, sous sa cohérence dramatique et mélodique, d'un abord finalement plus flatteur, plus aisé, plus donizettien, dirions-nous volontiers, qu'*Ernani* rejoint vraiment la puissance archaïque enclose dans *Nabucco*.

Verdi repartit non sans nostalgie de Venise, où les réceptions et les banquets s'étaient succédé en son honneur, et où il avait peut-être laissé un peu de son cœur dans les belles griffes d'une « lionne ». A travers Piave (qui lui fera régulièrement envoyer des huîtres, dont il était très friand, et des biscuits vénitiens nommés *baiocoli*), il conservera longtemps des liens étroits avec Venise. A Milan, le mois suivant, sur la recommandation de Barezzi, dont il n'était pas le seul protégé, Verdi prit pour élève Emanuele Muzio, un jeune homme de condition très modeste, doté d'un caractère doux et sérieux, dont il ne savait certes pas qu'il allait l'accompagner sa vie durant comme une ombre. Car entre le compositeur en vogue et l'obscur petit Bussétan d'origine génoise, de huit ans son cadet, la relation pédagogique se transforma rapidement en un vrai compagnonnage dont témoigne l'émouvante et précieuse correspondance de Muzio. Et même quand en 1850 il aura pris son vol comme compositeur et surtout comme directeur d'orchestre (il dirigera de nombreuses tournées en Amérique et travaillera quelques années aux Italiens à Paris), Muzio restera l'ami le plus fidèle de Verdi et le serviteur dévoué de sa musique aux quatre coins du monde. Mais, en cette année 44, il est un jeune homme ébloui par son maître, confondu d'être l'élève d'un maestro joué dans toute l'Europe. De fait, entre l'Italie, Paris et Londres, vingt théâtres demandaient à jouer *Ernani* l'année même de sa création. Verdi commençait à faire l'expérience douce-amère de la célébrité. Il paraît qu'il ne parvenait plus qu'à grand-peine à échapper à ses admirateurs en s'enfermant chez lui. Muzio en témoigne, qui, grâce à Verdi, habitait désormais en face de chez son maître. Il n'est pas peu savoureux d'apprendre que le héraut de la mélodie romantique, l'ennemi prétendu du contrepoint, faisait étudier à son élève Palestrina et Corelli. Mais plus touchant encore de savoir que Muzio soignait, massait, veillait son maître quand il souffrait de quelque mal (psychosomatique le plus souvent, mais non moins cruel), et que Verdi, pour sa part, habillait de pied en cap et nourrissait le jeune homme désargenté. Un soir de 1846, comme le feu avait pris dans un faubourg de Milan, les deux amis décidèrent d'aller voir le spectacle. Ils arrivèrent au moment où l'on contraignait les passants à prêter main-forte. Muzio fut pris et dut pomper jusqu'à l'aube. Verdi, lui, réussit à sauter le mur d'un jardin public, mais, les grilles étant fermées, il n'en put ressortir que deux heures plus tard, après de mutiples et vaines escalades qui lui laissèrent les mains ensanglantées.

Cependant, à peine revenu de Venise depuis un mois, Verdi devait trouver un sujet pour un opéra que lui avait commandé l'imprésario de l'Argentina de Rome. Il écarta *Marion Delorme* en déclarant qu'il n'aimait pas mettre en scène des « putains » – ce qu'il fera tout de même quelques années plus tard, et sans changer de vocabulaire, avec *La Traviata* –, se vit refuser par la censure un *Lorenzino de' Medici* (notre Lorenzaccio), et, pour finir, reprit en main *Les Deux Foscari* de Byron auquel il avait été obligé de renoncer pour Venise. Décidément, ce sujet lui tenait à cœur, même s'il sentait bien (il le déclara plus tard) que le poème de Byron manquait de théâtralité.

Un peu moins de dix ans plus tôt, le poète anglais avait fourni à Donizetti un sujet vénitien, *Marino Faliero*, qui avait valu à ce dernier un immense succès et que Mazzini avait aussitôt analysé avec enthousiasme dans sa *Philosophie de la musique*. Fait significatif pour qui étudie Verdi, l'idéologue italien y voyait la « puissance de Byron » jointe « à la foi active de Schiller ». Verdi lut certainement *The Two Foscari* dans la traduction de Carlo Rusconi (un nom que nous retrouverons plus loin), qui avait donné en italien la première intégrale de Byron entre 1840 et 1842. Piave fut chargé d'architecturer le drame – qualifié par Verdi d'*« arcibellissimo »* –, tantôt encouragé, tantôt tancé par le maestro, qui voulait toujours plus de concision (sa hantise) et plus de constrastes : « Il n'y a pas assez de différence entre la pensée de l'air et celle de la cabalette : ces choses-là sont peut-être heureuses en poésie, mais ne vont pas du tout en musique », écrivait-il par exemple à son librettiste en mai.

I due Foscari

A Venise en 1457. Ier acte. Jacopo Foscari (ténor), exilé de nombreuses années pour un crime qu'il n'a pas commis, attend une nouvelle sentence du Conseil des Dix. Lucrezia (soprano), son épouse, donne libre cours à sa fureur. Une lettre imprudemment écrite autrefois par Jacopo au duc de Milan convainc le Conseil de sa culpabilité. Le Doge, Francesco Foscari (baryton), son propre père, médite tristement sur son autorité et son impuissance à sauver Jacopo. Lucrezia le supplie d'intervenir.

IIe acte. Dans sa geôle, Jacopo délire. Lucrezia vient lui apprendre la nouvelle sentence de bannissement qui le frappe. Loredano (basse), ennemi des Foscari, emmène Jacopo prendre connaissance de la sentence devant le Conseil des Dix. Surgit Lucrezia accompagnée de ses enfants. Malgré la pitié de ce tableau, Loredano reste inflexible.

IIIe acte. Alors que la fête bat son plein à Venise, Jacopo monte dans la galère qui le conduit en exil. Le Doge apprend qu'un autre a confessé le crime pour lequel a été condamné Jacopo. Mais il est trop tard : Jacopo a expiré. Loredano achève sa vengeance en obligeant le Doge à démissionner sur l'ordre du Conseil. Le Doge en meurt de douleur.

Contrairement à ce que pourrait suggérer l'argument, avec en arrière-plan l'obscure et impitoyable tyrannie de quelques-uns dans une Venise encore médiévale, les *Foscari* ne sont en aucun cas un opéra politique. Verdi ne s'y laisse aller à aucun hymne libertaire qui aurait pu assurer le succès de l'œuvre. Le chœur populaire se contente de chanter les régates et le carnaval; le Conseil des Dix n'a qu'une présence fonctionnelle, et Loredano, qui est à la fois son moteur et son porte-parole, voit son rôle réduit à une diction essentiellement *recto tono* qui le prive de toute personnalité, de toute existence réelle. Il s'agira donc d'une tragédie familiale; mieux : d'une tragédie de la paternité. Mais le terme de tragédie ne doit pas nous induire en erreur. Force est de constater que le drame est statique et qu'aucune évolution n'affectera les personnages, chacun étant d'ailleurs identifié (innovation réelle mais sans développement chez Verdi) par un bref leitmotiv qui, d'un emploi très économe, restera inchangé. Signalons à ce propos la beauté du thème du Doge, confié à trois violoncelles soutenus par le lent pizzicato des contrebasses et de brèves figures d'alto. Malgré les contrastes qu'il avait ménagés dès l'élaboration du livret, Verdi avouait lui-même quelques années plus tard que le drame avait « une teinte, une couleur trop uniforme ». De ce point de vue, on pourrait caractériser *Les Deux Foscari* comme une sorte d'oratorio profane. Comment expliquer alors que Verdi, si sensible à l'effet théâtral, si intolérant face à tout risque de monotonie, se soit passionné pour son sujet, et que l'œuvre – très brève, il est vrai – ne laisse à l'auteur aucun sentiment d'ennui ?

La réponse est sans aucun doute dans la résonance que purent avoir chez le compositeur les trois héros et leurs relations. Jacopo est sans doute le moins original des trois, et ne serait même qu'un banal ténor romantique si l'excès de son infortune n'en faisait une créature aveuglément poursuivie par le destin, emblématique d'un conflit moins politique que métaphysique, et sa vocalité (plaintive mais non moins apte à la cabalette emportée) n'exprimait parfois une tendresse pour son père dont on aurait bien du mal à trouver des précédents dans l'histoire de l'opéra (scène et trio du deuxième acte). Infiniment plus complexe est Lucrezia – dont le nom romain annonce déjà, beaucoup mieux que la Marina de Byron, le caractère plein de grandeur –, qui développe la vaillance amoureuse de l'Elvira d'*Ernani*, en empruntant même quelque chose de la violence d'Abigaille ou de la future Lady Macbeth (voyez la reprise de son duo avec le Doge dans le finale I : *« Se tu dunque potere non hai, / vieni meco pel figlio a pregare »*), tout en recréant, comme Abigaille (fausse fille de Nabucco) et comme Elvira (pupille de Silva), une quasi-relation de fille à père avec le Doge. Profitons-en pour noter une bonne fois pour toutes (car le phénomène a depuis longtemps été observé et analysé par d'autres) que, à l'exception du rôle d'ailleurs très singulier de l'Azucena du *Trouvère*, le théâtre de Verdi ne laisse aucune place à la mère, laquelle, invoquée comme une présence céleste, est presque toujours morte quand s'ouvre le rideau. C'est donc sur le père et la fille (ou son substitut) que se concentrera toujours l'attention de Verdi. Ici, sans le personnage du Doge, on peut être sûr que le musicien n'aurait pas un instant pensé à porter sur scène le drame de Byron.

Le Doge n'est sans doute pas, comme certains ont pu l'écrire, « le plus ancien caractère de l'œuvre verdienne », mais il en est à coup sûr la première figure de souverain mélancolique (figure qui, dans *Ernani*, se trouvait départagée entre Don Carlo et Silva). « Prince et père infortunés », comme le personnage l'énonce dès son premier récitatif, qui s'ouvre sur une romance pleine de lassitude et de tristesse *(« O vecchio cor, che batti »)*, le Doge, dont la charge impose qu'il condamne son propre fils, se trouve en quelque sorte dans la situation d'Agamemnon devant sacrifier sa fille Iphigénie. Mais moins l'Agamemnon d'Eschyle ou de Sophocle que celui d'Alfieri, qui, une fois de plus, se révèle être un des relais littéraires de Verdi. Le clivage psychologique qui affecte tout le texte du Doge et se résume dans le *« Sarò Doge nel volto / e padre in cor »* (c'est-à-dire : « Je serai Doge par le visage, / mais père par le cœur »), dans le récitatif *« O patrizi... »* du second finale, semble refléter, dans les formes laconiques propres aux livrets d'opéra, le bel aveu de l'Agamemnon d'Alfieri au souvenir du sacrifice de sa fille : « Clos dans mon casque, je pleurais en silence, / mais seul le père [en moi] le savait [1]. » Fissure affective, schize sans remède, qui annonce l'horrible clivage de Rigoletto, et

1. *Agamemnon*, II, IV, vv. 243-244.

ce non seulement du point de vue dramatique mais musical. Il suffit d'entendre, au finale de l'opéra, après le célèbre air *« Questa dunque è l'iniqua mercede »* (dont Massimo Mila nous apprend que l'incipit devint comme une sorte de proverbe populaire durant tout le XIXe siècle), l'implorant *« Rendetemi il figlio »* du Doge pour reconnaître le *« Rendetemi la figlia »* de Rigoletto. C'est que, si les *Foscari* ne renouvelle pas l'usage, très soigné mais très économe, de l'orchestre, le récitatif, que Verdi se vantait jusque-là de réduire au maximum, commence à se refaire une place, non plus comme le simple fil conducteur nécessaire à l'action entre deux numéros, mais comme un vecteur psychologique dont le compositeur, en l'ouvrant vers l'arioso, renouvellera l'usage et les potentialités expressives à partir de *Macbeth* et surtout de *Rigoletto*.

La première des *Deux Foscari* eut lieu le 3 novembre 1844 à Rome, ville qu'à l'inverse de Venise Verdi aima tout de suite. Bien qu'elle fût servie par de très grands chanteurs, notamment Marianna Barbieri Nini (chanteuse fort laide mais très virtuose, qui avait bénéficié de l'enseignement de la grande tragédienne Giuditta Pasta) et Achille De Bassini (baryton dont l'aisance dans le registre aigu convenait à merveille à la tessiture du rôle), et malgré le succès personnel de Verdi, largement ovationné, la création ne fut pas un triomphe. Mais, dès la seconde, on joua à guichets fermés. Jacopo Ferretti, doyen des poètes romains, qui avait autrefois écrit le livret de la *Cendrillon* de Rossini, adressa à Verdi un éloge poétique. Et le Vatican fit même graver une médaille en son honneur. Verdi était lancé à Rome. Il y gardera de nombreux amis.

Au début novembre, le compositeur et son librettiste, ne voulant pas renouveler l'expérience d'une traversée en mer jusqu'à Livourne, moyen qu'ils avaient emprunté pour se rendre à Rome, remontèrent vers le nord en diligence par l'antique voie Flaminia. A la hauteur du col du Furlo, au cœur d'une nuit tempêtueuse (on imagine ce que pouvait être alors la traversée des Apennins), la diligence fut soudain arrêtée. Un éboulement avait coupé la route. Ce fut à la lumière d'un fanal de la voiture, en attendant qu'on se remette en chemin, que Verdi écrivit l'ouverture de sa prochaine œuvre : *Giovanna d'Arco*, que Merelli lui avait commandée. De retour à Milan, entre les houleuses répétitions d'une reprise des *Lombards* à la Scala, dont l'activité commence à décliner, les nouvelles productions d'autres œuvres ici et là, la signature de deux contrats (avec Venise et Florence), Verdi écrit en moins de quatre mois sa *Jeanne d'Arc* sur un pittoresque mais piteux livret de Solera, qui, malgré ses impudentes protestations, s'inspirait de *La Pucelle d'Orléans* de Schiller.

Giovanna d'Arco

En France en 1429. Prologue. A Domrémy, Carlo (Charles VII, ténor) prêt à abdiquer, vient déposer son casque et son épée au pied d'une statue de la Vierge, dans une forêt qu'on dit hantée. Giacomo (baryton), père de Giovanna (soprano), épie sa fille, qui se rend fréquemment dans cet endroit maudit. Giovanna, qui s'y est endormie, entend un chœur de démons l'invitant à l'amour, tandis que des anges l'appellent à rester vierge et à libérer la France. Elle s'empare des armes de Carlo, et découvre le roi. Giacomo croit qu'ils sont amants.

Ier acte. Giacomo, demi-fou, surgit au camp des Anglais en s'engageant à leur livrer Giovanna. –

A Reims, Giovanna, victorieuse, aspire à retrouver son pays. Carlo lui avoue son amour ; la jeune fille reconnaît qu'elle l'aime aussi. Bien qu'elle se reprenne aussitôt, les démons chantent la victoire du mal.

IIe acte. Devant la cathédrale de Reims, Giacomo accuse sa fille de sorcellerie. La foule prend le silence de la jeune fille pour un aveu, et Giovanna est bannie.

IIIe acte. Dans une forteresse anglaise, Giovanna, enchaînée, prie. Son père, l'entendant, comprend son erreur et la délivre. Elle repart au combat, les Français triomphent, mais, blessée, la jeune fille meurt dans une vision céleste.

Ne condamnons pas les libertés que le livret prend avec l'Histoire : elles sont bien davantage le fait de Schiller que de Solera et Verdi. Et on les jugera d'autant moins coupables si l'on se rappelle que le personnage, purement français, de Jeanne d'Arc (béatifié en 1909, canonisé en 1920) avait été très méchamment traité par Shakespeare dans *Henri VI* et ridiculisé par Voltaire dans *La Pucelle d'Orléans*. Au demeurant, on n'attacherait aucune importance à cet aspect, si l'œuvre réussissait à canaliser son abondance mélodique dans une totalité formelle qui pût animer de bout en bout de vrais caractères. Les défaillances de la partition sont à chercher plutôt dans la malheureuse conjonction d'un livret aussi ampoulé que plein d'incohérences dramatiques et du besoin fiévreux qu'éprouva le compositeur, alors surchargé de travail et de désagréments dus à la reprise des *Lombards*, de séduire son public. C'est avec une sévérité excessive que Massimo Mila a pu écrire que « les délectables et flatteuses mélodies de *Giovanna d'Arco* restent des fins en soi, ou bien marchent pour leur propre compte, avec une adhésion toute conventionnelle et extérieure aux situations scéniques. Parfois même cette adhésion fait défaut, et le caractère expressif de la mélodie se heurte à la situation, comme dans cette futile valse que chante le chœur des démons pour induire Jeanne en tentation [1]... »

Car, si l'on veut bien mettre de côté quelques transitions triviales ou pages inconséquentes comme, en effet, cette petite valse d'une singulière naïveté, il est troublant d'observer comment cette partition surabondante en qualités manque de peu son but. L'orchestration de Verdi n'a jamais été aussi fine que dans cet ouvrage (voyez non seulement les deux premières sections de l'ouverture, mais surtout le commentaire orchestral, déjà « macbéthien », du chœur des Bourguignons à l'acte I, ou l'introduction et l'accompagnement de l'andante de Carlo *« Qual più fido amico »*) ; les récitatifs y prennent souvent un relief ignoré jusque-là chez le compositeur ; les cabalettes sont dotées d'une force propulsive particulièrement efficace ; l'écriture de Giovanna est d'une ligne souvent extatique, délicatement fleurie de vocalises. Il n'empêche. A l'audition, le roi semble manquer de consistance dramatique ; le rôle même de la vierge guerrière, figure pourtant chère à l'imaginaire verdien comme à toute une tradition gréco-latine et italienne (la Penthésilée d'Homère, la Camille de Virgile, la Bradamante de l'Arioste, la Clorinde du Tasse), s'affaisse dans le charme belcantiste ; et le personnage du père à demi fou, dont l'amour paternel est trop intense pour ne pas être animé d'une pulsion incestueuse (Rigoletto veille dans l'avenir), ne prend une vraie dimension que dans son récitatif et air du deuxième acte : *« Ecco il luogo... »*, où Verdi semble soudain anticiper l'humanité de ses plus grandes créations.

Le 15 février 1845, servie notamment par la belle Erminia Frezzolini, qui se plaignait pourtant de sa voix

1. M. Mila, *Giuseppe Verdi*, p. 163.

depuis la reprise des *Lombards*, *Giovanna d'Arco* obtint un immédiat succès public, et les orgues de barbarie s'emparèrent dès le lendemain de deux ou trois airs particulièrement faciles, à commencer par la maudite petite valse des démons. En somme, d'un point de vue *médiatique*, Verdi, d'ailleurs satisfait de son œuvre, ne fit qu'accroître son image. Qui avait cependant son revers. A Milan, les Autrichiens commencèrent à brocarder cette « musique d'orgue de barbarie », la critique ne fut pas aussi enthousiaste que le public, et, à Leipzig, l'« Allgemeine Musikalische Zeitung », dont on se rappelle qu'elle avait été favorable aux débuts de Verdi, éreinta proprement l'opéra en conseillant à tous les successeurs de Rossini de reprendre leurs études en matière de contrepoint et d'élaboration thématique.

Malgré ce nouveau triomphe milanais, Verdi était malheureux. Son retour de Rome, les épuisantes répétitions des *Lombards* et les multiples maux dont il souffrait l'avaient accablé. Il balançait entre la dépression et l'irritabilité. Il restait au lit le plus souvent possible. En outre, ses relations avec Busseto étaient des plus tendues. Tout en s'étant porté acquéreur d'une ferme l'année précédente (il en confia la gestion à son père) et négociant déjà l'achat d'une grande maison bourgeoise, le palazzo Cavalli, au centre de la bourgade, il entretenait un lien très ambigu avec son pays natal, où les querelles de sa jeunesse ne s'étaient pas tout à fait calmées. C'est ainsi qu'ayant d'abord vaguement mais imprudemment laissé entendre qu'il appuierait le projet, il refusa farouchement par la suite d'écrire une œuvre pour l'ouverture du nouveau théâtre que voulait édifier la municipalité, qui comptait également sur lui pour attirer à cette occasion des célébrités du chant. Verdi était surchargé de travail, mais il était aussi très rancunier, on le sait. Il ne voulait probablement pas que Busseto, où il avait connu tant d'oppositions, pût se prévaloir de sa gloire. C'est à Barezzi seul qu'allaient sa gratitude et sa fidélité. Par un mécanisme de l'âme assez répandu, il retournait sans cesse à Busseto, mais en pestant. Au printemps 1844, après la création d'*Ernani*, en route vers son pays, il avait même écrit à Piave qu'il « frémissait » à l'idée de rentrer chez lui. « Quel terrible sort que le mien ! » avait-il mystérieusement ajouté. Et, en septembre 1845, il écrivait avec une ironie vraiment amère à Clara Maffei : « Je suis encore ému des sensations profondes que j'ai éprouvées dans ma suavissime *(dolcissima)* patrie ! (...) Sacrée, sacrée Busseto ! Quelle beauté ! quelle élégance ! quel endroit ! quelle société ! »

En avril de cette même année, il tomba sérieusement malade. Il ne pouvait plus se nourrir. On le saignait. Il maigrissait. Et se trouvait dans l'incapacité de composer. Muzio s'occupait de lui comme une mère de son enfant. Certificats médicaux à l'appui, il demanda à l'administration du San Carlo de Naples de reculer à l'été la création de sa prochaine œuvre, *Alzira*, tirée d'une pièce très idéologique de Voltaire par le fantasque mais réputé Salvatore Cammarano, librettiste de Donizetti (pour lequel il avait notamment écrit *Lucia di Lamermoor*), Pacini et Mercadante. Par bonheur, sa santé se rétablit à la fin du printemps. Il put même recevoir avec une grande affabilité un des deux frères Escudier, bien connus dans le monde musical parisien, qui donna de lui un portrait charmant et très crédible dans « La France musicale ». (Dans le paysage parisien, cet organe s'opposait à la « Revue et Gazette musicale de Paris » fondée par le redouté musicologue François-Joseph Fétis, lequel deviendra l'un des grands détracteurs de Verdi.) En trois semaines, au fur et à mesure qu'il recevait les vers de son librettiste, avec lequel il eut, probablement du fait de la notoriété de Cammarano, une correspondance assez compassée, à mille lieues de la familiarité dont il usait avec Piave, Verdi composa alors la quasi-totalité d'*Alzira*. Il se donnait six jours pour l'orchestrer. Et, le 20 juin, il partait pour Naples dans un état de grande anxiété.

Alzira

Au Pérou, au XVIe siècle. La princesse inca Alzira (soprano) aime le chef des rebelles indiens Zamoro (ténor), que l'on croit mort mais dont elle apprend en rêve qu'il est toujours vivant. Gusman (baryton), le gouverneur espagnol, aime aussi la jeune fille et voudrait l'épouser, d'accord en cela avec le père d'Alzira, Ataliba (basse), qui voit dans cette union une chance de réconcilier les deux peuples. Zamoro réapparaît. Surpris dans les bras d'Alzira par Gusman, il est condamné à mort, puis libéré sous la pression d'une révolte populaire. En échange de la vie de Zamoro, qui a été de nouveau vaincu, Alzira accepte d'épouser Gusman. Au moment où l'on célèbre le mariage, Zamoro surgit et poignarde Gusman, qui, dans un élan de foi chrétienne, lui pardonne en mourant.

L'anxiété de Verdi n'était pas seulement causée par la perspective d'affronter pour la première fois le difficile public de Naples et les cabales des partisans de Mercadante et Pacini, ses principaux rivaux. Bien qu'il s'en défendît, le maestro savait probablement que sa partition, écrite à la diable, et si courte qu'il dut composer au pied levé une ouverture pour l'allonger un peu, présentait bien des faiblesses. Malgré les réhabilitations tentées ici et là [1], force est en effet de reconnaître qu'*Alzira* est l'œuvre la plus bâclée de ces « années de galère ». Sur le moment même, Verdi écrivait : « Je ne saurais donner aucun jugement sur cette œuvre, car je l'ai écrite presque sans m'en apercevoir (...) : si elle échouait, je ne m'en plaindrais guère. » Et, plus tard, il avouera lui-même que cette œuvre était « franchement mauvaise » *(« proprio brutta »)*. L'opéra présente en effet comme une réduction caricaturale des qualités et des défauts qu'on a entrevus dans *Giovanna d'Arco*. Si l'invention mélodique et même concertante n'y fait pas défaut, avec ces tensions ascensionnelles qui signent l'écriture de notre compositeur, la fréquente vulgarité des rythmes et le recours à une virtuosité aguicheuse témoignent d'une négligence inquiétante. Il est vrai que la minceur et les invraisemblances d'un livret que Verdi avait mis en musique à toute vitesse, au fur et à mesure que Cammarano lui en adressait les scènes, condamnaient cette fois-ci tout rattrapage de la part d'un musicien dont la nature exigeait qu'il élaborât lui-même une solide charpente dramatique et mûrît longuement ses situations. Dans le livret de *Giovanna d'Arco*, les figures de Jeanne et de son père avaient pu toucher Verdi pour d'obscures raisons fantasmatiques. En songeant qu'il allait bientôt s'attaquer à *Macbeth*, on peut comprendre que, dans l'œuvre inspirée de Schiller, la présence du démoniaque ait aussi pu le séduire. Mais on se demande ce qui put le retenir dans *Alzira*, où l'oppression même des Indiens ne semble guère l'intéresser. En face de lui, Verdi n'avait que la banale situation de la soprano qui s'offre au baryton pour sauver le ténor.

Au vrai, *Alzira* n'est pas plus médiocre que des œuvres de consommation courante dans l'Italie de

1. Voir, par exemple, le commentaire de R. Mancini dans le *Guide des opéras de Verdi*.

l'époque. Ce qui explique le succès qui, le 12 août 1845, couronna inopinément la création, défendue, il est vrai, par une immense soprano, Eugenia Tadolini, dotée d'une voix dont le timbre angélique s'alliait merveilleusement à la puissance et à la virtuosité, et par le grand ténor donizettien Gaetano Fraschini (qu'on surnommait « le ténor de la malédiction »), deux personnages qu'on retrouvera dans la suite du parcours verdien. Les cabales et les libelles eurent pourtant rapidement raison de l'œuvre dans la même saison. Et, bien qu'il se soit forgé de solides amitiés à Naples (notamment avec Cesare De Sanctis et le caricaturiste Melchiorre Delfico), on peut dire que Verdi, excédé dès son arrivée par l'indiscrète curiosité des Napolitains, s'enfuit passablement dégoûté.

Mais la pression commerciale à laquelle se trouvait soumis Verdi, contraint d'écrire de plus en plus vite, en sacrifiant ainsi les bases d'une esthétique toute personnelle qu'il avait ébauchée dès *Nabucco*, ne suffit sans doute pas à expliquer, comme on le dit communément, les faiblesses de *Giovanna d'Arco* et la médiocrité d'*Alzira*. La vraie raison, c'était la dépression. Au mois d'avril 1845, soit entre la création de *Giovanna d'Arco* et celle d'*Alzira*, au plus fort de sa maladie, Verdi écrivait à Giuseppe Demaldè : « Je suis souverainement indifférent à tout. J'ai hâte que les trois prochaines années soient passées : il me reste six opéras à écrire, et après, bonsoir à tout ça. [1] » Le propos n'est pas isolé chez le Verdi de l'époque, et tout laisse à penser que, profondément las, il caressait souvent l'idée de mettre bientôt un terme à sa carrière. En vérité, il se

1. Cette lettre, conservée aux archives de Sant'Agata, étant inédite, nous n'avons pu la traduire nous-même et reprenons donc à notre grand regret le texte qu'en donne l'édition française du *Giuseppe Verdi* de M. J. Phillips-Matz (p. 223), dont la traduction laisse bien souvent à désirer.

trouvait coincé entre des aspirations contradictoires : son idéal artistique, dont la réalisation s'effritait au rythme même de son succès; son besoin, autant affectif que professionnel, de plaire (musicalement, s'entend), disons : de *réussir*; enfin sa soif d'asseoir matériellement sa vie. Ce qui explique sans doute la vente à l'éditeur Lucca, rival de Ricordi, du nouvel album de *Six Romances* pour chant et piano, d'où émergent le charme populaire du *Spazzacamino* et l'ombre raffinée du *Mistero* sur un texte de Felice Romani. Car, au rebours de tous les gens de théâtre qui gaspillaient allègrement leurs cachets, Verdi – agi par quel souci de revanche ou de sécurité ? – épargnait et commençait d'investir dans la terre. Longtemps, les biographes ont eu beau jeu de ramener ce comportement à un atavisme paysan. C'est une explication un peu courte. On y reviendra quand sonnera pour lui l'heure d'acquérir, d'exploiter, d'étendre le domaine de Sant'Agata, où il trouvera enfin quelque chose comme un refuge d'où entretenir avec le monde des vivants une relation d'indépendance et de jeu.

En attendant cette époque encore lointaine, Verdi s'était remis à travailler. Mais, cette fois, sur des bases autrement solides. Dès l'époque d'*Ernani*, il avait découvert avec enthousiasme *Attila, roi des Huns*, pièce foisonnante et échevelée de Zacharias Werner, auteur dont Mme de Staël avait écrit : « Depuis que Schiller est mort, et que Goethe ne compose plus pour le théâtre, le premier des écrivains dramatiques de l'Allemagne, c'est Werner. » D'une des dernières pièces de ce dramaturge, Goethe, qui l'estima avant de se l'aliéner, avait pu dire qu'elle était un mélange « de folies et de talent, de maladresses et d'extravagances, de bigoteries et d'audace ». Ce jugement serait sévère pour *Attila*, mais annonce assez bien la richesse et la variété du drame allemand. Verdi avait été amené à lire Werner par le bel essai de Mme de Staël *De l'Allemagne*, qui donnait une analyse très détaillée d'*Attila*. L'ouvrage de Mme de Staël avait fort impressionné notre compositeur (nouveau témoignage de l'ampleur et de la qualité de sa culture) et il en recommanda justement la lecture à Piave, lorsqu'il chargea celui-ci d'une première ébauche, en lui annonçant qu'il lui enverrait l'original allemand. Puis il revint sur son choix et reprit au librettiste vénitien le livret pour le confier à Solera, dont il jugeait à juste titre que le caractère convenait mieux aux grandes fresques historiques. Entre-temps, Verdi avait demandé l'intervention d'Andrea Maffei, traducteur d'allemand. La première version ne fut achevée (Solera, on le sait, était fort paresseux) qu'au moment où Verdi rentrait de Naples.

A Milan, les relations de Verdi avec Merelli se détérioraient : l'imprésario menait grand train et, pressé par les soucis d'argent, bâclait ses productions en ne tablant plus que sur des engagements de prestige. La reprise des *Lombards* avait été chaotique, Verdi avait sué sang et eau, et même (selon les mots de Muzio) « tapé du pied » pour diriger les répétitions. La coupe déborda quand, à l'insu du compositeur, Merelli commença à négocier la vente de ses droits sur *Giovanna d'Arco*. Verdi refusa de superviser la première milanaise des *Deux Foscari*. La perspective d'une rupture se dessinait.

Dans les deux mois qui suivirent, Verdi se partagea entre Busseto, où il était allé chercher la paix nécessaire à la composition, Milan, où il retrouva la fatigante agitation de la ville mais aussi les flatteuses propositions de multiples capitales étrangères (Londres, Paris, Madrid, Saint-Pétersbourg), et la maison de campagne de Clarina Maffei, un « Eden », où il apprit le succès de la création de *Nabucco* à Paris. Sur le front étranger, deux projets aboutirent rapidement : Verdi céda les droits de ses œuvres en France aux frères Escudier et s'engagea à écrire un opéra pour Londres. Sur le front italien, il fallait achever *Attila*. Mais, en rentrant à Milan, Verdi découvrit que Solera avait bouclé ses malles pour l'Espagne sans achever le livret. Lequel retomba ainsi dans les mains de Piave, malgré les protestations de Solera (assez justifiées d'un point de vue dramatique, mais bien tardives) lorsque Verdi lui expédia la dernière mouture pour en revoir l'achèvement. C'était la fin de leur collaboration.

Se dirigeant vers Venise pour la création d'*Attila*, Verdi retrouva le 4 décembre à Padoue le gros Piave aux yeux globuleux, qu'il appelait, au gré de ses humeurs, son « poète-matou » son « chat-lion », son « monstre », en assaisonnant ses lettres d'allusions mystérieuses pour nous et de quelques grossièretés qui dévoilent un aspect plutôt occulté de la personnalité de Verdi. Il n'était pas rare qu'il le traitât, tantôt par une antiphrase affecteuse, tantôt sous l'effet de la colère, de *« mona »*, qui, en dialecte vénitien, a exactement le sens étymologique de « con ». Piave, sur sa demande, lui avait trouvé à Venise un professeur de français (« Je ne veux pas me casser les couilles avec des grammaires ou des théories, mais je veux seulement lire, traduire, et parler »), qui devait donner à Verdi une heure de cours chaque matin, dimanche compris. A Venise, entre deux accès d'une fièvre qui fit craindre pour sa vie, une abondante correspondance professionnelle et l'élaboration de nouveaux projets avec Piave (entre autres une ébauche du *Corsaire*, d'après Byron), il acheva son *Attila*.

Attila

En 429, dans les environs de la future Venise, puis près de Rome. Prologue. Attila (baryton-basse) vient de mettre à sac Aquilée. On lui amène Odabella (soprano), prisonnière qui proclame fièrement son amour pour l'Italie. Attila, impressionné, lui fait don de son épée, dont Odabella se promet d'user pour venger son père. Ezio (baryton), ambassadeur de l'empereur Valentinien, propose à Attila la domination de l'univers, à charge pour le roi des Huns de lui laisser à lui l'Italie. Refus méprisant d'Attila. – Sur les lagunes se réfugient les rescapés d'Aquilée, parmi lesquels Foresto (ténor), amant d'Odabella.

Ier acte. Dans un bois, la nuit, Odabella évoque le souvenir de son père et de Foresto, qu'elle croit mort. Celui-ci paraît, lui reprochant de l'avoir trahi. Odabella lui révèle son plan : feindre d'épouser Attila et le tuer. – Dans sa tente, Attila, égaré, raconte le rêve oppressant qu'il vient de faire : un vieillard lui est apparu pour lui barrer la route de Rome, « terre des dieux » qui est interdite au « fléau des hommes ». Au moment où il se reprend, Attila voit apparaître un cortège guidé par le vieillard de son rêve (le pape Léon Ier, basse), qui lui répète les paroles qu'il a entendues dans son sommeil. Attila s'incline.

IIe acte. Près de Rome, Ezio refuse de suivre l'ordre impérial de conclure une trêve avec Attila. Foresto lui révèle que ses troupes sont prêtes à anéantir Attila au cours du prochain banquet du roi. Ezio adhère fougueusement à l'entreprise. – Durant le banquet qui réunit Huns et Romains, Foresto avertit Odabella que la coupe d'Attila est empoisonnée. Au moment où le roi va boire, la jeune fille l'arrête, non par compassion, mais pour accomplir de sa propre main la vengeance. Le roi, se méprenant, décide d'en faire son épouse.

IIIe acte. Tandis que Foresto se lamente de la trahison d'Odabella, Ezio l'engage à reprendre le combat.

Odabella surgit, qui tente vainement de se justifier auprès de Foresto. Paraît Attila, qui découvre la conjuration, mais trop tard : Odabella le tue avec l'épée que le Hun lui avait offerte.

Malgré un finale dramatiquement malheureux, dû à l'aller-retour du livret entre Piave et Solera, de grandes baisses de tension (les sommets de l'ouvrage se concentrent dans le Prologue et le premier acte), et un ténor assez conventionnel, ajouté, si l'on peut dire, pour compléter le quatuor vocal (l'attirance du compositeur pour les voix graves se confirme), *Attila* renoue indubitablement avec la veine d'*Ernani* et des *Deux Foscari*. La volonté de Verdi de flatter le patriotisme italien – auquel il adhérait passionnément – à travers les personnages d'Ezio (« Tu auras l'univers ; / que l'Italie me reste ») et d'Odabella, emblème des « femmes italiques » qui combattent tandis que les femmes barbares « restent (...) / pleurant dans leurs chariots », n'empêcha nullement le compositeur de traiter avec justesse le rôle ambigu du général romain, et surtout de peindre avec une réelle complexité le personnage d'Attila, barbare sans doute, mais pourvu d'une grandeur presque aimable, grandeur d'autant plus humaine et troublante que, sous l'effet d'un rêve, elle se fissure en une page d'une rare beauté pour laisser place à un homme pantelant d'effroi.

Car ce drame à la robuste invention mélodique (moins directement flatteuse que celle de *Giovanna d'Arco*) est surtout remarquable par quelques pages majeures qui approfondissent, du point de vue musical et symbolique, le chemin sur lequel Verdi marche comme inconsciemment à la rencontre de lui-même. A commencer par l'inquiétant prélude, un *largo* magnifiquement orchestré qui, par vagues, mêle à une écriture pour cordes déjà digne de *La Traviata*[1] le grandiose martèlement de l'épopée. Le même souci orchestral gouverne la page descriptive du lever du soleil (inspirée par *Le Désert* de Félicien David), au second tableau du Prologue, mais le prélude mélancolique et la subtile instrumentation du récitatif *« Liberamente or piangi... »* (dont la section centrale s'envole merveilleusement en un bref *cantabile*) et de l'air d'Odabella *« Oh, nel fuggente nuvolo »* (acte I) font preuve d'une poésie infiniment plus intense dans la finesse et la stylisation musicales. Libre à chacun de juger si cette dernière page enrichit, dans l'ordre de la sensibilité féminine, la peinture de la vierge guerrière, magistralement esquissée dès son entrée en scène, où le compositeur exige de la soprano une vaillance digne d'Abigaille (avec une périlleuse vocalise dégringolant du *contre-ut* au *si* grave), ou si elle forme une sorte d'air de concert conçu pour mettre en valeur les possibilités et les couleurs vocales de Sophie Lœwe, créatrice du rôle. La page reste confondante d'émotion purement musicale.

Mais venons-en à l'échantillon majeur de l'ouvrage : la scène et air d'Attila et le finale du premier acte. Le roi surgit de sa tente, terrifié. Dans un récitatif dialogué avec son esclave Uldino, il s'apprête, sur un rythme très plastique, qui glisse du halètement à une lenteur hallucinée, à évoquer son cauchemar : un vieillard lui est apparu pour l'arrêter aux portes de Rome. Le récit est traité, non comme un air, mais comme un arioso qui se plie à l'égarement du roi; et c'est seulement en reprenant ses sens qu'Attila décide de transgresser l'avertissement dans une cabalette conventionnelle mais vigoureuse, et nécessaire à l'enchaînement du finale : en voyant apparaître le vieillard de son rêve

1. Comme l'avait remarqué Ch. Osborne, *The Complete Operas of Verdi.*

(accompagné d'un beau *largo* religieux écrit pour voix blanches), qui lui répète solennellement les cauchemardesques paroles, Attila retombe un bref instant dans l'hallucination avant de se prosterner devant la force divine. Lançant ainsi un grandiose *concertato* (ensemble) où sa partie, dominée par de brèves figures oppressées, contrepointe les majestueuses courbes que dessine l'ensemble.

On s'est un peu étendu sur cette page, parce qu'elle rappelle nécessairement à la mémoire le tableau de la folie de Nabucco, non seulement du point de vue de l'imaginaire mais au plan de l'économie de l'ouvrage, puisque (l'a-t-on jamais remarqué ?) elle occupe, elle aussi, le centre de l'ouvrage. Ce qui en dit long sur ce que, consciemment ou non, Verdi avait l'intention de faire passer sous les apparences d'un drame épique et national – qui se permet même une flatteuse allusion à la renaissance de *« la Fenice »* (Venise donc, et son théâtre) sur les ruines d'Aquilée, allusion que l'air de Foresto *(« Cara patria, già madre e reina »)* développe à partir d'une matrice littéraire qui va de Pétrarque à Leopardi. Une occasion pour nous de prendre ici la défense de Solera contre les détracteurs des malheureux « fabricants de mélodrames [1] », qui se recrutent curieusement parfois chez les fanatiques les plus acharnés du premier Verdi. Lorsqu'un de ces commentateurs se moque de l'abus d'inversions dans les livrets de Solera, en prenant pour exemple la phrase d'Odabella *« Santo di patria indefinito amor »* (littéralement « Saint, de patrie, indéfini amour », soit « Saint amour infini de la patrie »), il ne montre que son ignorance de la grande tradition de l'italien littéraire et de l'héritage direct, sur les librettistes du XIXe, d'Alfieri et

1. L'expression est de G. Debenedetti, *Vocazione di Vittorio Alfieri*, p. 120.

de l'excellent traducteur italien d'Ossian, Melchior Cesarotti.

La première d'*Attila* eut lieu le 17 mars 1846, avec Ignazio Marini, basse rossinienne dotée d'un aigu facile, dans le rôle-titre. Ironie de l'histoire, Carlo Guasco (qui chantait Foresto) était enroué comme lors de la première d'*Ernani*, et, dans la scène du banquet nocturne du deuxième acte, un bon nombre des cent chandelles s'éteignirent, dégageant une fumée moins dangereuse que nauséabonde. (Rire de certains : « Que le fléau de Dieu ne se transforme pas en fléau des nez... », écrivait le journaliste de la « Gazzetta privilegiata di Venezia ».) Le succès fut donc très mitigé. Mais, dès le lendemain, ce fut un enthousiasme général, et, à l'issue de la troisième, on raccompagnait Verdi à la lumière des flambeaux et aux accents d'une harmonie militaire.

Verdi rentra heureux à Milan, mais épuisé par les maux physiologiques qui l'avaient affecté depuis plusieurs mois. Il dut demander à Benjamin Lumley de reculer la création de son opéra pour Londres (la réponse de l'imprésario anglais, dans un français impeccable, respire une vraie et respectueuse sympathie) et dut retarder également un contrat avec l'Opéra de Paris. Il se reposa et jouit des nouvelles de ses succès, qui lui parvenaient d'un peu partout (Florence, Parme, Londres), malgré d'autres désagréments, d'autres tristesses : la séparation officielle d'Andrea et Clara Maffei dont il était le commun ami (le poète milanais, joueur impénitent et de caractère plutôt frivole, plongea dans la dépression), son propre état de santé, toujours chancelant, et, pour finir, la nouvelle de sa mort, qui se répandit en Allemagne d'abord puis en Italie. A Busseto, on craignait même qu'il n'ait été empoisonné comme on croyait que Bellini l'avait été dix ans plus tôt. A la fin de l'année, Merelli, ayant acheté à Lucca, propriétaire de la partition d'*Attila*, les droits de représenter cet ouvrage, Verdi laissa faire. Mais la production se révéla désastreuse, et le compositeur enjoignit à Ricordi, son véritable éditeur, de ne plus céder à la Scala l'autorisation de monter sa prochaine œuvre – et même, ajoutait-il menaçant, aucun de ses opéras. La rupture avec la Scala était consommée.

Mais, entre-temps, à la fin du mois de juillet, Verdi (de retour des eaux de Recoaro) se remit au travail. Il s'était engagé à donner une création à Florence. Il ne savait pas qu'il amorçait ainsi le second tournant de sa carrière artistique.

CHAPITRE IV

Shakespeare en Italie

A Recoaro, Verdi s'était gorgé d'eau minérale et d'ennui. Il avait tenté d'attirer dans sa retraite forcée Emilia Morosini et ses deux fillettes, mais en vain. Par bonheur, outre le billard et les cartes, auxquels il jouera toute sa vie, il avait avec lui Andrea Maffei, lequel, sans être un génie littéraire, était un élégant lettré et traducteur, qui pratiquait les auteurs de langue allemande – Gessner, Klopstock, Goethe et surtout Schiller, dont il traduisit le théâtre –, mais aussi Milton et Shakespeare. Tout laisse à penser que le musicien et l'homme de lettres s'entretinrent longuement de Schiller, car, dès son retour à Milan, Verdi confia à Maffei la mise en vers d'un scénario tiré du drame *Die Räuber (Les Brigands)*, dont Mercadante s'était déjà inspiré en donnant en 1836 *I Briganti*. En même temps, Verdi pensait à mettre en musique *L'Aïeule* de Grillparzer (dont un des héros, Jaromir, n'est pas sans ressemblance avec le Karl des *Brigands*) et travaillait mentalement à une adaptation de *Macbeth*, ne sachant laquelle de ces trois œuvres il donnerait à Florence. Il hésitait surtout entre Schiller et Shakespeare. Par suite, non d'un hasard, mais de ces petites circonstances qui enfantent les grands événements (peut-être la crainte de donner un Shakespeare à Londres, mais surtout la recherche de voix adaptées à ses projets), ce fut à *Macbeth* que Verdi s'attela pour le théâtre alla Pergola de Florence. Lanari, l'imprésario, avait pu engager le célèbre baryton Felice Varesi, dont on disait qu'il manquait souvent de justesse, mais dont la voix (timbre et registre), le physique et les capacités dramatiques convenaient à merveille au rôle de Macbeth tel que l'imaginait Verdi.

Shakespeare n'était certes pas une découverte pour le compositeur, qui le surnommait dans sa correspondance « le grand Poète », « le grand Tragique », et même « Papa ». On sait que, dès ses premiers succès milanais, Verdi s'était lié d'amitié avec Giulio Carcano, qui s'attelait alors à la traduction du dramaturge anglais, et qu'il avait songé dès 1843 à un *Roi Lear* (plus tard il écartera *La Tempête* ou *Hamlet*, par manque de temps, déclara-il). On a longtemps attribué à l'amitié de Carcano et de Maffei, lequel avait traduit la version allemande de *Macbeth* par Schiller, une influence décisive sur le choix de Verdi. Sans vouloir sous-estimer les conversations que ce dernier put avoir avec les deux traducteurs, on peut affirmer cependant qu'il n'en fut rien. Mais, pour en venir là, il nous faut rapidement résumer l'histoire de la pénétration de Shakespeare en Italie.

Malgré la découverte émerveillée de Shakespeare que firent successivement Paolo Rolli (poète et librettiste de haute tenue qui vivait en Angleterre et donna en 1739, contre l'éreintement de Voltaire, une splendide traduction du monologue de Hamlet), puis Giuseppe Baretti (*Discours sur Shakespare et Monsieur de Voltaire*, 1777) et Alessandro Verri, qui acheva en privé une traduction de *Hamlet* en 1777 et lui enchaîna aussitôt celle d'*Othello*, Shakespeare ne s'était guère acclimaté publiquement en Italie qu'à travers de plates adaptations françaises de Ducis et de Letourneur. Il fallut attendre Michele Leoni, polygraphe préromantique qui avait su faire sien l'héritage des traductions d'Ossian par Melchior Cesarotti, pour qu'on voie paraître une intégrale des *Tragédies* entre 1819 et 1822. Carcano, lui, ne donnera son *Macbeth* qu'en 1848, soit *après* la création du *Macbeth* de Verdi, et son théâtre complet qu'en 1858. En vérité, le chaînon majeur dans la diffusion de Shakespeare en Italie fut Carlo Rusconi, qui, en 1838, publiait à Padoue la première version intégrale en prose du dramaturge anglais.

Quelques figures de l'élite intellectuelle italienne avaient donc reçu avec enthousiasme Shakespeare dès le XVIIIe siècle, et au total un *vrai* Shakespeare s'introduisit bien plus tôt en Italie qu'en France, mais le théâtre du dramaturge anglais, banni des scènes italiennes depuis le four d'*Othello* à Milan en 1842 [1], n'avait pas pour autant contaminé l'opéra. Si le classicisme du XVIIIe siècle et le limpide rayonnement de son plus pur représentant sur scène, le grand Métastase, expliquent aisément ce rejet, on pourrait s'étonner que le basculement des mentalités vers le romantisme n'ait pas favorisé l'adoption de Shakespeare. Le fonctionnement socio-économique du théâtre d'opéra suffit à éclairer cet échec. Outre que le public italien n'était pas encore prêt à admettre le mélange des genres dans le théâtre parlé, il fallait, pour l'imprésario d'opéra, satisfaire à la fois les chanteurs et une société affamée de musiques nouvelles, mais à partir de situations convenues, tant pour ne pas décevoir les attentes du public qu'afin de ne pas encourir les foudres de la censure, politique ou religieuse. La comparaison que certains ont pu établir entre le fonctionnement de l'opéra italien au XIXe siècle et la production cinématographique hollywoodienne est éclairante.

---

1. Voir P. Weiss, « Verdi e la fusione dei generi ».

Les titres peuvent donc tromper, mais les faits sont là. l'*Ambleto (Hamlet)* d'Apostolo Zeno, par exemple, plusieurs fois mis en musique, et notamment par Francesco Gasparini (1712) et Domenico Scarlatti (1715), ne doit rien à Shakespeare, mais tout à Saxo Dramaticus (la source du drame anglais). *Juliette et Roméo* (1796) de Zingarelli et *Les Capulets et les Montaigus* (1830) de Bellini remontent eux aussi à la source italienne du drame sans passer par Shakespeare. Et, sans parler de quelques ballets dont seuls les titres ont survécu, les rares cas d'œuvres inspirées du grand Anglais étaient alors soit des adaptations d'adaptations (ainsi en 1792 l'*Amleto* de Gaetano Andreozzi, sur un livret que Giuseppe Maria Foppa avait tiré du désolant *Hamlet* de Ducis), soit le résultat d'un tel travestissement que l'original en devenait proprement méconnaissable. « Ils ont crucifié *Othello* », s'écria Byron après une représentation de l'*Otello* de Rossini – créé en 1816 sur un livret du marquis Francesco Berio di Salsa –, tout en reconnaissant les beautés musicales d'une œuvre qui était déjà un des fleurons de l'opéra romantique, qu'allait notamment illustrer la Malibran, « penchée sur sa harpe, ses cheveux épars sur ses épaules nues, de vraies larmes dans ses yeux de gazelle, enveloppée dans un peignoir de mousseline blanche... » (Armand de Pontmartin).

On sait désormais, grâce au remarquable travail philologique de Daniela Goldin [1], que c'est chez Carlo Rusconi qu'il faut chercher la source immédiate et inspirante du *Macbeth* de Verdi – et beaucoup plus tard d'*Othello* et *Falstaff*. Est-ce à dire que Verdi ne connaissait pas Shakespeare avant cette date ? D'après la plus

1. D. Goldin, « Il *Macbeth* verdiano », paru d'abord dans « Analecta Musicologica », n° 19, 1979, puis repris dans *La Vera Fenice* (v. ce titre).

récente biographie du musicien [1] (qui, malheureusement, ne fournit pas ses sources sur ce point), cette connaissance remonterait, comme nous y avons fait allusion, à la toute première jeunesse du compositeur. Rien n'interdit en effet de penser qu'un exemplaire des *Tragédies* traduites par Leoni ait pu parvenir jusqu'à la bibliothèque municipale de Busseto, qui comptait tout de même dix mille volumes, ou encore chez les Barezzi, et, de là, dans les mains de Verdi adolescent. Si ce ne fut pas le cas, le jeune homme put encore découvrir Shakespeare chez quelque libraire lors de son installation à Milan en 1832. Il n'avait que dix-neuf ans. Ce que confirmerait le *cri* indigné que poussa le compositeur quand, en 1865, au lendemain de la création parisienne de *Macbeth*, la critique lui reprocha de méconnaître le dramaturge anglais : « Ils font une grande erreur. Il se peut que je n'aie pas bien rendu *Macbet (sic)*, mais que je ne connaisse pas, que je ne comprenne pas, que je ne sente pas Shacspeare *(sic* [2]*)*, non, par Dieu, non. C'est un de mes poètes préférés, *que j'ai eu entre les mains dès ma première jeunesse* [c'est nous qui soulignons], et que je lis et relis sans cesse [3]. » Déclaration que confirment plus qu'amplement la correspondance du musicien et le travail du livret, où, certes, se fait nécessairement jour une interprétation critique *datée*, mais qui témoigne d'une connaissance approfondie de Shakespeare et de la

1. M. J. Phillips-Matz.

2. On ne s'étonnera pas de ces deux erreurs de graphie : Verdi n'était pas un grammairien, et l'italien, langue qui se prononce comme elle s'écrit et évite le plus souvent les chocs consonantiques, a eu longtemps du mal à ne pas italianiser les mots et noms étrangers, exactement comme le français le faisait autrefois. On verra ainsi Verdi écrire « Macbeth », « Macbet » ou encore « Macbetto ». En France, à l'époque de Verdi, un romancier de l'ampleur d'un Alexandre Dumas était connu pour sa piètre orthographe.

3. Lettre à L. Escudier, *Carteggi verdiani*, vol. IV, p. 159. La première citation que Verdi fait de Shakespeare dans une de ses lettres semble dater de 1841 (lettre à G. Demaldè – auquel on donnait le sobriquet de Finola –, citée par G. Abbiati, *Verdi*, I, p. 367).

scrupulosité de Verdi, non seulement face au texte, mais encore au regard de la mentalité et des mœurs de l'époque où se situe la tragédie. Pour *Attila*, Verdi avait demandé à son ami le sculpteur romain Vincenzo Luccardi de lui envoyer de Rome un croquis du vêtement et de la coiffure du roi hun dans la fresque de Raphaël qui représente Attila face à Léon Ier. Eh bien, pour *Macbeth*, il ira beaucoup plus loin et donnera entre autres une petite leçon historique et vestimentaire au directeur du théâtre de Florence en proscrivant notamment l'emploi anachronique de la soie et du velours pour les costumes de son opéra.

Avant de revenir à la genèse du *Macbeth* verdien, il nous reste à faire état d'une découverte toute récente, également due à Daniela Goldin [1], qui a établi que c'est dans le *Cours de littérature dramatique* d'August Wilhelm Schlegel, un des amis les plus proches de Mme de Staël (laquelle traçait avec chaleur les grandes lignes de son travail dans *De l'Allemagne*), que Verdi trouva, non seulement les clefs de lecture de son *Macbeth*, mais un appareil et, plus précisément même, un vocabulaire conceptuel et esthétique qui répondaient précisément à sa quête dramaturgique. Et ce, alors même que Schlegel condamnait dans le même cours la rudesse et le manque de poésie d'Alfieri, un auteur dont nous avons dit combien il avait nourri le jeune Verdi non seulement d'un point de vue fantasmatique, mais comme modèle d'une « versification dramatique essentielle [2] ». Lorsque d'ailleurs Verdi demandera à Piave des vers « forts et concis, à la manière d'Alfieri » (même si, à ce moment-là, il lui parlait de l'acte II), n'avait-il pas

1. D. Goldin Folena, « Verdi e il *Corso di letteratura drammatica* di A. W. Schlegel », in Actes du Colloque *Verdi e la letteratura tedesca*, Venise, 1997.

2. *Ibid.* Notons, par parenthèse, que la critique italienne à parfois fait allusion à *Macbeth* ou plus largement à Shakespeare à propos de l'*Agamemnon* d'Alfieri (v. par exemple G. Debenedetti, *Vocazione di Vittorio Alfieri*, pp. 91-92).

notamment en tête l'usage qu'avait su faire le dramaturge piémontais de la stichomythie, c'est-à-dire de la fragmentation d'un vers en reparties dialoguées ? Il n'est, pour s'en convaincre, que de mettre en parallèle la scène où Egisthe suggère à Clytemnestre le meurtre du roi dans l'*Agamemnon* d'Alfieri (IV, sc. I) et celle du *Macbeth* verdien où Lady Macbeth insinue dans l'esprit de son époux le meurtre de Duncan – et d'autant plus que, chez Shakespeare, cet échange de reparties n'existe pas.

Opérant de grandes coupes calculées et d'habiles interpolations textuelles à partir de la traduction de Rusconi, Verdi établit donc, à son habitude, un « programme » de *Macbeth*, articulé sur les grandes « positions » musico-dramaturgiques, puis une *selva*. Le terme, proprement verdien, est de vieille ascendance. A la fin de la Renaissance, la *selva* (la « sylve », donc le bois, la forêt) signifiait, par métaphore, une composition poétique mêlant librement hendécasyllabes et septénaires. Par la suite, le terme prit le sens d'anthologie personnelle, de recueil spontané de textes fragmentaires, à usage indéfini. Chez Verdi, le mot recouvre un scénario très détaillé, très fourni, que Daniela Goldin définit comme un « proto-libretto », doté d'ébauches de dialogues, d'indications musicales, de didascalies très précises. Et c'est cette *selva* – dont il écrivit à son librettiste : « l'esquisse est nette : sans convention, sans effort, et brève » – que le compositeur expédia à Piave, pour qu'il la versifie. S'ensuivit alors un fébrile et impatient échange épistolaire où le compositeur se mit à torturer Piave pour obtenir la variété et la concision dramatiques, métriques, psychologiques, qu'il avait en tête. Subjugué par le génial mélange de sublime et de trivialité du drame anglais, Verdi, comme prenant pour devise le *« Fair is foul, and foul is fair »* des Sorcières shakespeariennes, imposait, et obtiendra, une extravagance linguistique et métrique inouïe jusque-là dans le livret d'opéra italien. En se servant peut-être de la traduction versifiée de Michele Leoni parallèlement à la version en prose de Rusconi, Piave se plia de bon gré d'abord, puis avec une certaine lassitude, aux caprices très calculés du maestro – mais sans arriver pour autant à le satisfaire, tant et si bien qu'en janvier 1847 Verdi l'avertit qu'il avait soumis la première mouture du livret à Maffei pour que celui-ci ajuste comme il le souhaitait le chœur des sorcières et la scène du somnambulisme.

A cette époque-là, sachant que Lanari, l'imprésario de Florence, avait pu engager Felice Varesi et Sophie Lœwe – elle laissera finalement sa place à Marianna Barbieri Nini –, Verdi avait complètement laissé tomber les *Masnadieri* (traduction choisie pour *Les Brigands* de Schiller) : sans plus d'autre pensée, enflammé par son sujet shakespearien, il se battait comme un lion, un lion hargneux et parfois insultant au regard du malheureux Piave, plus civilisé mais non moins exigeant envers le *cavaliere* Andrea Maffei, et (directement ou par l'entremise de Piave et de Tito Ricordi, son éditeur) fournissait des indications tout aussi impératives au théâtre et à Felice Varesi, auquel il adressait de passionnantes notes pour la composition du rôle de Macbeth : « Je ne te recommanderai jamais assez de bien étudier la position et les paroles : la musique vient alors de soi. – En somme, j'aurai plus de plaisir à ce que tu serves le *poète* que le *musicien*. (...) Ne perds pas des yeux la position (...) Tu restes à cette annonce [les prédictions des Sorcières] ébahi et atterré ; mais en même temps naît en toi l'ambition de parvenir au trône. C'est pourquoi tu diras le début du duo *sotto voce* (...). Prends garde aux indications, aux accents, au *pp* et au *f* (...). » Et dans une autre lettre : « Tu pourras tirer un grand parti de la mort [de Macbeth] si, l'unissant au chant, tu en fais une action raisonnée... »

C'est dire combien chez Verdi la conception d'une œuvre se fondait dans l'élaboration même du livret. Combien paroles et musique n'acquéraient d'existence que dans l'intuition d'un geste théâtral. Pour la rédaction du livret de *Macbeth*, dont il faut considérer qu'il est le véritable auteur, Verdi aura naturellement le dernier mot en corrigeant, pour finir, de son propre chef les interventions de Maffei avant d'envoyer à l'éditeur le livret pour impression.

Macbeth (I)

Quand, dix-sept ans plus tard, devant adapter *Macbeth* pour le Théâtre-Lyrique à Paris, Verdi reprit sa partition en main en vue d'écrire un ballet, pièce obligée dans la tradition de l'opéra français, il écrivit à Léon Escudier : « J'ai parcouru *Macbeth* pour écrire le ballet, mais, hélas, à la lecture de cette partition, j'ai été frappé par des choses que j'aurais aimé ne pas y trouver. Pour tout dire en un mot, il s'y trouve divers morceaux qui sont faibles, ou qui manquent de caractère, ce qui est pire encore. » La partition du *Macbeth* florentin était une œuvre extraordinairement originale, mais Verdi avait, entre-temps, longuement mûri ses conceptions dramatico-musicales, et son art s'était affiné. Le livret resta pour ainsi dire inchangé, mais, outre l'adjonction d'une brève et très belle page chorégraphique (troisième acte), Verdi opéra une douzaine d'interventions. Les plus importantes sont la substitution au deuxième acte de l'air *« La luce langue »* (dont il demanda le texte à Piave) au *« Trionfai »* originel de Lady Macbeth ; l'harmonisation nouvelle, l'accélération du tempo et la réorchestration de l'apparition des huit rois au troisième acte; le remplacement de la cabalette *« Vada in fiamme »* par un bref duo entre Macbeth et Lady Macbeth au finale du même acte; la réécriture totale, à l'ouverture de l'acte IV, du chœur *« Patria oppressa »* (qui n'était pas une greffe politique mais l'amplification d'un thème mineur de la tragédie shakespearienne, et prend ici une couleur religieuse qui annonce le *Requiem*); enfin, dans la dernière scène de l'œuvre, la coupure de l'air de Macbeth mourant, remplacé par une page fuguée qui représente la bataille et s'ouvre sur un hymne de victoire. A l'inverse de *Jérusalem*, qui est un ouvrage entièrement disloqué et remanié par rapport aux *Lombardi*, le *Macbeth* parisien n'est pas une opéra nouveau, mais une œuvre revue et enrichie. A peine si, du point de vue du « contenu » psycho-dramatique, la version parisienne accroît encore la domination de Lady Macbeth sur le drame. Comme on ne donne plus aujourd'hui que la version parisienne (mais en italien, et en lui rajoutant parfois la scène originelle de la mort de Macbeth), c'est celle-ci que nous analyserons.

> L'œuvre se situe en Ecosse au milieu du XIe siècle. Ier acte. Ier tableau. Dans un bois, de nuit, trois groupes de sorcières vaquent à leurs occupations infernales. Arrivent Macbeth (baryton) et Banco (basse), de retour d'une bataille. Les sorcières prédisent au premier qu'il sera seigneur de Caudore puis roi d'Ecosse, et au second que, sans régner lui-même, il engendrera une lignée de rois. Les deux hommes sont encore sous le coup de l'étonnement, quand un messager survient pour annoncer à Macbeth que le roi lui a donné la seigneurie de Caudore. L'effroi et l'ambition saisissent Macbeth, tandis que Banco évalue sagement le danger *(« Giorno non vidi mai... Due vaticini compiuti or sono »)*. – IIe tableau. Dans le château de Macbeth, Lady Macbeth (soprano dramatique) lit une lettre par

laquelle son époux lui apprend la prédiction des sorcières. Lady Macbeth se promet d'encourager Macbeth au mal pour parvenir au trône *(« Vieni, t'affretta »)*. On lui annonce la prochaine arrivée de son époux accompagné du roi (rôle muet). Paraît Macbeth. Son épouse lui fait comprendre qu'il faut assassiner le souverain, lequel entre au château. Seul, Macbeth voit lui apparaître un poignard ensanglanté *(« Mi si affaccia un pugnal »)*. Il se décide à tuer le roi endormi et pénètre dans sa chambre. Quand il retourne sur scène, où se trouve Lady Macbeth, il est saisi d'épouvante à la vue de ses mains ensanglantées, comprenant qu'en tuant le roi il a perdu à jamais le sommeil (duo *« Fatal mia donna »*). Lady Macbeth le pousse à rapporter le poignard dans la chambre et à ensanglanter les gardes pour qu'on les accuse du meurtre. Comme il en est incapable, elle se charge de la besogne. Macbeth est en proie à l'épouvante de son geste. Au matin, Macduff (ténor) et Banco, s'apprêtant à réveiller le roi, découvrent le meurtre. Horreur générale.

IIe acte. Ier tableau. Au château de Macbeth. Macbeth est roi, mais immergé dans la mélancolie. Les sorcières ayant prédit que Banco serait père de rois, les deux époux décident de le supprimer en même temps que son fils. Seule, Lady Macbeth chante la nécessité de ce second crime et la volupté du trône *(« La luce langue... O voluttà del soglio »)*. – IIe tableau. Un parc non loin du château de Macbeth. Les sicaires mandés par Macbeth surprennent et assassinent Banco, mais Fléance, son fils (rôle muet), réussit à s'enfuir. – IIIe tableau. Banquet au château de Macbeth, où Lady Macbeth entonne un *Brindisi* [1] *(« Si colmi il calice »)* On avertit secrètement Macbeth que Banco n'est plus mais que son fils a pu fuir. Au moment de s'asseoir, Macbeth aperçoit à sa place le spectre de Banco. Egarement du roi et stupeur des assistants, que Lady Macbeth étouffe en reprenant son toast. Macduff commence à comprendre et décide de s'enfuir d'Ecosse.

IIIe acte. Dans leur caverne, les sorcières préparent la marmite infernale. Paraît Hécate, déesse de la nuit et

1. Toast.

des sortilèges *(Ballet)*. Macbeth vient consulter les sorcières sur son destin. Les apparitions qu'elles évoquent lui recommandent de se garder de Macduff, et lui annoncent qu'aucun homme né d'une femme ne peut lui nuire et qu'il sera invincible tant qu'il ne verra pas s'avancer la forêt de Birnam. Cependant, à la demande de Macbeth, les sorcières évoquent la lignée de rois qui doit naître de Banco. Macbeth s'évanouit. Quand il se réveille, il raconte à Lady Macbeth les prédictions. La reine le pousse à exterminer la famille de Macduff et le fils de Banco (duo *« Ora di morte e di vendetta »*).

IVᵉ acte. Iᵉʳ tableau. Aux confins de l'Ecosse et de l'Angleterre. Les réfugiés écossais pleurent leur patrie opprimée (chœur *« Patria oppressa »*), tandis que Macduff apprend l'extermination de sa famille *(« Ah, la paterna mano »)*. Malcolm, fils de Duncan (ténor), arrive avec une armée anglaise. Il promet à Macduff la vengeance et ordonne à ses hommes de couper les arbres de la forêt de Birnam : chacun se dissimulera derrière une branche. – IIᵉ tableau. Au château de Macbeth, Lady Macbeth, somnambule, tente désespérément dans son rêve de se laver les mains du sang qui les souille et laisse passer l'aveu de ses crimes *(« Una macchia è qui tuttora »)*. – IIIᵉ tableau. Un escalier du château. Macbeth, seul, apprend l'arrivée de l'armée anglaise, et, tout en se sentant protégé par les prédictions, exprime son désespoir d'une vie sans repos *(« Pietà, rispetto, amore »)*. Apprenant le suicide de Lady Macbeth et que la forêt de Birnam s'avance, il appelle ses hommes aux armes. – IVᵉ tableau. Dans une plaine, au cours de la bataille, Macbeth affronte Macduff, qui lui révèle qu'il n'est pas né du sein de sa mère mais en a été arraché avant terme. Il meurt sous les coups de Macduff. Hymne de victoire autour du nouveau roi, Malcolm.

Œuvre de transition, si l'on veut, le *Macbeth* de 1847 n'en est pas moins une œuvre organique (certains commentateurs ont souligné tant la symétrie ternaire de la construction que la récurrence structurante du demiton) et profondément novatrice. Par le choix du sujet, d'abord – et c'est pourquoi l'on a tant insisté sur l'histoire de la réception de Shakespeare en Italie –, qui, dans un monde nordique, obscur et hanté, exclut non seulement toute intrigue amoureuse, mais fouille comme à plaisir les puissances irrationnelles, les laides puissances de l'inconscient qui agissent l'homme à son insu dans leur œuvre de mort. Verdi avait parfaitement compris que le « fantastique » – sublime et trivialité mêlés – était la clef de l'œuvre. Cet aspect, originel dans l'œuvre, il l'éclairera explicitement à Escudier lors de la révision parisienne : « Ayez pour règle que les rôles de cet opéra sont au nombre de trois, et ne peuvent être que trois : Lady Macbet *(sic)*, Macbet *(sic)* et le chœur des sorcières. Ce sont les sorcières qui gouvernent le drame et tout vient d'elles, de leur vulgarité et de leurs caquetages du premier acte, de leurs sublimités et de leurs prophéties du troisième. » Verdi ne faisait là qu'exprimer une donnée présente dès la conception de l'œuvre. Car, même si l'exploration psychologique de Macbeth et de son épouse témoignent, dès la version florentine, d'une terrible et toute nouvelle subtilité chez Verdi, les sorcières, loin d'être un élément purement pittoresque, forment bel et bien *un rôle* (Kurosawa les réduira de même à un seul personnage dans son étonnant *Château de l'araignée*, variation japonaise sur le thème de *Macbeth*), et un rôle de la plus grande importance, car elles sont quelque chose comme la manifestation de l'inconscient de Macbeth et de son épouse, la projection, sur la scène fantasmagorique, d'un moteur interne à l'existence de chacun. Le destin, si l'on veut, ainsi que Mallarmé le comprenait [1]. Jamais jusque-là Verdi ne s'était aussi

1. « Les sœurs vieilles n'entrent pas, sont là, en tant que le destin qui préexiste... », in *Crayonné au théâtre* (« La fausse entrée des sorcières dans *Macbeth* »), p. 347.

clairement révélé comme cet archéologue des pulsions que nous entrevoyons aujourd'hui.

Mais ces provinces nouvelles ne pouvaient être explorées qu'avec des instruments nouveaux. Ce n'est pas dire que Verdi renonce d'un coup, et comme par l'effet d'un projet pensé antérieurement à l'œuvre (comme chez Wagner), aux vieilles formes closes et à la virtuosité de l'opéra italien. Lorsqu'une de ces formes suffit à l'expression dramatique, Verdi n'éprouve aucun besoin de l'abandonner. C'est ainsi que la première intervention de Lady Macbeth, qui s'ouvre sur un texte parlé, emprunte aussitôt la forme canonique récitatif-air-cabalette. Mais avec quelle efficacité, si l'on songe à la violence du récitatif *« Ambizïoso spirto »* qui s'achève sur une monstrueuse vocalise, à l'air subtilement construit sur l'effet d'antiphrase opposant le texte (« Viens ! presse-toi ! ») et le tempo de l'air *(andantino),* enfin à la violence de la cabalette qui ne pouvait mieux convenir à l'invocation des « ministres de l'Enfer ». On en dirait autant de la « Musique campagnarde » de la marche royale, d'un effet très brechtien avant la lettre, que Verdi conservera telle quelle dans la version parisienne (au risque d'offenser le « bon goût » de la capitale française), ou du chœur des sicaires, presque caricatural, traité *staccato* et *sotto voce* comme tant d'autres exemples du même genre. Verdi trouvait là le moyen de subsumer, de façon tout à fait shakespearienne, sa propre « trivialité ». De même, le *Brindisi* de Lady Macbeth, apparemment banal sur son pesant rythme binaire et très conventionnel dans son écriture colorature, ne pouvait mieux mettre en scène la joie factice du banquet et lui opposer les inquiétantes figures et les contrastes dynamiques que suscite l'apparition du sceptre de Banco dans l'âme égarée de Macbeth. Car, malgré l'usage de formes traditionnelles, les formes inédites dominent, qui organisent monologues et dialogues au travers de souples récitatifs-ariosos. Tel est le cas exemplaire du *« Mi si affaccia un pugnal »* de Macbeth, ou du duo qui lui fait suite, *« Fatal mia donna, un murmure »* – une des pages les plus impressionnantes de la partition, construite sur une déclamation mélodique à mi-voix, déchirée par de rares exclamations « à gorge déployée », au rythme sans cesse mouvant, croisant les voix en une fine superposition de teintes psychologiques, où l'épouvante à la fois concrète et métaphysique de Macbeth (le meurtre du père – et le souvenir de *Don Juan* plane dans les trois coups qu'on frappe à la porte du château) provoque chez son épouse-mère, sous une légère inquiétude initiale, la dérision méprisante, le réconfort, la domination. La même analyse s'appliquerait aussi bien à la scène des apparitions du troisième acte, où Macbeth s'exprime dans une libre association d'ariosos, soutenus par un petit groupe instrumental placé sous la scène, qui doit, dira Verdi pour la création parisienne, créer une « sonorité étrange, mystérieuse, mais en même temps calme et paisible » qui puisse « se répandre dans le théâtre d'une façon mystérieuse et comme au lointain ». La liberté de Verdi est déjà si grande à ce moment crucial de son évolution que la scène majeure, le point focal, de la version florentine, la « grande scène du Somnambulisme », développe l'air dans lequel se délite l'esprit de Lady Macbeth (à partir d'un *« fil di voce »*) sous une forme telle qu'on ne sait plus si l'on a affaire à une mélodie ou à un arioso.

Jamais Verdi n'avait fait montre comme dans *Macbeth* d'une pareille richesse de modulations tonales ; jamais non plus il n'avait criblé sa partition d'autant d'indications expressives destinées à la voix ou aux instruments (« sotto voce », « mystérieux », « sombre »,

« voilé », « comme une plainte », « lié et étouffé », etc.); jamais il n'avait montré avec autant de constance un tel souci, une telle créativité dans le soutien et/ou l'autonomie de l'instrumentation, dont l'économie même (nous sommes à cent lieues de Wagner) met en relief la singularité hautement expressive.

Il y a plus de quarante ans, Massimo Mila avait bien vu qu'avec *Macbeth* « l'unité de mesure expressive du drame qu'entrevoit Verdi [n'est] plus le thème, le motif, mais l'accent : unité de mesure infiniment plus petite et donc apte à des analyses infiniment plus minutieuses et urgentes ». Ce déplacement esthétique se vérifie dans le traitement même de la voix, où, pour la première fois en Italie, la beauté cède le pas à l'expressivité, on dirait presque à l'expressionnisme. Dès l'époque d'*Alzira*, certains accusaient Verdi de corrompre le « beau-chant », mais que dire de *Macbeth*, pour lequel le compositeur recommandait à Varesi de « mieux servir le *poète* que le *musicien* » ? On ne peut passer sous silence une célèbre lettre qu'il adressa à Salvatore Cammarano en 1848 à propos d'une reprise de l'œuvre où l'on avait confié le rôle de Lady Macbeth à la belle Eugenia Tadolini – même s'il reste indispendable d'en redimensionner la modernité en songeant aux prodiges de la virtuosité belcantiste qui régnait alors en Europe : « La Tadolini chante à la perfection, et je voudrais que Lady ne chante pas. La Tadolini a une voix merveilleuse, claire, limpide, puissante, et je voudrais pour Lady une voix âpre, suffoquée, obscure (...). » Et encore : « ... ces numéros [le duo du premier acte et la scène du Somnambulisme] ne doivent absolument pas être chantés : il faut les agir et les déclamer avec une voix bien sombre et voilée [1]. »

1. Pour marquer la force de son vœu, Verdi met en relief ce dernier passage au centre de la page en le découpant en petites phrases.

En écrivant *Macbeth*, Verdi n'avait sans doute qu'une conscience confuse du tournant qu'il opérait dans sa carrière, mais il savait parfaitement qu'il cherchait quelque chose d'inédit sur les scènes italiennes, quelque chose de littéralement *inouï*. D'où, tout en prenant plus de six mois pour écrire sa partition, l'urgence, la violence même avec lesquelles il fit élaborer son livret, prépara Varesi à son rôle, imposa ses intentions en matière de scénographie et de mise en scène au théâtre de Florence. Même s'il ne put satisfaire tout à fait son maître, Piave, du moins au début de son travail, fut contaminé par l'exaltation créatrice de Verdi et entrevit bien la nouveauté de l'œuvre. En octobre 46, il écrivait à l'imprésario de Florence : « Cher Lanari, ce *Macbeth* sera vraiment une grande chose ; j'en suis enthousiasmé. Le rôle de la Lœwe [Lady Macbeth], spécialement, sera le plus profondément senti qui soit jamais apparu sur les scènes de l'opéra italien, comme du reste celle du baryton. Je pense que, s'il plaît, cet opéra imprimera de nouvelles tendances à notre musique et ouvrira de nouvelles routes aux compositeurs présents et à venir [1]. » Varesi, auquel, comme on l'a vu, le compositeur avait expédié chemin faisant plusieurs scènes à travailler, déclara que c'était « la musique la plus belle et la plus dramatique » que Verdi eût jamais composée. Et cet acharnement à la fois fébrile et froid ne quitta pas Verdi jusqu'à la création. Marianna Barbieri Nini, qui avait donc remplacé Sophie Lœwe (enceinte, et qui allait bientôt quitter la scène pour devenir princesse), a laissé des souvenirs, sans doute exagérés par l'admiration et la mémoire mais très crédibles et non dénués d'humour, sur les épuisantes répétitions (plus de cent, à l'en croire) que le compositeur imposa aux musiciens. Le soir même de la générale – que Verdi exigeait en costume, ce qui n'était

1. Verdi, *Copialettere*, p. 445.

pas habituel dans les théâtres italiens –, alors que le public manifestait son impatience dans la salle, le maestro contraignit ses deux premiers rôles à passer un manteau sur leur costume et les entraîna dans le foyer pour répéter une dernière fois le duo *« Fatal mia donna »*. « Mais nous l'avons répété déjà cent cinquante fois ! », s'exclama Varesi, furieux. « Tu ne diras plus ça dans une demi-heure, car cela fera cent cinquante et une », lui répondit froidement Verdi.

Macbeth fut créé le 14 mars 1847 avec un immense succès. On avait ouvert les guichets à seize heures ; en quelques minutes, la salle était bondée. On bissa des numéros entiers, on appela trente fois Verdi sur scène. Mais le succès d'une première n'était jamais une preuve ; le succès, le triomphe plutôt, du lendemain rassura Verdi, malgré une critique beaucoup plus mitigée. On sait que Verdi tenait assez peu compte de la critique. Son seul baromètre (pouvait-il en être autrement pour un compositeur d'opéra ?) était le public. Or le public florentin n'était pas celui de Milan, Venise ou Naples. Florence était alors la ville la plus raffinée d'Italie, et, sous un gouvernement monarchique mais modéré, l'activité intellectuelle et artistique y était vivante. Le cabinet Vieusseux, une sorte d'académie privée (encore active aujourd'hui), restait le cœur confidentiel mais battant de la vie de l'esprit ; et la ville du Lys pouvait s'honorer du passage de Manzoni, venu une vingtaine d'années plus tôt « laver (...) dans les eaux de l'Arno » la langue de son chef-d'œuvre, *Les Fiancés*, et de la présence de fortes personnalités, souvent *engagées*, telles que le dramaturge Giovan Battista Niccolini, autrefois ami de Foscolo, le poète Giuseppe Giusti, l'économiste Gino Capponi (qui, lui, avait été lié avec Leopardi), et les sculpteurs romantiques Lorenzo Bartolini et Giovanni Dupré (par ce dernier nous savons que Verdi avait une passion pour Michel-Ange). La musique de chambre y était beaucoup plus développée qu'ailleurs, et l'on avait pu voir à la Pergola *Robert le Diable* de Meyerbeer et surtout le *Freischütz* de Weber. C'est dans ce monde que Verdi, avant même la première, fut reçu et fêté. Au cours des répétitions, le jeune et timide Dupré vint le voir anonyme à son hôtel (en se faisant passer pour un de ses propres élèves), et, découvrit, à la place de l'« ours » antipathique et orgueilleux que dépeignaient les ennemis de Verdi, un homme affable et « urbain », qui s'amusa beaucoup du subterfuge du jeune artiste. Lequel n'eut pas le loisir de faire le portrait du compositeur, mais sculpta sa belle main. Avec Dupré, Maffei, Giusti et le noble et beau Luciano Manara, dit « le Milordino » (qui devait héroïquement mourir en défendant Rome deux ans plus tard), Verdi, dans ses instants de repos, allait se promener dans les environs de Florence. Le lendemain de la première, le baron Ricasoli, personnalité poilitique, vint le chercher en calèche pour lui faire visiter la ville. Le grand-duc en personne, fort amical, lui montra qu'il connaissait bien son œuvre et même sa vie, avec les difficultés de sa jeunesse... Pour la création de *Macbeth*, toujours accompagné du fidèle Muzio, avec qui il partageait une suite de l'Hôtel Suisse, Verdi avait eu la joie de voir arriver Giuseppina Strepponi, venue tout exprès de Paris, et les Barezzi, père et fils. Quelques semaines plus tard, il dédicaçait la partition de *Macbeth* au protecteur de sa jeunesse, qui avait peut-être été troublé de découvrir la liaison de Verdi avec Giuseppina Strepponi. Barezzi fut profondément ému de cette marque d'affection et de reconnaissance de son « fils adoré ».

Quelques jours plus tard, décidément heureux, Verdi, Barezzi et Muzio reprirent la route. Verdi laissa ses deux amis à Busseto et regagna Milan. Il avait de vieux contrats à honorer.

CHAPITRE V

« Habiter la bataille [1] »

Hormis son bref voyage à Vienne pour la première de *Nabucco* en 1843, et malgré sa réputation désormais internationale, Verdi, à trente-quatre ans, n'avait pas quitté l'Italie. Il s'était engagé avec Benjamin Lumley pour créer un opéra au Her Majesty's Theater de Londres, et, après son rétablissement et la création de *Macbeth*, il ne pouvait plus se dérober. Verdi n'était ni casanier ni voyageur. Solidement enraciné dans la province de Parme, il était aussi un esprit sensible à la modernité, à la découverte, et naturellement à la célébrité. En projetant cette création à Londres, il suivait donc son destin. Mais, secrètement, ce voyage d'affaires (si l'on peut dire) était peut-être mêlé d'autres motivations. Giuseppina Strepponi habitait désormais Paris.

Issue d'une famille de chanteurs et de musiciens de valeur, Giuseppina avait débuté très tôt sur scène, menant de front une carrière brillante et des amours cahotiques. Née en 1815, lancée sur scène à dix-neuf ans, la jeune femme, jolie, intelligente, très cultivée,

1. On emprunte ici le titre du beau livre de Gabriele Baldini, malheureusement inachevé du fait de la mort prématurée de son auteur.

douée d'une grande musicalité et d'un subtil talent interprétatif avait, à vingt-cinq ans, chanté quelques-uns des plus grands rôles de Bellini et Donizetti, allant du mezzo d'Adalgisa de la *Norma* au soprano lyrique d'Amina de la *Somnambule* (ce qui semble proprement invraisemblable), en passant notamment par *L'Elixir d'amour*, *Les Puritains* et *Lucia di Lamermoor*. Mais à la fatigue vocale s'ajoutèrent les tourments d'une vie amoureuse des plus décousues et les grossesses à répétition. Parmi ses innombrables amants, on a pu recenser Camillo Crivelli, un de ses agents ; le ténor Lorenzo Salvi ; le comte Camerata degli Passionei, qui la quitta, jaloux de Salvi et sachant qu'elle était enceinte d'un troisième homme ; Merelli, l'imprésario de la Scala ; un certain Monti, qu'elle songea à épouser ; le ténor Napoleone Moriani... Et Verdi. A trente ans, mère de plusieurs enfants illégitimes, certains mort-nés, d'autres abandonnés ou mis en nourrice, sa belle voix définitivement gâtée, la jeune femme songea à se reconvertir. Elle rêva un instant de devenir « Chanteuse de chambre ordinaire » de Marie-Louise, duchesse de Parme, puis se décida étrangement à aller enseigner à Paris.

Il est fort possible, comme en émit naguère l'hypothèse Franco Abbiati, que Verdi soit à l'origine de cette décision. On sait du moins qu'il la « recommanda » aux frères Escudier, qui annoncèrent dans leur revue musicale son installation à Paris et l'aidèrent à trouver des élèves, et que Giuseppina fit expressément le voyage de Paris à Florence pour la création de *Macbeth*. Verdi, qui n'aimait guère le monde bruyant et narcissique du théâtre, voulut peut-être éloigner cette jeune femme qu'il aimait et dont il se savait aimé, le temps qu'elle se *rachète* de sa vie passée. Le mot n'est pas de lui, mais il vient naturellement sous la plume à la lecture de la correspondance de Giuseppina, qui exprimera souvent un profond sentiment de culpabilité au regard de son passé. Si bien qu'au-delà de leur liaison, probablement beaucoup plus ancienne, leur amour naquit peut-être de cette conjonction entre le désir qu'éprouvait Giuseppina de purger « le mal » qu'elle avait commis et l'égoïste pudeur de Verdi, qui, tout en nourrissant à coup sûr pour la jeune femme une grande attraction et une vraie reconnaissance pour l'aide qu'elle lui avait apportée à ses débuts (et ne cessait de lui apporter), ne voulait certes pas d'une *traviata* pour femme. Une mystérieuse lettre que lui adressa le compositeur en octobre 1846 semble avoir décidé de leur destin. Giuseppina la jugeait si précieuse qu'elle aurait voulu l'emporter dans sa tombe. A sa mort, Verdi la chercha, mais sans succès. On ne la retrouva que plus tard et elle resta scellée dans les archives de Sant'Agata.

Pour Londres, Verdi avait retenu puis écarté un livret tiré par Piave du *Corsaire* de Byron, et, *Macbeth* s'étant imposé pour Florence, il avait choisi *I Masnadieri.* On se rappelle qu'il avait confié la rédaction du libretto à Andrea Maffei. Celui-ci rendit probablement son travail au début de l'automne 46, et, au mois de mai de la même année, la partition était *officiellement* terminée. Verdi travaillait à côté du fidèle Muzio (de retour de Busseto avec une provision de viande et de charcuteries), qui recopiait les parties vocales de *Macbeth* pour les adresser à Ricordi, l'éditeur impatient de publier la dernière œuvre du maestro. Mais Verdi avait à la fois des problèmes agaçants avec un autre éditeur, Lucca – envers lequel un contrat le liait pour deux autres partitions (dont les *Masnadieri* et le *Corsaro* à venir) et qui se révélait de plus en plus « odieux et indélicat » –, et avec la distribution londonienne, car, par suite de problèmes juridiques dus à d'autres engagements, on ne savait pas si Jenny Lind, le « rossignol suédois » comme on la surnommait, pourrait chanter le rôle d'Amalia. En outre, même si Verdi était chaleureusement attendu par les Londoniens, *Les Deux Foscari* avaient été créés dans la capitale anglaise avec une chanteuse de second rang (une *comprimaria*), ce qui laissait entendre que Lumley ne maîtrisait pas vraiment la situation. Et, au même moment, Milan commençait à connaître des troubles populaires. Les libéraux italiens conspiraient, le peuple s'agitait, et une reprise de *Nabucco* provoqua même une émeute. C'est dans ce climat incertain et houleux que Verdi et Muzio prirent la route de Londres.

Le 1er juin, Muzio adressait à Antonio Barezzi un compte rendu détaillé de leur voyage jusqu'à Bruxelles, qui laisse un peu pantois : les deux compagnons avaient quitté la Lombardie pour la Suisse : ils y virent des « cascades superbes », enfilèrent « des paletots et des houppelandes » pour passer le Saint-Gothard couvert de neige, traversèrent le lac des Quatre-Cantons, visitèrent la maison de Guillaume Tell et le lieu où le héros avait tué l'oppresseur Gessner. Puis, ce fut Lucerne, et Bâle, et Strasbourg qu'on atteignit en chemin de fer. Là, Verdi et Muzio ratent leur diligence et décident alors de passer la frontière du grand-duché de Baden-Baden, voient Karlsruhe, Mannheim (où *Les Brigands* de Schiller avaient été créés en 1782 – Verdi le savait-il ?), s'embarquent sur le Rhin (admiration des deux hommes) vers Mayence, Coblence, Bonn, où l'on salue le monument récemment érigé à la mémoire de Beethoven, et Cologne, dont la cathédrale est « ruinée par suite d'un tremblement de terre ». Enfin, tout étonnés d'avoir pu passer tant de pays sans devoir montrer leurs passeports, les deux amis traversèrent Bruxelles (« nous n'en avons rien vu ») et parvinrent à Paris.

Le moins qu'on puisse dire est qu'il existait des moyens plus rapides pour se rendre de Milan à Londres.

Quoi qu'il en soit, arrivé à Paris, Verdi se fit piloter par les frères Escudier, expédia le 2 juin son « aide de camp » Muzio en avant-coureur dans la capitale anglaise, et s'offrit deux jours de solitude. Une solitude à deux, c'est plus que probable, d'autant que Giuseppina Strepponi, qui, parallèlement à ses leçons de chant, continuait à servir les intérêts de Verdi, préparait un concert consacré aux œuvres du maestro. Verdi se rendit aussi à l'Opéra. Il écrivit à Clarina Maffei : « Je n'ai jamais entendu de plus mauvais chanteurs et de plus médiocres choristes. L'orchestre lui-même (...) est à peine mieux que médiocre », mais aussi : « Ce que j'ai vu de Paris me plaît beaucoup, et surtout j'aime la vie libre qu'on peut mener dans ce pays. » Enfin, n'ayant pu faire capoter son séjour à Londres (c'est du moins ce qui ressort des menaces qu'il adressa à Lumley au cas où tout ne marcherait pas à sa guise), Verdi traversa la Manche, et resta stupéfait. Non tant par son logement, si « homéopathique » qu'il pouvait « à peine bouger », comme il l'écrivit dans la même lettre à Clarina Maffei, que par la grandeur, la magnificence, la confusion, le climat et la pollution de la ville : « ... Je suis très incommodé par cette fumée et cette odeur de charbon : j'ai continuellement l'impression de me trouver dans un bateau à vapeur. » Muzio renchérit : « Paris est peu de chose au regard [de Londres]. Londres est une Babylone : des gens qui crient, des pauvres qui pleurent, des fumées qui volent, des hommes à cheval, en carrosse, à pied, et tous qui hurlent comme des damnés. Pour traverser de part en part la cité, il faut (...) changer trois fois de cheval. » Au total, malgré le climat, qu'il ne cessa de maudire, la rudesse des Anglais, la nourriture, « pleine d'épices et de poivre, des mets toujours froids, et un vin si alcoolisé qu'on dirait du rhum » (*dixit* Muzio), enfin la peur constante de tomber malade,

Verdi garda une impression enthousiaste de Londres : « Ce n'est pas une ville, c'est un monde : rien n'est comparable à sa grandeur, à ses richesses, à la beauté de ses rues... »

Au début de son séjour, il travaillait d'arrache-pied, de cinq heures du matin à dix-huit heures, et refusait toute sortie, hormis à l'opéra où il se rendait presque tous les soirs. A peine s'il dîna chez Lumley, où il rencontra des ambassadeurs, quelques lords et le futur Napoléon III, qui dut lui apparaître comme aux yeux du comte Bielowsky dans *L'Atlandide* de Pierre Benoit : « ... de taille moyenne, plutôt petit, serré dans une redingote bleue, l'œil lointain et vague ». Il fit également, et là ce fut une vraie joie, la connaissance de Giuseppe Mazzini, le patriote exilé. Mais il refusa farouchement d'être présenté à la reine Victoria, qui manifestait le vif désir de le rencontrer. Puis il se lassa, tomba malade, ne parvenait pas à achever sa partition. Enfin, la reine fixa la date de la première au jour de la clôture du Parlement, et Verdi dut boucler son ouvrage.

C'est ainsi que le 22 juillet 1847 furent créés à Londres *I Masnadieri*, avec Jenny Lind, le ténor Italo Gardoni, Filippo Coletti en Francesco et, dans le rôle de Massimiliano, la grande basse Luigi Lablache, dont la voix était merveilleuse, mais le ventre imposant bien mal apte à représenter le débile vieillard affamé du troisième acte, comme le reconnaissait l'imprésario lui-même. L'opéra fut bien reçu, mais ne tint pas l'affiche. La reine Victoria nota dans son journal que l'ouvrage était « médiocre », et Lumley, dans le sien, avouait que le livret était pire encore que celui des habituels opéras italiens.

I Masnadieri

Au début du XVIIIe siècle en Allemagne et en Bohême. Ier acte. Carlo (ténor), fils aîné du comte de Moor, a choisi de vivre avec une bande de malfaiteurs ; il chante son amour pour Amalia, sa cousine. – Au château, Francesco (baryton), frère cadet de Carlo, s'apprête à tuer leur père, Massimiliano (basse), et à prendre ainsi sa place. Auprès du vieillard endormi, Amalia chante son amour pour Carlo. Francesco leur annonce la mort (prétendue) de Carlo, qui aurait délié Amalia de sa foi. Massimiliano s'évanouit. Francesco, le croyant mort, se réjouit de lui succéder.

IIe acte. Dans le cimetière, Amalia apprend par un affidé de Francesco, Arminio (ténor), que Carlo et son père sont toujours vivants. Francesco déclare son amour à Amalia et, devant ses refus, s'apprête à lui faire violence. La jeune fille s'enfuit. – Aux portes de Prague, Carlo a mis le feu à la ville pour libérer son ami Rolla (ténor). Lui et ses hommes s'enfuient poursuivis par l'armée ennemie.

IIIe acte. Dans une forêt proche du château de Moor, Amalia retrouve avec jubilation Carlo, et lui rapporte les menaces de Francesco. – Non loin, au fond d'une tour, Carlo découvre son père, lequel, sans le reconnaître, lui raconte qu'il a été enterré vivant par Francesco. Carlo s'élance pour châtier son frère.

IVe acte. Francesco, en proie à un cauchemar, envoie chercher un prêtre, qui lui confirme qu'il n'est pas de pardon pour le parricide et le fratricide. Il s'enfuit. – Au matin, tandis que le vieux comte donne sa bénédiction à Carlo, qu'il n'a pas reconnu, les brigands surgissent avec leur butin : Amalia. Carlo, tout à sa honte, ne veut pas souiller son honneur en épousant la jeune fille. Elle lui demande la mort. Il la tue, et marche au supplice.

En préfaçant le livret qu'il avait titré des *Brigands* de Schiller, Maffei écrivait : « ... Contenu dans un très bref espace, le poète [entendez : le librettiste] ne peut donner à la pensée les proportions et le discours psychologique voulus par le drame, mais doit travailler à grands traits et n'offrir au compositeur guère plus qu'un squelette qui attende de la musique, et non des paroles, les formes, la chaleur, la vie. En somme, il doit réduire une vaste pensée en de petites dimensions sans en changer la physionomie originale, comme une lentille concave qui rapetisse les objets et en conserve toute la ressemblance. » C'était assez bien résumer la tâche du librettiste, tout en se gardant prudemment des critiques qu'on pouvait porter contre sa réduction d'un drame immense (près de cinq heures de représentation), aussi fou, foisonnant, invraisemblable, et parfois ridicule, que pouvait l'être un pur produit du *Sturm und Drang*. Tout le monde s'accorde aujourd'hui pour reconnaître que, si son écriture est plus soignée, plus inventive parfois, que celle des Solera et des Piave, le style même de Maffei, joint à son ignorance du métier de librettiste et à l'impossibilité matérielle de réduire le drame de Schiller, desservit terriblement Verdi, qui fit l'erreur de ne pas discuter le travail du *Cavaliere*. En vérité, le ver était dans le fruit. Bien qu'il ait déjà été adapté, ou plutôt mutilé, par d'autres, Mercadante au premier chef, le drame de Schiller était intransposable à l'opéra. Malgré ses nombreuses pages littérairement admirables, la pièce allemande était si touffue, si violente, et si maladroite du point de vue dramaturgique, que, peu de temps après sa création en France, une gazette parisienne pouvait ironiser à juste titre : « On y voit sans émotion / sur la moindre altercation, / le Fils empoisonner le Père, / le Frère assassiner son Frère ; / tout est dans la confusion, / nul principe que l'on révère, / c'est le chaos dans l'action... » On entrevoit bien pourtant ce qui impressionna la sensibilité de Verdi : outre le puissant rôle de rebelle de Karl, à la fois perverti et justicier (un Hernani plus noir, plus métaphysique, en somme), la relation entre père et (quasi-)fille qu'on a déjà entrevue dans *Nabucco, Ernani, Les Deux Foscari*, la rivalité entre frères (qu'on retrouvera dans *Le Trouvère*), enfin le mélange de Iago et de Macbeth que Schiller avait très consciemment infusé dans le personnage de Franz. Au-delà de la déficience dramaturgique du livret, c'est peut-être là que s'explique l'échec de Verdi : au moment où il composa les *Masnadieri*, il venait d'épuiser dans *Macbeth* une bonne part de son analyse du mal.

Car il faut l'inépuisable indulgence des Anglo-Saxons (Bernard Shaw, Julian Budden, Charles Osborne) pour sauver *I Masnadieri*. Certes, le beau prélude, avec son mélancolique andante pour violoncelle, est une page teintée d'un authentique romantisme, et, ici ou là, quelques introductions orchestrales sont de la même veine. Certes, le rôle d'Amalia peut se prévaloir d'une écriture belcantiste où les moyens de Jenny Lind pouvaient faire merveille (les trilles ! et la cadence de son premier air, laissée *ad libitum*). Certes, les longs récitatifs de Maffei s'illuminent une ou deux fois de cette déclamation chantée dont Verdi était obscurément en quête (il en avait donné bien d'autres preuves dans *Macbeth*). Mais le récit du rêve de Francesco (acte IV) est peut-être le meilleur emblème de la carence radicale d'inspiration dont fait preuve l'ouvrage. Que n'arrive pas à racheter le recours aux vieilles formes (récitatif-air-cabalette), dont le retour en force au premier acte ne laisse pas d'étonner. Il suffit plus loin de comparer le très faustien récit de Carlo *« Come splendido e grande il sol tramonta »* à l'invocation à la Nature de *La Damnation de Faust*, créée l'année précédente (et Verdi n'ignorait pas

Berlioz), pour mesurer, non la différence stylistique, mais la banalité de l'expression musicale. C'est peut-être Gabriele Baldini qui a donné la meilleure synthèse de l'œuvre en observant que l'« unité » du drame n'aboutissait qu'à l'uniformité : « ... Les *concertati* sont comme structurellement plus clairs et plus solides, mais ils sont aussi plus incolores que les ensembles habituels ; l'opéra tient mieux debout (...), mais laisse un souvenir plus vague que les autres ouvrages [1]. »

Tournons la page.

Lumley avait évoqué avec Verdi un engagement de longue durée à Londres, qui aurait à la fois obligé le musicien à diriger le théâtre et à composer un opéra par an. Quand Verdi fit savoir ses conditions (il fallait bien compenser le climat), l'imprésario anglais tergiversa, et le projet partit en fumée. Car Verdi s'était empressé de rentrer à Paris, où l'attendaient Giuseppina et, du moins le croyait-il, un peu de repos. Giuseppina habitait 13, rue de la Victoire (numéro qui n'existe plus de nos jours). Verdi se logea au 6, rue Saint-Georges, soit à deux cents pas (nous les avons comptés) de sa maîtresse, dans une maison qui a également disparu. Au n° 4 de la même rue avait habité le grand Talma, Murger était né au n° 17, et au n° 22 mourra vingt-cinq ans plus tard le vieil Auber. Il semble d'ailleurs que, trois ou quatre mois plus tard, Verdi ait déménagé pour cohabiter avec Giuseppina. Ce quartier de Paris était stratégique : au nord, c'était la Nouvelle Athènes, que peuplaient artistes, écrivains, journalistes et lorettes ; au sud, il suffisait de traverser la rue de Provence pour rejoindre l'Opéra, installé depuis les années 20 rue Le Peletier, ou le théâtre des Italiens rue de Ventadour. Et au milieu de tout ça, c'était la vie fluviale et trépidante des

1. G. Baldini, *Abitare la battaglia*, p. 146.

Boulevards. Verdi écrira en septembre à Clarina Maffei une lettre qui en dit long sur l'ambivalence de ses sentiments vis-à-vis de la capitale française : « J'avouerai que je n'aime pas Paris et que j'ai une antipathie mortelle pour les boulevards, car on y rencontre des amis, des ennemis, des curés, des moines, des soldats, des espions, des tapeurs, bref un peu de tout (...). D'un autre côté, je n'aime que Paris, car, au milieu de tant d'agitation, j'ai l'impression de me trouver dans un désert [1]... » Le mot est important, si l'on se rappelle le récitatif de Violetta au premier acte de *La Traviata* : *« In questo /popoloso deserto /che appellano Parigi »* (« Dans ce/désert peuplé/ qu'on appelle Paris »). L'expression, absente du roman comme du drame de Dumas fils, ne saurait venir que de Verdi, qui rejoint ainsi Baudelaire dans sa dénonciation de « ce grand désert d'hommes » de la modernité.

Nous ne savons rien, naturellement, des retrouvailles de Verdi et de sa maîtresse, mais nous n'ignorons pas, en revanche, que Giuseppina continuait à remplir pour le compositeur une tâche d'assistante et de conseillère. S'étant engagé à remanier *I Lombardi* pour l'Opéra, Verdi dut travailler pour mettre sur pied la *Jérusalem* française (qu'il songea rapidement à refaire traduire en italien pour en tirer de nouveaux droits). Une pièce récemment découverte et reproduite par M. J. Phillips-Matz [2] témoigne moins de cette collaboration qu'elle n'illustre de façon fort touchante le jeu amoureux auquel se livraient les deux amants. Il s'agit de quelques vers abrégés du duo d'amour d'Hélène et Gaston au deuxième acte de *Jérusalem*, recopiés en alternance par le compositeur et la cantatrice. C'est une troublante déclaration réciproque, mais comme voilée d'ironie par la pudeur amoureuse ou par la dérision face à ce livret

1. Lettre du 6 septembre 1847.
2. *Giuseppe Verdi*, p. 269.

élaboré à la française. Verdi se moquait d'ailleurs de la manie française de travailler à deux. Ses éditeurs étaient Léon et Marie Escudier ; ses librettistes, Alphonse Royer et Gustave Vaëz ; les directeurs de l'Opéra, Roqueplan et Duponchel, etc.

Jérusalem fut créé le 26 novembre 1847. Verdi, on le sait, n'appréciait guère les musiciens et les chanteurs de l'Opéra (Duprez lui-même en Gaston n'illustra pas cette distribution : il était en fin de carrière et cessa de chanter deux ans plus tard) ; en revanche, il était ravi des décors, toujours fastueux à Paris, où le grand-opéra historique était à l'honneur. La première fut assez froide. Quelques critiques firent déjà preuve de ce dédain très parisien qui n'allait cesser, dans les années à venir, d'empoisonner les relations de Verdi avec l'Opéra, que le musicien appellera bientôt « la grande Boutique ». Théophile Gautier, en revanche, qui avait applaudi à la victoire de *Nabucco* aux Italiens en octobre 45, donna un article très juste dans sa réserve même (voir notre analyse à la suite des *Lombards*) sur ce premier opéra français du compositeur italien : « Le jeune maître, plus harmoniste que ne le sont habituellement les oiseaux gazouilleurs de son pays, n'a pas cette mélodie aisément venue et souvent banale qui fredonne avec insouciance à travers tous les opéras italiens (...). C'est un compositeur sérieux, sensé, digne, plein de mesure et de goût, sans sommets gigantesques, mais aussi sans abîmes et sans fondrières... »

Privé ou plutôt libéré de Muzio, qu'il avait expédié à Milan dès son arrivée à Paris, jouissant de ses amours avec la belle Giuseppina et de sa « solitude » parisienne, Verdi ne cessait de reculer son retour en Italie. Entre novembre et Noël, son beau-père était venu lui rendre visite et, fêté par Verdi, sa maîtresse et les élèves de cette dernière, il s'était pris d'affection pour la jeune femme, qu'il appelait « la signora Peppina ». Les deux hommes avaient probablement discuté des terres que Verdi envisageait d'acheter à Sant'Agata. Barezzi, commerçant de métier, et vivant sur place, ne pouvait qu'être de bon conseil. Néanmoins, derrière cette situation apparemment confortable, Verdi dévoilait un curieux mal-être. En janvier, il écrivait à son vieil ami Toccagni : « Que voulez-vous que je vous dise de moi ? Que je suis toujours le même, toujours mécontent de tout : quand ma fortune est propice, je la voudrais contraire ; quand elle m'est contraire, je la voudrais propice ; quand je suis à Milan, je voudrais être à Paris, et maintenant que je suis à Paris, je voudrais être... Où ? je ne sais... dans le monde de la lune. » Ce qui le tira de sa dépression, ce fut la révolution parisienne. Il était aux premières loges. L'émeute du 22 février après l'interdiction du dernier des fameux Banquets, la fièvre des étudiants et des ouvriers, la fusillade du boulevard des Capucines le lendemain et aussitôt les cris, les barricades, et en quelques jours la chute du régime : selon ses propres mots, il avait tout vu « de ses propres yeux », le tragique comme le comique, et cette agitation l'avait excité au point qu'il écrivait à la comtesse Appiani qu'il achetait une bonne vingtaine de journaux chaque jour pour décourager les vendeurs des rues et ne cessait de rire...

Peut-être riait-il aussi parce qu'il s'était enfin débarrassé de son dernier engagement avec Lucca en achevant la partition du *Corsaire*, qu'il expédia de Paris dans ce même mois de février. Il est malaisé de dire ce qu'il pensait de cette œuvre au fond de lui-même, car, si, dès 1846, il avait écrit à Piave qu'il était heureux des pages déjà composées (le duo de la prison et le trio final), quand il expédia la partition à Lucca, ce fut sans savoir même où l'éditeur monterait l'œuvre et en renonçant à tous ses droits, comme s'il s'en désintéressait totalement – ou presque, car, le moment venu, il adressa, comme il en avait souvent l'habitude, une lettre très détaillée sur l'interprétation du rôle de Gulnara à Marianna Barbieri Nini, qui avait créé Lady Macbeth à Florence.

Il Corsaro

Au début du XIXe siècle. Ier acte. Sur une des îles de la mer Egée, Corrado (ténor), chef d'une bande de corsaires, en guerre contre les hommes, aime Medora (soprano). Recevant un message, il s'apprête à assaillir la ville du pacha Seid. – Dans sa chambre, Medora chante son amour pour Corrado et ses tristes pressentiments. Quand celui-ci paraît, elle tente de le retenir, mais en vain.

IIe acte. Dans le harem de Seid, Gulnara (soprano dramatique) se lamente sur son sort : elle hait Seid et rêve de liberté. – Dans un kiosque sur la rive, Seid (baryton) et ses hommes entonnent un hymne à Allah. Un derviche, prétendument échappé des mains des corsaires, demande la protection de Seid, quand on voit soudain s'enflammer les navires turcs. Ce sont les corsaires, qui investissent le palais. Le derviche se démasque : c'est Corrado. Les corsaires sont sur le point de vaincre, quand leur chef leur demande d'épargner les femmes. Les Turcs en profitent pour reprendre le dessus : Corrado est fait prisonnier.

IIIe acte. Dans une chambre de sa forteresse, Seid soupçonne Gulnara de s'être éprise de Corrado, qui a tenté de la sauver. Il la fait venir, et, vérifiant ses sentiments, jure furieusement que Corrado sera mis à mort. – Dans une tour, Corrado est prisonnier. Gulnara le rejoint et lui propose de fuir. Elle apprend qu'il en aime une autre, et, devant le refus de Corrado de s'échapper, elle tue elle-même Seid dans son sommeil. Les deux jeunes gens s'enfuient ensemble. – Sur une plage de l'île des corsaires, Medora pleure déjà la mort de Corrado : elle s'est empoisonnée. Le Corsaire surgit miraculeusement d'une barque avec Gulnara, qui confesse à Medora son vain amour pour Corrado. Mais il est trop tard : Medora meurt, et Corrado, fou de douleur, se précipite dans les flots.

Fait singulier : Verdi n'avait pas discuté le livret de Piave, lui recommandant simplement de rester le plus fidèle possible à Byron. Sur un sujet qu'avait massacré Pacini en 1831 (horreur de Mendelssohn qui avait entendu l'ouvrage à Rome), Piave procura un livret non seulement fidèle, puisqu'il se contenta de faire survivre Medora jusqu'à la fin de l'opéra pour permettre de conclure sur un trio, mais cohérent, fluide et fonctionnel. Les incertitudes sur le passé et les mobiles de Corrado ne sont pas le fait du librettiste, mais dérivent directement de Byron. Ce livret avait enthousiasmé le jeune Verdi, et l'on comprend qu'il ait eu à cœur les pages de l'œuvre qu'il avait alors écrites. Car tout le prix de l'ouvrage tient dans le troisième acte. Le récitatif de Seid *(« Alfin questo corsaro è mio prigione »)*, par exemple, qu'enrichissent de serpentines figures chromatiques illustrant la jalousie, a déjà quelque chose de Rigoletto. De même, dans le récitatif du duo avec Gulnara *(« Eccola ! fingasi »)*, qui suit la banale cabalette du pacha, la ligne insinuante des cordes figure très finement la dissimulation de Seid, et la fausse cabalette en duo *(« Sia l'istanto maledetto »)* qui conclut le dialogue entrecroise deux lignes mélodiques absolument indépendantes. Mais c'est la scène de la prison, avec son introduction mystérieuse et accablée, dont le motif se fera entendre dans le récitatif avant de servir de thème à la dernière phrase *cantabile*, le duo très agité qui suit, enfin le finale, depuis le magnifique récitatif de Medora jusqu'au trio où l'on entrevoit ici et là *Le Trouvère* et *La Traviata*, qui font tout le prix de l'œuvre. Le reste – hormis la mélancolique romance de Medora au premier acte, qui s'inscrit dans le cadre-type de la Chanson du saule de l'*Otello* de Rossini – est d'un écriture honnête mais le plus souvent banale, et l'on est en droit d'imaginer que ce sont ces pages-là que Verdi composa en 1847-1848 pour en finir avec un contrat qui l'excédait.

Oui, curieuse œuvre que ce *Corsaire*, méprisé jusqu'à une date assez récente, et dont les fadeurs parfois puériles (la scène du harem) sont entièrement rachetées, non seulement par la rapidité de l'action, mais par les beautés du troisième acte. Ajoutons que si l'on y pressent musicalement ici et là l'annonce de la « Trilogie populaire », Gulnara pénétrant dans la prison de Corrado préfigure aussi Aïda rejoignant Radamès dans sa tombe, et l'assassinat de Seid dans son sommeil reproduit, avec des mots presque identiques : *« Già l'opra è finita »*, le meurtre du roi Duncan. Mieux que les *Masnadieri*, qui lui sont très inférieurs, le *Corsaro*, écrit en deux temps et dans des climats psychologiques bien différents, se révèle à l'écoute une précieuse œuvre de transition.

Il Corsaro fut créé le 25 octobre 1848 au Grand Théâtre de Trieste, avec une distribution tout à fait digne de Verdi, puisqu'elle comprenait, outre Marianna Barbieri Nini (Gulnara), Achille De Bassini (Seid) et Gaetano Fraschini (ténor très apprécié par le compositeur et dont la longévité vocale fut telle que Verdi pensa lui confier vingt ans plus tard le rôle de Radamès pour la création d'*Aida*). Verdi ne se dérangea pas pour la première et, on l'a dit, se désintéressa de l'ouvrage, dont la fortune s'éclipsa assez rapidement. Notons au passage qu'en 1852, à la faveur du climat exotique de l'opéra, le théâtre Carcano de Milan enchaînait à la représentation du *Corsaire* un spectacle d'acrobaties et autres exercices exécutés par la compagnie des « Arabes du désert du Sahara » d'un certain Sidi Mohammed.

Dégoûté par le comportement mercantile de Lucca, Verdi avait aussi d'autres raisons d'oublier la création du *Corsaire*. Depuis 1846, date de l'élection au pontificat du libéral Pie IX en 1846, qui avait amnistié les prisonniers politiques et lancé un timide train de réformes (à Bologne, les spectateurs d'*Ernani* transformèrent aussitôt le finale *« O sommo Carlo »* en *« O sommo Pio »*), les gouvernements absolutistes commençaient à chanceler. Mais, si les réformes s'amorçaient à Rome, à Florence, à Turin, dans le Royaume lombard-vénitien les Autrichiens résistaient à toute ouverture. Les carbonari et conspirateurs des années 20 se virent bientôt soutenus ou relayés par l'élite libérale et la petite bourgeoisie. Dès le 3 janvier 48, de sanglantes émeutes éclatèrent à Milan, et l'annonce de la Révolution parisienne ne fit qu'attiser les échauffourées. En quelques jours, on vit les Milanais chasser le maréchal Radetzky (ce sont les *Cinque Giornate*), Venise se soulever et proclamer la souveraineté de la République sous le gouvernement provisoire de Daniele Manin, Charles-Albert passer la frontière du Tessin, puis repousser en trois brillantes batailles les Autrichiens jusqu'à Vérone et Mantoue, annexer par plébiscite les duchés du nord et le Royaume lombard-vénitien, se faire proclamer roi d'Italie – et tout perdre en quelques jours lors de la cruelle défaite de Custozza (27 juillet). On sait que l'année suivante, lançant la seconde guerre d'indépendance, le même souverain fut écrasé à Novare (24 mars 1849), échouant ainsi à libérer le nord de l'Italie de la botte autrichienne. Mais, entre-temps, Pie IX, revenant sur son libéralisme initial, avait provoqué la chute du Pontificat et s'était lâchement réfugié à Gaète (novembre 1848), tandis que Mazzini organisait avec promptitude et sagesse l'administration d'une République romaine. De cela aussi on sait ce qu'il advint, quand le prince Louis-Napoléon, voulant donner des gages aux conservateurs français, envoya une armée de trente mille hommes pour reprendre la Ville aux cinq mille combattants italiens. « Don Quichotte à l'assaut des moulins à vent, [le général français] attaqua comme si (...) les remparts étaient défendus par des enfants. Oudinot, petit rejeton d'un maréchal du premier Empire, n'avait pas cru nécessaire de se procurer une carte de Rome. Il s'aperçut bien vite que c'étaient des hommes qui défendaient leur ville contre des mercenaires qui n'avaient de Républicains que le nom » (Garibaldi, *Mémoires*). Mais, malgré la résistance désespérée des Romains et des Chemises rouges, Oudinot entra dans Rome le 4 juillet 1849, tandis que Mazzini et Garibaldi parvenaient miraculeusement à s'échapper. Après une résistance non moins acharnée que celle de Rome, Venise retombait le 26 août aux mains des Autrichiens.

Il faudra désormais avoir à l'esprit ces événements et la formation de l'Italie moderne pour suivre la biographie de Verdi, même si, après *La Bataille de Legnano*, son opéra le plus politique (son seul opéra vraiment « politique »), l'œuvre du compositeur va se désengager, si l'on peut dire, des aspirations collectives pour se tourner vers une exploration plus intime ou plus fantastique de la réalité, jusqu'à dénoncer amèrement la cruauté de la société bourgeoise *(La Traviata, Aida)*, à la fois moteur et fruit de la révolution. Quand, avec *Simon Boccanegra* et *Don Carlos*, il reviendra sur la politique, ce sera pour en analyser avec désenchantement les pouvoirs mortifères.

Retrouvons donc le compositeur à Paris, qui, fasciné par la révolution parisienne, ne semble pas vraiment prendre la mesure de ce qui se passe à Milan, et déclare même qu'il restera en France jusqu'au 20 avril (1848) en attendant la réunion de l'Assemblée nationale. Il arrive néanmoins le 5 avril à Milan, comme prenant brutalement conscience qu'il se doit d'être au milieu des siens, amis de jeunesse (les Cattaneo, Morosini, Tenca, Manara) ou grandes figures envers qui il ne ménage pas sa vénération (Mazzini, Garibaldi). Le 21 avril, il écrit au « citoyen Piave » une lettre enflammée où il parle de « la musique du canon », la seule qui lui tienne à cœur, et tremble de joie à l'idée d'une Italie « libre » et « républicaine ». Mais il y parle aussi d'argent, et de son retour à Paris. A Milan, il retrouve en effet Mazzini, qui lui commande un hymne de guerre, mais part pour Busseto conclure l'achat des premières terres de Sant'Agata et reprend presque aussitôt le chemin de Paris. Bien qu'en compagnie de Giuseppina il n'ait pas tardé à déménager dans le « village » de Passy (un faubourg encore campagnard), il assiste aux émeutes qui éclatent à la suite de la fermeture des Ateliers nationaux et à la féroce répression menée par le général Cavaignac, qui écrase dans le sang la révolte populaire. « Que d'horreurs ! » écrivit-il à Piave, à qui, après avoir songé à un *Cola di Rienzi*, il demandait d'ébaucher un livret tiré du roman de Guerrazzi *L'assedio di Firenze (Le Siège de Florence)*, destiné à soutenir la lutte nationale. Ce fut pourtant un autre texte qu'il allait mettre en musique : *La Bataille de Legnano*, sujet que Salvatore Cammarano, librettiste du San Carlo de Naples, pressé par de graves soucis financiers (Verdi lui avait fait tenir un peu d'argent pour le tirer provisoirement d'embarras), lui proposait d'écrire en adaptant aux temps de la Ligue lombarde contre l'empereur Frédéric Barberousse l'intrigue d'une pièce française, *La Bataille de Toulouse* de Joseph Méry, qui devait vingt ans plus tard être un des deux librettistes de *Don Carlos*. Verdi adopta l'idée sur-le-champ. Cependant, la contre-révolution autrichienne gagnait, et une délégation italienne, dont faisait partie Carcano, l'ami, le shakespearien, parvint à Paris pour adresser à Cavaignac une noble et vigoureuse pétition, contresignée par Verdi, réclamant l'aide de la France, et qui s'achevait par ces mots : « Ne permettez pas que dans l'ivresse de la douleur on puisse s'écrier avec une sorte de raison : *Malheur aux peuples qui ont foi dans les promesses de la France !* » Mais Verdi, plus réaliste qu'on ne s'y attendrait de la part d'un artiste, écrivait presque au même moment à Clarina Maffei réfugiée en Suisse : « La France ne souhaite pas que l'Italie devienne une nation. » Et il ajoutait de façon très stendhalienne : « Quelle époque misérable, quelle époque de pygmées ! Rien de grand, pas même les crimes ! » – ce qui ne l'empêcha pas d'écrire à toute allure un hymne de guerre *(« Suona la tromba »)* pour répondre au désir que lui avait exprimé Mazzini au printemps.

C'est dans ce climat que Verdi composa, avec ardeur mais sans facilité, *La Bataille de Legnano*. L'œuvre fut créée – avec notamment Teresa De Giuli-Borsi (qui avait magnifiquement porté le rôle d'Abigaille quand la Strepponi s'était retirée de la scène), Gaetano Fraschini et Filippo Colini – non à Naples pour laquelle elle avait été originellement conçue, mais à Rome, le 27 janvier 1849, alors que Pie IX s'était enfui et que régnait une vraie folie populaire succédant aux premières élections libres qu'ait jamais connues la Ville. La foule exigea d'entrer gratuitement à la répétition générale. Et – qui en douterait ? – ce fut un triomphe.

La Battaglia di Legnano

En 1176. Ier acte (« Il vit »). ier tableau. A Milan, les contingents de la Ligue lombarde se rassemblent pour s'opposer à l'empereur Barberousse. Le chef milanais Rolando (baryton) retrouve avec joie le Véronais Arrigo (ténor) qu'on croyait disparu. Les deux Consuls et le peuple jurent de défendre Milan. – iie tableau. Dans un lieu ombragé, Lida (soprano dramatique), épouse de Rolando, pleure la mort de ses parents et de ses frères, et voudrait mourir, mais ses sentiments maternels l'en empêchent. Marcovaldo, un prisonnier allemand, épris d'elle, découvre qu'elle aime Arrigo. Rolando conduit ce dernier vers son épouse et les quitte aussitôt, appelé par son devoir. Malgré les protestations de la jeune femme, Arrigo reproche amèrement à Lida d'avoir oublié leur amour et résout de mourir pour la patrie.

IIe acte (« Barberousse »). Salle du palais communal de Côme. Rolando et Arrigo, ambassadeurs de Milan, conjurent les édiles de se joindre à la Ligue et manifestent leur mépris quand ils apprennent que les représentants de la ville ont signé un pacte avec Barberousse. L'empereur (basse) surgit alors et menace de détruire une seconde fois Milan.

IIIe acte (« L'infamie »). ier tableau. A Milan, dans la crypte de Saint-Ambroise. Les Chevaliers de la Mort, élite des Milanais, accueillent dans leurs rangs Arrigo et jurent solennellement de mourir pour la patrie. – iie tableau. Dans le château de Rolando. Alors que Lida vient d'écrire un message à Arrigo, Rolando survient pour embrasser leur fils avant son départ. Quand paraît Arrigo, dont il ignore qu'il s'est affilié aux Chevaliers de la Mort, il lui demande de prendre soin de sa femme et de son fils au cas où il mourrait. Quand il les quitte, Marcovaldo lui dénonce la prétendue infidélité de Lida. Fureur de Rolando. – iiie tableau. Dans une chambre de la tour, Arrigo, en prévision de sa mort, écrit à sa mère. Lida surgit et lui redit son amour. Rolando les surprend. Il renonce à tuer Arrigo, préférant l'enfermer dans la chambre et lui infliger le déshonneur de ne pas combattre. Arrigo saute de la tour pour rejoindre son poste.

IVe acte (« Mourir pour la patrie »). A Milan, alors que le peuple prie, on apprend la victoire de la Ligue. Hymne. Mais une marche funèbre annonce l'arrivée d'Arrigo, mourant, qui jure à Rolando que son épouse ne l'a pas trahi. Réconciliation. Tandis qu'un *Te Deum* monte de l'église, Arrigo meurt en baisant l'étendard.

Si, contrairement à son habitude, Verdi n'avait discuté ni le livret des *Masnadieri* ni celui du *Corsaro*, il retrouva son énergie pointilleuse pour mettre en forme *La Bataille de Legnano*. Il s'ensuivit une curieuse correspondance avec Cammarano, personnage indolent, mais cultivé et non dépourvu d'intelligence, qui, quelques mois plus tard, à propos de *Luisa Miller* écrivit à Verdi qu'à ses yeux (« si je ne craignais pas d'être traité d'utopiste ») livret et musique devraient être écrits par la même personne. En attendant, il lui fit un certain nombre de suggestions dramatico-musicales. *La Bataille de Legnano* était une œuvre de circonstance, si l'on veut, mais une œuvre si clairement engagée que, dès après la création romaine, pour pouvoir la jouer dans d'autres villes, on en modifia le titre et le contenu jusqu'à la transformer en *L'assedio di Arlem (Le Siège de Haarlem)*. Il est vrai que, dans les théâtres italiens, les tripatouillages n'étaient pas rares (Verdi, on le sait, luttait avec vigueur pour sauver l'intégrité de ses œuvres), et la censure, durcie par les événements, ne cessera jusqu'à l'Indépendance de devenir un des partenaires obligés de Verdi dans le choix et l'élaboration des livrets. Mais, en l'occurrence, Verdi n'avait d'autres contraintes que celle d'adhérer à une passion collective (peut-être voulut-il aussi se racheter d'avoir si peu participé concrètement aux événements), mais sans savoir renoncer aux formules théâtrales de l'époque, comme il l'avait fait pour *Macbeth.* Quoi qu'on en dise, Verdi n'avait pas alors l'étoffe nécessaire pour composer un opéra purement politique. Ses plus puissantes analyses du pouvoir, il les donnera deux ou trois décennies plus tard avec *Don Carlos, Aida* et le remaniement de *Simon Boccanegra,* et ce ne seront plus alors que des fresques du désenchantement. Il fallut donc inclure une intrigue amoureuse dans le cadre épique de la *Bataille.* D'où, peut-être, l'insatisfaction qu'on éprouve aujourd'hui à l'écoute de cette œuvre, où – à moins qu'on n'ait gardé suffisamment de naïveté ou d'imagination pour revivre a posteriori ce que put être l'exaltation des Romains en 1849 – les grandes pages collectives ont beaucoup perdu de leur pouvoir d'attraction, sans que l'analyse des situations individuelles suffise à émouvoir. Le livret, on ne l'a pas assez remarqué, n'était pourtant pas dépourvu de fines couleurs psychologiques. Qu'on songe seulement à l'amère dérision d'Arrigo dans son duo du premier acte avec Lida (« Combien, oh combien, la funeste nouvelle de ma mort dut-elle coûter de deuil et de larmes à ton âme sensible ! ») ou, au deuxième acte, à l'ironie mordante de Rolando fouettant la lâcheté des Cômasques (« Ah, je reconnais bien dans vos visages le haut lignage d'Ausonie, j'entends bien l'accent sonnant de la langue italienne, mais, dans vos actions, dans vos pensées, vous n'êtes que barbares étrangers ! »), suscitant un *a due* qu'anime un instant une pulsion mêlée de supplique et de menace : *(« Oh, la storia non v'appelli / assassini de' fratelli »),* qui n'est pas sans rappeler la phrase finale de la pétition, signée par Verdi, de la délégation italienne appelant la France à l'aide. La relation ambiguë de Verdi avec la France colore du reste la partition. Peut-être en effet, à défaut d'une inspiration autre que l'épidermique jubilation patriotique, la dignité et le soin très sensibles que mit Verdi à écrire son œuvre viennent-ils de la fréquentation du grand-opéra français, le Rossini de *Guillaume Tell* et surtout Meyerbeer. D'où la grandeur funèbre de la scène du serment des Chevaliers de la Mort dans la crypte de Saint-Ambroise et la réussite incontestable, dans les limites du genre, du dernier acte – qui fut intégralement bissé à la demande du public devenu littéralement fou, lors de la première à laquelle assistaient notamment Mazzini et Garibaldi.

Dans cette nuit fiévreuse et triomphale, Verdi ne se doutait pas que, six mois plus tard, son jeune ami Lucio Manara et le poète Goffredo Mameli, sur les paroles duquel il avait composé son hymne de guerre, tomberaient comme Arrigo, en défendant les murs de Rome.

CHAPITRE VI

L'intimité et le pardon

Verdi avait beau être une sorte de graphomane, sa correspondance ne nous renseigne guère sur sa vie intérieure. Ses lettres sont essentiellement techniques ou, quand elles ne laissent pas passer quelque éclair de passion, souvent mensongères. Non qu'il ait eu le moindre souci de laisser à la postérité une image flatteuse ou calculée, mais il avança toujours masqué, par pudeur, comme on dit, ou plutôt sous l'effet d'une contrainte interne face à l'on ne sait quel danger psychique. Aussi est-ce souvent par le détour de l'œuvre qu'on a le plus de chances de saisir quelque chose du théâtre intérieur de Verdi. En l'occurrence, l'« intimité » vers laquelle va s'engager le mélodrame verdien, comme son contemporain Abramo Basevi fut le premier à l'observer [1], semble refléter le changement qui se produisit à la même époque dans la vie amoureuse du compositeur.

En effet, malgré son triomphe romain, Verdi était aussitôt reparti pour Paris, « croyant une révolution imminente et redoutant quelque malheur pour les personnes qui s'y trouv(ai)ent », selon les mots d'une lettre

1. A. Basevi, *Studi sulle opere di Giuseppe Verdi.*

de Muzio à Tito Ricordi. Les personnes en question ne pouvaient être que Giuseppina Strepponi, à qui Verdi avait dédié la partition de *Jérusalem* et une mélodie, *L'Abandonnée*, assez belle bien que très vocalisante, publiée par Escudier en janvier 49. Et c'est à Paris que, devant honorer un contrat avec Naples, il va commencer à élaborer ou plutôt à discuter *Eloisa Miller*, qui deviendra *Luisa Miller*, le livret que Cammarano a tiré de *Kabale und Liebe (Intrigue et Amour)* de Schiller. (Verdi avait-il assisté à la première parisienne de l'œuvre donnée en 1847 dans une traduction d'Alexandre Dumas ? Nous n'en savons rien.) Profitons-en pour observer que, quelques mois plus tôt, cherchant un nouveau sujet pour le compositeur, le librettiste napolitain avait notamment proposé un *Saul*, tiré d'Alfieri, mais en l'écartant lui-même parce que, disait-il, Mercadante devait composer une *Virginia*, dont il lui fallait encore écrire le livret. Après *Luisa Miller*, toujours en quête de sujets, Verdi mentionnera dans une lettre à Piave le *Filippo* d'Alfieri – préludant ainsi à un argument qu'il traitera en 1867 dans *Don Carlos*. C'est dire que le dramaturge piémontais, qu'on ne cessera de jouer régulièrement en Italie avant la fin du siècle, était encore dans toutes les têtes, à commencer par celle du compositeur. En attendant, c'est du non moins aimé Schiller et de sa « tragédie bourgeoise », comme l'avait définie lui-même le poète allemand, que Verdi s'occupe, qui regrette surtout de devoir sacrifier le rôle de Lady Milford, faute de pouvoir représenter sur scène l'affrontement de deux *prime donne* : on entrevoit ici ce que deviendra la princesse Eboli ou Amnéris. Les longues lettres de Cammarano, qui n'hésite pas à exposer en détail ses vues musicales sur le drame, convainquent semble-t-il Verdi, qui, déjà (on entrevoit Rigoletto et même Jago), souhaiterait aussi que le personnage de Wurm ajoute à une « froideur infernale » « un je ne sais quoi de comique » (il n'y parviendra pas) et insiste pour que le librettiste « développe bien le duo entre père et fille ».

A l'été, Verdi quitte Paris. Le choléra, qui, en 1832, avait fait vingt mille morts en deux mois, s'est déclaré à la fin du printemps 1849 ; il fera cette fois seize mille victimes. Le musicien retourne à Busseto pour composer *Luisa Miller* et tenter un expérience dont il sent bien le danger : alors que ses parents se sont installés dans la ferme de Sant'Agata (et sa mère est heureuse de sa vie à la campagne, et son père espère bien que Giuseppe viendra vivre avec eux), Verdi va cohabiter publiquement avec Giuseppina en plein Busseto, dans le palazzo Cavalli, qui lui appartient. Les Bussétans lui feront sentir sur-le-champ que ces choses-là ne se font pas. Les relations de Verdi avec son pays natal ne se sont pas simplifiées, et celles qu'il entretient avec son père, qui vont se détériorer rapidement, sont d'une froideur significative. Voici une lettre qu'il écrivait à ce dernier peu de temps avant son retour à Busseto : « Comme je vous l'ai écrit dans ma lettre du 11 courant, Ricordi vous enverra l'argent nécessaire pour effectuer les paiements, et vous recevrez 271 napoléons d'argent ou bien 67 napoléons d'or. Ricordi vous écrira la date à laquelle vous devrez vous trouver à Plaisance, et vous paierez en même temps le Signor Bonini. Remettez cette lettre à Emanuele [Muzio], qui vous dira de quoi il s'agit. Tentez d'ajuster le mieux possible les comptes avec Merli [probablement le vendeur de Sant'Agata] et envoyez-moi la note de toutes les dépenses après le 11 mai. Adieu, adieu. Un baiser à maman. »

On n'écrirait pas autrement à son régisseur.

Malgré les reconstitutions imaginaires qu'en donne Franco Abbiati, nous ne savons rien du quotidien de

Verdi et Giuseppina à Busseto. A peine qu'ils avaient « deux chevaux pour aller en promenade », qu'ils menaient une vie « extrêmement solitaire », et ne voyaient guère (encore n'en est-on pas certain) qu'Antonio et Giovannino Barezzi. Giuseppina, certainement blessée par le mépris, peut-être même les quolibets des Bussétans, mais douée de caractère et vraiment éprise (dans ses lettres de cette époque, il n'est pas rare qu'elle appelle Verdi « ma joie »), endure sans un mot les affronts des indigènes et la sauvagerie de son compagnon. De Florence où elle est passée s'occuper de son fils Camillo, elle répond ainsi au message passablement hâtif que Verdi lui a adressé avant qu'elle ne fasse son entrée à Busseto : « ... Que diable ! est-ce qu'à Busseto on désapprend à aimer et à écrire avec un peu de tendresse ? / Je n'y suis pas encore, et donc je sais encore t'écrire comme je sens. La campagne, le service, tout me conviendra parfaitement, pourvu que tu sois là, méchant et indigne monstre. / Adieu, adieu. J'ai à peine le temps de te dire que je te déteste et que je t'embrasse. »

Ne minimisons pas ce que dut supporter Giuseppina, et Verdi avec elle, lors de leur premier séjour commun à Busseto. Trois ans plus tard, le compositeur, qui avait alors fui la bourgade pour s'installer à quelques kilomètres dans sa maison de Sant'Agata, écrivait de Paris à son beau-père une lettre où l'on remarquera entre autres l'insistance égocentrique et le farouche sens de la propriété (« je », « moi », « chez moi »), que vient rattraper de façon très émouvante la notation finale sur le « respect » dû à Giuseppina : « J'ai l'habitude de ne pas me mêler (...) des affaires des autres, justement parce que j'exige que personne ne se mêle des miennes. D'où les ragots, les chuchotements, les désapprobations. Cette liberté d'action qu'on respecte jusque dans les pays les moins civilisés, j'ai tous les droits de l'exiger dans le mien. (...) Quel mal y a-t-il si je vis isolé ? si je crois bien faire de ne pas rendre visite aux gens titrés ? si je ne participe pas aux fêtes, aux joies des autres ? si j'administre mes biens parce que cela me plaît et me divertit ? (...) Et puisque nous sommes en train de faire des révélations, je n'ai aucune peine à soulever les courtines qui voilent les mystères qu'enferment ces quatre murs et à vous parler de ma vie chez moi. Je n'ai rien à cacher. Chez moi vit une femme libre, indépendante, aimant comme moi la vie solitaire, et dotée d'une fortune qui la protège de tout besoin. Ni elle ni moi n'avons de compte à rendre à quiconque de nos actions ; et, d'ailleurs, qui sait quels rapports existent entre nous ? Quelles affaires ? Quels liens ? Quels droits j'ai sur elle et elle sur moi ? Qui sait si elle est ou n'est pas ma femme ? (...) Je dirai que, chez moi, on lui doit encore plus de respect qu'on ne m'en doit, et qu'il n'est permis à personne d'y manquer sous quelque prétexte... » La fermeté du propos n'était pas dédaigneuse, mais rebelle, oui, et sa sincérité (si rare) n'était née que du besoin qu'éprouvait Verdi de s'expliquer auprès du seul homme dont il se sentait le fils, et qui lui battait un peu froid depuis plus d'une année, au point qu'il ne s'était pas rendu à Venise pour la création de *Rigoletto*. « Vous qui au fond êtes si bon, si juste, et qui avez tant de cœur, ne vous laissez pas influencer et n'assimilez pas les idées d'un pays qui – disons-le – n'a pas daigné autrefois m'avoir pour organiste... » La plaie profonde était là, et Barezzi n'était pas tout à fait en cause.

Il convient ici de mieux comprendre ce qui justifia peut-être durant l'année 1851 la rupture de Verdi avec son père, qui n'était pas un méchant homme, sans doute, mais qui, dévot et mesquin, se répandait de plus en plus en récriminations publiques contre son fils (avec qui, du reste, il avait des affaires financières fort embouillées, les deux se prêtant mutuellement de l'argent au gré de leurs besoins). Verdi parla même de « violences ». La cohabitation en plein Busseto avec une chanteuse au passé pour le moins immoral avait de quoi choquer les mentalités de la bourgade. Et les ragots, à tort ou à raison, allaient bon train si l'on en juge par une tradition locale qui voudrait qu'au printemps 1850 Verdi ait eu d'une de ses domestiques un enfant naturel, abandonné à l'hospice de Crémone. Rien, sinon le prénom de l'enfant – Giuseppe –, ne vient étayer ce bruit. En revanche, l'hypothèse récemment émise après de patientes recherches par Mary Jane Phillips-Matz semble apporter une vraie lumière sur la dérioration des relations de Verdi avec ses parents, la rigoureuse clôture de Giuseppina à Busseto et la période de profonde angoisse que traversa le compositeur de l'été 1850 à l'été 1851, alors même qu'il composait *Rigoletto* et travaillait déjà au *Trouvère*. Selon cette hypothèse, à la mi-avril 1851, Giuseppina aurait pu mettre au monde une fillette, abandonnée à l'hospice de Crémone sous le nom de Santa Streppini (la proximité des patronymes est en effet troublante). Si l'enfant était bien de Giuseppe et Giuseppina, sa reconnaissance eût sans doute contraint le compositeur à se lier officiellement et définitivement à sa maîtresse, avec, peut-être, les charges que cela aurait impliquées à l'égard des précédents enfants naturels de Giuseppina ; et Verdi eût été obligé de renoncer à une liberté à laquelle il tenait d'autant plus qu'il entretenait encore des liens sentimentaux avec certaine dame de Venise, rencontrée comme on le sait lors de la création d'*Ernani*, dame que dans sa correspondance avec Piave il nomme l'Ange. Lequel Ange – par passion ou manière de plaisanterie – menaça même un instant de venir lui rendre visite à Busseto ! On comprend mieux ainsi les mots énigmatiques, mais vraiment angoissés, qu'il adressait à Piave en mars 1851 en lui parlant d'une « infinité d'inquiétudes morales » et, quelques jours plus tard, une lettre qui disait notamment : « Ma mère est toujours au lit, mais la fièvre l'a quittée; mon père, lui, s'obstine d'une manière nouvelle : il semble qu'il se refuse absolument à me laisser libre et en paix. Je te jure que je me trouve à un carrefour si grave que je ne sais comment en sortir. Mais il est préférable que je ne te parle pas de certaines choses, il est inutile que je te parle de mes chagrins : tu ne pourrais me soulager. »

Quoi qu'il en soit, c'est en janvier 1851 que Verdi résolut que ses parents quitteraient Sant'Agata et que son père serait privé de l'administration de ses biens. L'accord, négocié par Me Balestra, notaire et poète à ses heures, fut particulièrement délicat à mettre au point (Verdi et ses parents ne s'adressaient même plus la parole), et ne fut signé qu'à la fin du mois d'avril. Le 1er mai, Verdi s'installait dans la ferme de Sant'Agata, dont il allait peu à peu entreprendre la restructuration et l'extension. Mais, entre-temps, le 28 juin, la mère du compositeur était décédée. Douleur brutale et profonde, mêlée – on l'imagine sans peine – d'une culpabilité trop bien justifiée, Verdi s'écroula. Cet homme de trente-huit ans connu pour la sévère pudeur avec laquelle il réprimait ses émotions s'enferma dans son bureau et éclata en sanglots : « Je ne puis te dire sa douleur », écrivait à Ricordi Muzio, revenu de Bruxelles, « elle est immense, et Peppina souffre de le voir pleurer... »

Après cette digression, nécessaire à l'approfondissement du portrait de Verdi, revenons à l'automne 1849, et plus précisément à la mi-octobre, où, en compagnie de Barezzi, Verdi se met en route pour Naples. Le choléra s'étant répandu dans le nord de l'Italie, les deux hommes furent contraints de rester douze jours en quarantaine à Rome, et n'arrivèrent à Naples qu'à la fin du mois. Commence alors un séjour qui aurait pu être plein de charmes (visites de la ville, et notamment du *Christ voilé* de San Severo, promenades à Herculanum, à Pompéi, à la grotte de la Sibylle de Cumes, couchers de soleil sur la Riviera di Chiaia), si Verdi, passablement superstitieux, n'avait eu à craindre le mauvais œil de certain *jettatore* et que ses relations avec le San Carlo eussent été meilleures. Rancunier comme il l'était, le maestro n'avait pas oublié les cabales et les ragots qui avaient entouré la création d'*Alzira*. Cette fois, il suffira que le duc de Ventignano, un des administrateurs du théâtre, menace le compositeur, qui exigeait à bon droit un premier paiement, de lui interdire de quitter la ville, pour que la susceptibilité de Verdi s'enflamme. Aussitôt il menace à son tour de demander l'asile politique sur un des navires français ancrés dans la baie, en emportant sa partition. C'est dans ces mouvements de fierté brutale qu'on voit de loin en loin réaffleurer le narcissisme blessé de Verdi. Et sa force, car une fois de plus il vainc, et le théâtre s'incline.

Le 8 décembre 1849, *Luisa Miller* était créée avec Antonio Selva (Walter), Achille De Bassini (Miller), Marietta Gazzaniga (qui venait d'épouser le marquis Malaspina) en Luisa, et Settimio Malvezzi, un ténor choisi au dernier instant pour remplacer Geremia Bettini, qui s'était révélé désastreux.

Luisa Miller

Au Tyrol, durant la première moitié du XVIIe siècle.

I^{e} acte. Ier tableau. Sur la place du village, on fête Luisa (soprano), fille du vieux soldat Miller (baryton), qui s'inquiète de l'amour de sa fille pour un jeune homme inconnu (air de Luisa *« Lo vidi, e 'l primo palpito »*), lequel, sous le nom de Carlo (ténor), rejoint sa bien-aimée (trio *« T'amo d'amor ch'esprimere »*). Lorsque Miller reste seul, Wurm (basse), intendant du château du comte de Walter, lui demande la main de Luisa. Celui-ci lui déclare qu'il ne saurait contraindre sa fille *(« Sacra è la scelta d'un consorte »)*. Wurm lui révèle alors que le prétendu Carlo n'est autre que Rodolfo, fils du seigneur du lieu. – IIe tableau. Au château, Walter, informé par Wurm, éclate de colère : il projette de marier son fils à la duchesse Federica, qui aime Rodolfo depuis l'enfance *(« Il mio sangue, la vita darei »)*. Federica (mezzo-soprano) arrive et le comte laisse seuls les deux jeunes gens. Rodolfo avoue à Federica qu'il en aime une autre (duo *« Dall'aule raggianti »*). – IIIe tableau. Dans la maison de Miller, Luisa apprend de la bouche de son père la vraie identité de son amoureux. Entre Rodolfo, qui affirme la sincérité de son amour. Walter surgit, insulte père et fille. Miller se rebelle (quatuor *« Fra' mortali »*) et Walter veut les faire emprisonner, quand Rodolfo menace de révéler comment son père est devenu comte de Walter. Libération du père et de la fille.

IIe acte. Ier tableau. Dans la maison de Miller, Luisa apprend de ses compagnes que son père a été arrêté. Wurm entre et, sous la menace de faire périr Miller, dicte à Luisa une lettre dans laquelle elle déclare n'avoir jamais aimé Rodolfo (air *« Tu puniscimi, o Signore »*), mais Wurm, lequel lui fait jurer de ne pas démentir cet écrit. – IIe tableau. Dans le château, Walter et Wurm évoquent le crime dont s'est rendu coupable Walter, qui, pour devenir comte, a fait assassiner son frère. On conduit Luisa à Federica. La jeune villageoise est obligée de confirmer qu'elle aime Wurm. Soulagement de Federica (quatuor *« Presentarti... Come celar le smanie »*). – IIIe tableau. Dans les jardins du château. On a remis à Rodolfo la lettre de Luisa. Le jeune homme, déchiré, évoque leurs instants d'amour et la trahison de Luisa *(« Quando le sere al placido »)*. Walter fait alors mine de condescendre au désir de son fils et d'apprendre la trahison de sa bien-aimée : il conseille à Rodolfo d'épouser aussitôt Federica.

IIIe acte. Dans la maison de Miller, Luisa écrit à Rodolfo pour lui annoncer son suicide. Miller paraît. Luisa chante la beauté de la mort *(« La tomba è un letto »)*, puis, par pitié pour son père, renonce à sa décision. Ils quitteront tous les deux le village (duo *« Andrem, raminghi... »*). Miller se retire et, tandis que Luisa prie, paraît Rodolfo, fou de fureur, qui verse en cachette un poison dans une coupe. Luisa confirmant qu'elle est l'auteur de la lettre, Rodolfo boit la coupe, la tend à Luisa, qui boit à son tour, et lui annonce qu'ils vont tous deux mourir (duo *« Piangi, piangi... Donna, per noi terribile »*). Luisa révèle alors qu'elle n'a écrit la lettre que sous la contrainte. Miller rentre pour assister à la mort de sa fille (trio *« Padre, ricevi... »)*. Quand paraît Wurm, Rodolfo le tue d'un coup d'épée et expire.

Le détail de ce scénario peut tromper : *Luisa Miller*, d'une architecture complexe, peut se prévaloir d'une parfaite conduite dramatique (à l'exception, peut-être, du bref duo entre Walter et Wurm destiné à éclairer l'auditeur sur le crime passé du comte) et, fût-ce fugitivement pour les rôles secondaires, d'une définition à la fois précise et nuancée des caractères. Cette tension et l'extraordinaire générosité mélodique peuvent rappeler *Ernani*, mais cinq ans ont passé et Verdi, désormais libéré de l'héritage donizettien, est en possession de moyens autrement libres et plastiques tant au regard des formes opératiques que de la palette orchestrale et de l'invention harmonique. Déjà la magnifique ouverture, un peu wébérienne (mais où l'on pressent aussi les vagues irrésistibles de l'ouverture de *La Force du destin*), qui se substitue à l'immédiateté allusive du prélude que Verdi avait jusque-là privilégiée, est une page d'une science dramatique et musicale vraiment admirable, dont le matériel thématique ou rythmique va, sans nullement recourir au leitmotiv, surplomber en quelque sorte le drame qui ruinera cette Arcadie germanique (le ton pastoral et élégiaque du premier tableau n'est pas sans rappeler le Bellini de *La Somnambule*). Quant à l'opéra proprement dit, on ne saurait, comme le dit Gabriele Baldini, en « faire une anthologie », tant les formes traditionnelles s'inscrivent librement dans un discours où les récitatifs les plus fonctionnels et les moments de transition sont traités avec une attention aussi grande que les traditionnels îlots d'expansion mélodique. Ce qui permet au personnage apparemment très secondaire de Wurm, dépourvu d'air soliste, de prendre une consistance d'autant plus inquiétante qu'elle est presque insaisissable, ou à la relation père-fille de se développer en demi-teintes sans attendre, mais sans affecter non plus, les « arrêts sur images », tels que le duo *« Andrem, raminghi e poveri »* (qui, au plan symbolique, n'est pas – détail significatif – sans évoquer l'errance d'Œdipe et Antigone). Supprimerait-on la seule page qui ait longtemps subsisté de l'ouvrage, l'air de Rodolfo *« Quando le sere al placido »*, qu'on ne modifierait pas fondamentalement la beauté et la cohérence psychodramatique de l'ouvrage. Profitons-en pour signaler que la ligne si désarmante de cet air n'est pas fondée, comme l'écrit imprudemment un commentateur français, sur des « octosyllabes réguliers », mais sur deux strophes purement métastasiennes, à rimes très libres (a b c b d e e), de six septénaires clos par un pentamètre, strophes dont les vers 1, 3 et 5 sont dits *sdruccioli*, c'est-à-dire accentués sur l'antépénultième syllabe, mètre que Verdi affectionnait à la fois pour sa rareté et sa musicalité. Et, pour finir ces quelques notes sur les formes, qui témoignent, s'il en était besoin, de la culture classique de Cammarano et de Verdi, on signalera encore la suprême adresse avec laquelle le musicien détourne, au profit de son sens de la variété dramatique, le goût napolitain du beau-chant dans le quatuor *a cappella « Come celar le smanie »*, d'ascendance clairement rossinienne (on pense par exemple au quatuor *« Mi manca la voce »* du *Mosè in Egitto*) ou la brève cavatine onirique de Luisa *« La tomba è un letto sparso di fiori »*, justement fleurie de vocalises, mais qui débouche aussitôt sur le désespoir du père pour donner lieu à un dialogue pathétique au tempo sans cesse changeant (lequel s'achève sur le duo *« Andrem, raminghi e poveri »* déjà cité).

Après une première un peu tiède, rachetée dès le lendemain par un succès qui ne cessera de croître, le 14 décembre, Verdi quitta Naples par mer et, de Gênes, rejoignit Busseto. Sans parler du *Trovador* de García Guttiérez, auquel il semble s'intéresser suffisamment pour se faire expédier par Ricordi un dictionnaire d'espagnol, Verdi a déjà deux fers au feu. D'abord un *Roi Lear* qu'il voudrait faire écrire par Cammarano, et un livret de Piave pour Venise qui pourrait être un *Stradella* (déjà traité en 1844 par Friedrich von Flotow, et qu'aussitôt le compositeur écarte, malgré sa force passionnelle, parce qu'il en trouve les situations convenues) ou *Le roi s'amuse* de Hugo. C'est dans sa réponse à Verdi que Piave, entre autres sujets, lui parle d'une pièce française d'Emile Souvestre et Eugène Bourgeois, *Le Pasteur,* créée à Paris en 1849 et déjà traduite en italien sous le titre de *Stiffelio.*

De tous les projets que Verdi tient dans ses cartons en 1849-1850, les trois premiers sont *Le Roi Lear, Hamlet* et *La Tempête.* Le premier le hante depuis 1843, quand la Fenice lui avait offert pour le rôle du vieux roi le grand Ronconi. Aussitôt abandonné, il a été de nouveau question du projet en 1845, quand Verdi a promis à Piave de lui adresser le *schizzo* de la tragédie (à peu près l'équivalent du « programme »), puis en 1846 avec Lumley. Il est tout à fait probable qu'il s'en soit à nouveau entretenu avec Cammarano à l'automne 1849. Quoi qu'il en soit, en février 1850, il reprend sérieusement l'idée de *Lear* et adresse au librettiste napolitain une lettre exposant sa vision du drame. Les principaux rôles seront réduits à cinq : Lear, Cordelia, le Bouffon, Edmondo, Edgardo, et les rôles secondaires à quatre : Regana et Gonerilla (mais de cette dernière il songe à faire une seconde *prima donna*, comme il voulait le faire de Federica dans *Luisa Miller*), Gloucester et Kent. Il faut, précise-t-il, traiter le drame « d'une manière entièrement nouvelle, vaste, et sans aucun égard aux conventions ». Et il joint un synopsis détaillé, en quatre actes et onze scènes, assorti, en italiques, d'un bon nombre de répliques clefs : une esquisse si puissante [1] dans sa nudité même que tout amateur de Verdi restera à jamais inconsolable de l'avortement répété de cette œuvre (car le sujet hantera le compositeur de nombreuses années), où Verdi aurait renouvelé, sous des formes plus audacieuses encore, et plus mûres, le miracle de *Macbeth*.

Une étude un peu attentive de ce synopsis nourrit du reste l'analyse de l'œuvre verdien. Outre l'habileté avec laquelle Verdi réduit le drame « à première vue si vaste, si complexe », on notera qu'il n'intervient pour ainsi dire qu'en deux points sur la mécanique du drame anglais : en créant un duo où Edgar révèle à Gloucester qu'il est son fils (alors que, chez Shakespeare, Edgar ne

1. Nous en avons donné une traduction, assortie de deux lettres, à A. Somma sur le même projet, dans « L'Alphée », n°s 4-5, « Opéra et Littérature », Paris, 1981.

faisait que relater cette révélation au dernier acte) et surtout en situant le finale dans la prison, où une scène « *commovente* » aurait réuni Lear et Cordelia mourante (empoisonnée et non pendue comme dans le modèle anglais) avant que n'arrivent, trop tard pour la sauver, Albany, Kent et Edgar – ce qui aurait naturellement accru la relation entre père et fille, que le troisième acte devait déjà développer en un « magnifique duo, comme dans la scène de Shakespeare ». Et l'on notera surtout, que de la troisième scène de l'acte I à la scène finale du drame, où Lear devait, conformément à Shakespeare, s'écrier : *« Elle est morte ! Elle est morte, comme la terre est morte !* [1] *»,* Verdi était tout à fait conscient que *Le Roi Lear* était un drame cosmique, qui se reflétait, s'incarnait, dans le monde des humains. Restait le fou, « le Bouffon ». C'est la dernière scène de l'acte II qui en donne la signification chez Verdi : « Le Bouffon demande à Lear *si un fou est noble ou roturier.* Lear répond : *C'est un roi ! c'est un roi !* [2] » Une phrase qui laisse bien entendre que Verdi avait l'intention de développer la permutabilité symbolique des deux rôles – permutabilité que nous retrouverons dans *Rigoletto.* (Quelques années plus tard, quand il reviendra une fois de plus sur son cher *Roi Lear*, il exprimera le vœu très original – mais qui n'a rien d'étonnant si l'on songe au rôle travesti d'Oscar dans le *Bal masqué* – que le rôle du Bouffon soit chanté par un contralto.) On sent bien, en tout cas, que, dans cette année 1850, quelque chose d'informe pour la conscience, quelque chose d'essentiel, trop essentiel peut-être pour être exprimé, se jouait alors, dans l'esprit de Verdi, entre les trois figures du bouffon, du roi et de sa fille. Nous y reviendrons bientôt. Ajoutons, pour en finir provisoirement avec Shakes-

1. Les italiques sont de Verdi.
2. *Id.*

peare, qu'au même moment Verdi refuse, par manque de temps, d'écrire *La Tempête* (pour Londres) et un *Hamlet* que lui propose un peu plus tard son ami Carcano – mais, écrit-il à Escudier, il a l'intention de mettre tôt ou tard en musique, non seulement *La Tempête*, mais « les principaux drames du grand tragique [1] ». Rien de moins.

Cependant, le 8 mai, dans une lettre adressée à Piave, Verdi admettait le principe d'un *Stiffelius* (dont il demande à son correspondant s'il est un personnage historique [2]), tout en laissant éclater son enthousiasme pour *Le roi s'amuse*. C'est à coup sûr dans cette lettre qu'on tient la raison du demi-échec artistique de *Stiffelio*, œuvre dont le sujet moderne, radicalement nouveau, et même provocateur, ne pouvait que séduire le compositeur, mais dont la gestation se trouvait déjà compromise par l'exaltante entrevision de ce qui deviendra *Rigoletto*.

Ayant abandonné, depuis la création du *Corsaire*, le mercantile et crispant Lucca pour revenir, raisonnablement mais sans lâcheté, car il a posé ses conditions, dans le sérail de Ricordi, Verdi écrit donc *Stiffelio* durant l'été 1850, tout en se préoccupant de ses récoltes, en partie ruinées par des intempéries, et de la création du premier opéra de Muzio à Bruxelles, où le disciple est devenu responsable du Théâtre italien. *Stiffelio* sera créé, avec Marietta Gazzaniga, Gaetano Fraschini et Filippo Colini, le 16 novembre 1850 au Teatro Grande de Trieste, qui avait mal reçu *Le Corsaire* mais acclamé *Macbeth*. Sans nous attarder sur ce point, disons que la partition vocale achevée, Verdi ne fut pas au bout de ses peines. A peine arrivé à Trieste, il dut affronter la cen-

1. Lettre du 7 mars, citée par F. Abbiati, *Giuseppe Verdi*, II, p. 56.
2. Sur cette question, on renvoie le lecteur au commentaire de R. Mancini dans le *Guide des opéras de Verdi*, p. 373-374.

sure autrichienne, qui le contraignit à mutiler quelques parties du texte jugées profanatoires (notamment la citation évangélique et le cri de Lina « Ministre, confessez-moi ! ») et à dépouiller de toute référence ecclésiastique (croix, pupitre) le cadre religieux d'une œuvre décidément choquante pour « la morale publique et la doctrine de la religion catholique, apostolique et romaine [1] ». Verdi, à qui cette mésaventure n'arriva qu'une fois, parla plus tard de « castration ». Nous analysons ici la version non expurgée.

Stiffelio

En Allemagne, au début du XIXe. Ier acte. Chez le comte de Stankar, on fête le retour de Stiffelio (ténor), chef de l'église protestante des Ashavériens, époux de Lina (soprano), la fille de Stankar (baryton). Prêchant l'indulgence évangélique, Stiffelio brûle, sans vouloir l'ouvrir, un portefeuille perdu par un homme qu'on a vu fuir en cachette du balcon d'une jeune femme. Soulagement de Lina, qui, durant l'absence de son époux, a cédé aux avances de Raffaele (ténor). En proie aux remords, Lina se trouble devant Stiffelio, qui s'encolère en découvrant qu'elle ne porte plus son alliance. Au moment où la jeune femme se décide à confesser sa faute dans une lettre, son père surgit et oblige sa fille à garder le secret, pour ne pas publier leur déshonneur. Seul, Raffaele glisse un billet à l'adresse de Lina dans un exemplaire à fermoir de la *Messiade* de Klopstock. Jorg (basse), autre ministre du culte, a surpris la scène et dénonce le fait à Stiffelio. Celui-ci annonce qu'il prêchera le soir même sur l'infidélité et ouvre le livre – mais Stankar s'empare du billet et le détruit.

1. Selon les mots d'un défenseur de Verdi, cités par M. J. Phillips-Matz, *Giuseppe Verdi.* p. 313.

IIe acte. Dans le cimetière, Lina, attendant Raffaele, évoque l'intercession de sa mère morte. Arrive Raffaele, qui se refuse à renoncer à son amour pour Lina. Stankar intervient et provoque en duel Raffaele. Surgit Stiffelio qui prêche aux deux adversaires l'oubli des offenses. Stankar ne peut s'empêcher de lui révéler que Raffaele est le séducteur de Lina. Stiffelio, en proie à la fureur, maudit Lina et voudrait se battre contre Raffaele, mais Jorg l'interrompt : les fidèles l'attendent au temple.

IIIe acte. Stankar, faute d'avoir pu laver son honneur, médite de se tuer. Il y renonce en apprenant qu'on a retrouvé Raffaele. Stiffelio, calme et sombre, fait venir son épouse et lui annonce qu'il a décidé de divorcer. Lina, devant sa froideur, accepte pour pouvoir se confesser à lui : elle n'a pas cessé de l'aimer, mais a été abusée par Raffaele. Stiffelio, sous le coup de la colère, voudrait de nouveau tuer le séducteur, mais entre Stankar, qui vient de le mettre à mort. – Au temple, tandis que tous chantent un *miserere*, Stiffelio, bouleversé, monte en chaire, s'en remet à la Providence en ouvrant au hasard l'Evangile et lit alors la parabole de la femme adultère [1]. Faisant sienne la parole divine, il pardonne.

Stiffelio souffrit, on l'a dit, d'avoir été conçu et composé au moment même où Verdi venait d'éprouver l'intuition fulgurante du *Roi s'amuse*. L'œuvre en souffrit dans sa genèse, et dans le sort qui l'attendait, obscurci, jusqu'à une date récente, par l'éblouissante création de *Rigoletto*. Mais son sujet, provocateur pour la censure et déroutant pour le public, ne devait pas non plus favoriser une réception bienveillante en Italie. La critique très partagée en témoigne : tandis que « La Gazetta musicale » parlait d' « un ouvrage à la fois philosophique et religieux (...) dépourvu de fanfares, de

1. Evangile de Jean, 7, 53.

chœurs et d'efforts surhumains pour la gorge et les poumons » et que « La Favilla » saluait l'esprit « fertile » de Verdi et son audace à mettre en scène un argument « si éloigné des conventions universellement acceptées », le « Diavoletto », tout en défendant le « génie » du compositeur contre ceux qui l'accusaient de larcins aux dépens de Bellini, éreintait le choix du sujet et la substitution « bassement ridicule » des « paletots » et autres « fracs » aux costumes d'autrefois « dans lesquels l'homme apparaissait vraiment dans toute sa beauté et son harmonie ». Réaction risible et provinciale (bien que teintée d'un involontaire baudelairisme), mais dont on verra les conséquences à Venise pour la création de *La Traviata*. Etrangement, si les accusations d'emprunts auxquelles fait allusion le « journal diabolique » et « critique » de Trieste sont presque incompréhensibles au regard du drame proprement dit, qui, dans la droite ligne de *Luisa Miller*, illustre au contraire la liberté croissante de Verdi, l'ouverture, écrite, dit-on, la veille même de la première (mais décidément Verdi n'est pas Mozart), témoigne en effet d'une sorte de régression, tant du point de vue stylistique, très sensible dans le long solo de trompette à la manière de Bellini ou Donizetti, qu'au plan de l'imagination musicale. Avouons, pour le reste, qu'il faut un peu de temps pour s'attacher à une œuvre qui ne jouit pas d'une inspiration constante. Malgré la médiocrité de son texte, Piave avait pourtant offert à Verdi un livret solidement construit, et fourmillant, à la lecture, de petites modulations psychologiques qui auraient pu servir davantage la nouvelle plasticité du discours verdien. Négligeant d'approfondir le rôle de Jorg, la « conscience protestante » de Stiffelio, comme l'appelle un commentateur, ou la relation entre père et fille – dans *Le roi s'amuse* Hugo lui offrait une matière autrement excitante –, Verdi s'intéresse surtout à l'analyse de la culpabilité de Lina, pour laquelle il invente une atmosphère qui annonce déjà l'Amélia du *Bal masqué*, et à la représentation, maladroite sans doute, mais tout de même surprenante, du déchirement qu'éprouve Stiffelio entre l'intolérable outrage d'avoir été trahi (on peut penser à Othello) et l'exigence religieuse du pardon. Si bien qu'on peut assister, sans discontinuité notable dans l'écriture, à l'alternance de longues plages sans véritable tension, bien que toujours soignées, et des morceaux qu'anime déjà par instants le dessin des chefs-d'œuvre qui couvent dans l'esprit du compositeur et même d'ouvrages que Verdi n'écrira pas avant de longues années : depuis le petit duo entre Lina et son père au premier acte *(« Ah, qual fato orrendo »)*, qui, du point de vue psychodramatique, semble annoncer le duo entre Violetta et Germont, jusqu'à la fin du duo Lina-Stiffelio du troisième acte *(« Egli un patto proponeva »)*, lancé par une profonde mélodie du cor anglais servant de guide à la voix, et au finale même de l'opéra, qui, à quelques mesures près, manque de s'achever sur un récitatif.

Malgré ses audaces, l'œuvre ne fut pas mal reçue du public et se mit à circuler en Italie, mais au prix de mutilations supplémentaires : dans les villes les plus réactionnaires, Rome et Naples notamment, *Stiffelio* devint *Gugliemo Wellingrode*, le ministre, tombé en disgrâce, d'un prince du XVe siècle. Si bien que, face à ces mutilations, l'affection qu'il portait à cette ouvrage poussa Verdi à le reprendre durant l'hiver 1856-1857. Et ce fut *Aroldo*, créé à Rimini le 16 août 1857. Hélas, loin d'améliorer son œuvre, la transformation du pasteur contemporain en croisé du XIIIe siècle affadit encore le sujet, tandis que les pages nouvelles (et spécialement l'adjonction d'un quatrième acte d'une grande beauté d'écriture, où l'on entrevoit déjà la tempête d'*Otello*) conféraient à l'ouvrage une figure d'hybride. A tout prendre, dans l'audace et les limites de son premier état, *Stiffelio* lui est bien préférable.

Stiffelio fut une sorte de révolution manquée. On ne dit pas assez que, dans les cinquante ans qui séparent *Nabucco* de *Falstaff*, il est le seul mélodrame de Verdi qui s'achève par un *happy end*, le seul où le destin et la société, qu'elle soit féodale ou bourgeoise, n'écrasent pas l'individu dans leur œuvre de mort. Cet *hapax* ne pouvait être dépourvu de sens. Un sens qui, vaille que vaille, à travers les obstacles pulsionnels, ordonne chez Stiffelio la quête surhumaine du pardon, en impliquant chacun dans l'adultère : « Que celui qui n'a pas péché lui jette la première pierre. »

Ce n'est pas à Trieste qu'il eût fallu créer cet opéra provocant, mais à Busseto.

CHAPITRE VII

La grande Trilogie

Verdi eût-il été rattrapé par le choléra en cette année 1849, ou le *Capri* qui le ramenait de Rome à Gênes après la création de *Luisa Miller* eût-il fait naufrage, que l'histoire de la musique en eût été changée. Imaginons les notices que lui auraient réservées les encyclopédies de l'époque : « Rival de Mercadante et Pacini, il leur fut supérieur, non seulement par son sens dramatique, mais par son adresse à écrire des chœurs propres à exciter le patriotisme italien. Successeur de Bellini, mais sans le génie mélodique du maître de Catane, et de Donizetti, dont il n'avait ni la fécondité ni le métier, mais qu'il surpasse parfois dans l'instrumentation et la vigueur du dessin, il écrivit, souvent à la diable, une douzaine d'opéras desquels subsistent *Nabucco* et *Ernani*, ainsi que l'intéressante *Luisa Miller*. Il a également laissé un curieux *Macbeth*, mélange de mauvais goût et d'une certaine audace dans sa tentative de renouveler la valeur dramatique de l'arioso. » Cette imaginaire notice française, que nous n'avons pas pimentée de la malignité que mettait alors dans les siennes le musicologue belge Fétis (Giuseppina le surnommait Fetida), ne serait pas infondée. L'analyse un peu attentive que nous avons conduite jusqu'ici des « opéras de jeunesse » ne se justifie que par les développements (nous ne disons pas « les progrès ») que l'œuvre verdien devait connaître au cours des quarante années à venir.

Force est en effet de constater que c'est avec *Rigoletto*, puis *Le Trouvère* et *La Traviata* qui vont aussitôt le suivre et former avec lui ce qu'on appelle communément la « Trilogie populaire », que Verdi entre, et pour ne plus en sortir, dans la zone des chefs-d'œuvre. En réécoutant dans leur ordre chronologique tous les ouvrages du jeune Verdi, même l'amateur le plus blasé saisit, dès les premières mesures, que *Rigoletto* nous projette dans un *autre* monde. Et, comme rien de matériel ne justifie cette différence, il faut bien admettre à l'origine de cette mutation un événement psychique dont, évidemment, nous ignorons tout, mais dont la violente onde de choc est tout à fait perceptible dans les pièces dont nous disposons pour la reconstruction de la genèse de *Rigoletto*. Ce choc, nous le rattacherons à la méditation à laquelle Verdi s'était alors livré autour du *Roi Lear* et du triangle formé par le Roi, sa fille et le fou – que Hugo proposait sous une autre forme à l'imaginaire verdien. Car c'est dans une perspective *shakespearienne* que Verdi entrevit soudain, en un « éclair », ce qui allait devenir un de ses plus beaux chefs-d'œuvre.

Il est possible que le compositeur ait tenu dans ses cartons depuis 1844 le projet du *Roi s'amuse*. La pièce française avait été créée douze ans plus tôt, suscitant le scandale que l'on sait. Ce fut en tout cas en septembre 1849, dans une lettre à Vincenzo Flauto, l'imprésario de Naples, que Verdi suggéra l'argument comme un « beau drame doté de positions superbes ». Le propos un peu générique évoque plutôt un souvenir qu'une relecture. Tout autre est la tonalité de deux lettres adressées à Piave au printemps 1850, où la fièvre qui s'empare du compositeur laisse bien entendre qu'il vient de relire avec passion le drame français. Le 28 avril : « ... il y aurait un autre sujet qui, si la police l'autorisait, serait une des plus grandes réalisations du théâtre moderne. (...) / Tentez ! Le sujet est grand, immense, et il s'y trouve un caractère qui est une des plus grandes créations dont puisse se glorifier le théâtre de tous les pays et de tous les temps. Le sujet est *Le roi s'amuse*, et le caractère dont je te parle serait Tribolet *(sic* [1]*)* (...) / P.S. A peine cette lettre reçue, prends tes jambes à ton cou, cours par toute la ville, et cherche quelqu'un qui puisse obtenir la permission de faire *Le roi s'amuse*. Ne t'endors pas. Secoue-toi : fais vite. » Et le 8 mai : « Oh, *Le roi s'amuse* est le plus grand sujet et peut-être le plus grand drame des temps modernes. Tribolet *(sic)* est *une création digne de Shakespeare* [c'est nous qui soulignons] ! Bien mieux qu'*Ernani* ! C'est un sujet qui ne peut échouer. Tu sais qu'il y a six ans, quand Mocenigo m'a suggéré *Ernani*, je me suis écrié : " Oui, par Dieu... avec ça on ne peut pas se tromper. " Or, quand, en revoyant divers sujets, *Le Roi* me passa par l'esprit, *ce fut comme un éclair, une inspiration* [c'est nous qui soulignons], et je me suis dit la même chose : " Oui, par Dieu, avec ça on ne peut pas se tromper. " (...) Mets sens dessus dessous Venise et fais en sorte que la Censure autorise ce sujet. »

Nous n'entrerons pas dans le détail, soigneusement étudié par d'autres auteurs [2], des interminables négociations (de la fin d'août 1850 à la fin janvier de l'année suivante) que dut affronter Verdi avec la censure vénitienne, pourtant plus libérale que d'autres – qui ne pou-

1. La déformation de « Triboulet » en « Tribolet » est naturellement suggérée à Verdi par la forme italienne de la même racine latine *tribulus/tribolus* > italien : *tribolo* (*tribolare, tribolazione,* etc.).

2. M. Lavagetto, *Un caso di censura : il « Rigoletto »*.

vait tolérer autant d'« obscénités » : un monarque libertin échouant dans une maison de passe, « un bossu qui chante », un quasi-viol, une malédiction, etc. Comme Hugo avant lui, et comme plus tard Baudelaire et Flaubert, Verdi joua la carte de la « moralité » de l'ouvrage, même si quand il avait écrit à Piave : « Tout le sujet tient dans cette malédiction, qui devient aussi morale », il entendait sous ce terme quelque chose de bien différent de la « moralité » bourgeoise : le sens existentiel et métaphysique de l'œuvre. Notons que, involontairement trompé au début de l'entreprise par le malheureux Piave, qui ne s'imaginait pas les obstacles qu'ils allaient rencontrer pour faire autoriser le livret, Verdi menaça une fois de plus de retirer son œuvre. Tenant à afficher une création de Verdi, la Fenice dépêcha à Busseto le secrétaire même de la Présidence du théâtre, accompagné de Piave, pour mettre au point avec le compositeur un véritable pacte. Et c'est au prix de quelques modifications (la substitution d'une incertaine « cour de Mantoue », et donc d'un petit monarque, à la cour de François Ier, en est la plus notable) et de coups de lime finalement réduits, que Verdi parvint à sauver l'essentiel de son drame, en réussissant sur bien des points à revenir au livret originel que Piave, voulant satisfaire la censure, avait terriblement affadi dans une mouture intermédiaire, intitulée *Le Duc de Vendôme*. Verdi aurait aimé conserver le titre original, ou, à défaut, reprendre le titre auquel Hugo lui-même avait pensé pour sa pièce : *La Malédiction de (Saint-)Vallier*, ou plus court encore : *La Malédiction*. Ce fut *Rigoletto*. On ne sait comment s'imposa ce titre, probablement suggéré par celui d'une parodie française du *Roi s'amuse : Rigoletti ou Le dernier des fous* [1] ; mais on peut aussi rappeler qu'en italien le *rigoletto* était jadis une danse en

1. C'est l'hypothèse de M. J. Phillips-Matz, *Giuseppe Verdi*, p. 330.

cercle, en rond, ce qui s'accorde assez bien avec la forme circulaire ou plutôt parabolique du drame, depuis la malédiction de Monterone, anticipée dans le prélude, jusqu'aux derniers mots de l'opéra.

Rigoletto

A Mantoue au XVIe siècle. Ier acte. Ier tableau. Durant une fête qu'il donne à sa cour, le Duc (ténor), tout en courtisant la comtesse de Ceprano, chante qu'à ses yeux toutes les femmes se valent *« (Questa o quella »)*. Les courtisans répandent le bruit que le bouffon, Rigoletto (baryton), a une maîtresse, tandis que celui-ci suggère au Duc quelques moyens de s'emparer de la comtesse de Ceprano, fût-ce en coupant la tête du mari. Surgit le comte de Monterone (baryton), qui accuse le Duc d'avoir souillé sa famille en séduisant sa fille. Rigoletto se gausse de lui, et Monterone lui lance une malédiction, qui frappe l'esprit du Bouffon. – IIe tableau. Dans une impasse, la nuit, le spadassin Sparafucile (basse) propose ses services à Rigoletto : sa sœur Maddalena attire chez lui les hommes dont on lui commande la mort. Seul, Rigoletto se lamente sur sa condition de bossu et de fou pousse-au-crime, quand au fond de lui se cache le tendre cœur d'un père *(« Pari siamo ! »)*, et rumine l'angoisse de la malédiction. – IIIe tableau. Dans sa maison, Rigoletto retrouve sa fille Gilda (soprano). Aux questions qu'elle lui pose sur son nom et sa mère, Rigoletto se dérobe *(« Deh, non parlare al misero »)* et met en garde sa fille, cloîtrée dans la maison, contre d'éventuels séducteurs. Puis il presse la nourrice, Giovanna, de veiller sur l'honneur de Gilda *(« Veglia, o donna, questo fiore »)*. Rigoletto sorti, Gilda rougit de ne pas avoir parlé à son père du jeune homme (qui n'est autre que le Duc) qu'elle a remarqué à l'église et dont elle se sent déjà amoureuse. A ces mots paraît le Duc, qui lui déclare fiévreusement son amour en se faisant passer pour un étudiant nommé Gualtier Maldè. Des bruits l'obligent à sortir. Seule, Gilda chante son amour *(« Caro nome »)*. Cependant, Ceprano et les courtisans, voulant se venger de la méchanceté de Rigoletto et prenant Gilda pour sa maîtresse, se heurtent au Bouffon et, lui faisant croire qu'ils vont enlever la comtesse de Ceprano, procèdent au rapt de Gilda. Quand Rigoletto comprend, il est trop tard, et le Bouffon se rappelle la malédiction.

IIe acte. Dans le palais ducal, le Duc se désespère d'avoir perdu Gilda *(« Ella mi fu rapita ! »)*, quand les courtisans viennent lui raconter qu'ils ont enlevé la maîtresse de Rigoletto. Le Duc comprend qu'il s'agit de Gilda, chante sa flamme *(« Possente amor mi chiama »)* et pénètre dans la pièce où Gilda est enfermée. Rigoletto entre alors en feignant la désinvolture, mais cherchant en réalité des traces de Gilda, quand, à l'entrée d'un page, il comprend qu'elle est enfermée avec le Duc. Ne pouvant pénétrer dans la chambre, il maudit les courtisans *(« Cortigiani, vil razza dannata »)* et laisse couler ses larmes. Gilda sort précipitamment de la pièce où le Duc vient de la posséder et avoue sa honte à son père, qui, dans un geste royal, fait sortir les courtisans. Une fois seuls, Gilda raconte à son père comment elle s'est éprise du Duc et a été enlevée *(« Tutte le feste al tempio »)*. Rigoletto, désespéré, jure de se venger *(« Sì, vendetta, tremenda vendetta »)*.

IIIe acte. Sur les berges du Mincio, une mauvaise auberge, repaire de Sparafucile. Dehors, Rigoletto, qui a organisé le meurtre du Duc, oblige Gilda à observer par une fissure ce qui se passe dans l'auberge : le Duc, qui a demandé à Sparafucile sa sœur et du vin, chante gaiement la versatilité des femmes *(« La donna è mobile »)*, puis flirte avec Maddalena (mezzo-soprano), tandis que Gilda se désespère et que Rigoletto chante sa vengeance (quatuor *« Bella figlia dell'amore »)*. Rigoletto commande à sa fille de quitter la ville et, la croyant partie, paie Sparafucile pour l'assassinat du Duc, dont le tueur enfournera le corps dans un sac. Un orage éclate. Tandis que Rigoletto s'est éloigné et que le Duc est allé s'étendre, Maddalena convainc son frère d'épargner le beau jeune homme et de lui substituer le premier venu. Gilda, qui n'a point quitté son poste, résout de frapper à la porte et reçoit le coup mortel de Sparafucile. Rigoletto rentre sur scène et le spadassin lui remet le sac où est enfermée Gilda blessée à mort. Alors qu'il jouit de sa vengeance, le Bouffon entend le Duc chantonner *« La donna è mobile »*. Terrorisé, il ouvre le sac et découvre sa fille. Gilda meurt en lui demandant de pardonner, tandis que le Bouffon, égaré, se rappelle la malédiction.

« *Triboulet* est une création digne de Shakespeare ! » Ce cri que lance Verdi à l'instant même de la conception de *Rigoletto*, comment faut-il l'entendre ? Nous ne croyons pas suffisant d'y déceler l'émerveillement devant la fusion des genres comique et tragique, qui préoccupait la littérature européenne depuis Schlegel, et qui, dans le mélodrame italien, aurait résolu la vieille partition entre *opera seria* et *opera buffa*, but vers lequel tendait secrètement Verdi (on y a fait allusion à propos de *Luisa Miller*) et qu'il n'atteindra vraiment qu'avec *Un bal masqué* et *La Force du destin*. On a vu la proximité chronologique entre l'étude du *Roi Lear*, reprise au mois de février, et le *raptus* qui préside en avril à la conception de *Rigoletto*. Assurément cette proximité n'est pas fortuite, si l'on songe au thème de la relation amoureuse entre père et fille et au personnage du Fou – bien que, du point de vue du contenu, il n'y ait aucun rapport entre le Fou de *Lear* et le Bouffon de *Rigoletto*. Le Fou est ici une catégorie symbolique, une enveloppe, un pur signifiant. Interrogeons donc le concept du « shakespearien » chez Verdi. Et, pour ce faire, mettons en perspective *Macbeth, Le Roi Lear, Hamlet* même, puisque Verdi y songea sérieusement, et *Othello* [1] : la

1. On pourrait même rattacher à cette série Falstaff, le « Ventru », Don Juan déchu et ridiculisé (voir plus avant notre analyse de *Falstaff*, ch. XII).

folie sanguinaire de Macbeth et de son épouse, la déchéance humaine et mentale de Lear, la mélancolie de Hamlet, la négritude d'Othello *(« quel selvaggio dalle gonfie labbra »)* forment une typologie monstrueuse, dont chaque échantillon est frappé d'une sorte de « complexe d'exclusion ». Cette typologie, on le voit bien, dépasse de loin celle des rebelles romantiques de Byron, Schiller ou Hugo *(Hernani)*.

Mais, avant d'analyser *Rigoletto* à partir de la *monstruosité* du Bouffon – ce à quoi nous engage l'ample correspondance de Verdi –, notons que, du point de vue formel, *Rigoletto* ne se distingue guère de *Luisa Miller*. Si l'on excepte de rares innovations, audacieuses mais ponctuelles (remplacement du traditionnel chœur au lever du rideau par un dialogue agité, ou encore usage d'un chœur vocalisant à bouche fermée en coulisses au dernier acte), c'est avec les mêmes moyens que Verdi réalise une révolution dans son œuvre – et cela est certainement à mettre au compte de la coalescence soudaine du compositeur avec son sujet. Certes, même une analyse superficielle révèle que Verdi, comme il avait commencé à le faire avec *Macbeth*, distribue ses formes en fonction des caractères, en confiant l'essentiel de sa révolution, la « déclamation chantée », au rôle du Bouffon, tandis que Gilda et le Duc se meuvent encore dans la sphère du *cantabile*. Mais ce choix même s'inscrit dans un phénomène plus vaste : il n'est pas une seule mesure de *Rigoletto* qui ne soit *pensée* en fonction du tout. On observera, pour ne donner qu'un exemple, la façon dont l'introduction enchaîne, à travers la ballade du Duc, la musique un peu vulgaire, ou du moins carnavalesque, de la *banda* (harmonie) au menuet plein de grâce qui sert de fil conducteur au flirt entre le Duc et la comtesse de Ceprano. N'en doutons pas : cette « vulgarité » de l'introduction, comme le sera la désinvolture presque triviale de *« La donna è mobile »*, est, non seulement calculée, mais, plus que de la lecture de Hugo, elle relève – à l'instar de la musique des sorcières ou la marche campagnarde de *Macbeth* – d'une interprétation de Shakespeare.

Malgré l'abondance et la richesse des analyses qui lui ont été consacrées, *Rigoletto* mériterait qu'on explore le symbolisme lunaire de Gilda et sa maturation en femme à travers une « quête du nom » (duo avec Rigoletto et duo avec le Duc, au premier acte) qui ne recevra pour réponse qu'un simulacre de mauvais augure, puis une violence sexuelle que la jeune fille introjettera en s'offrant, pour finir, au poignard de Sparafucile, commandité par son père. Il faudrait également montrer comment le Duc passe de l'éloge de sa versatilité amoureuse *(« Questa o quella »)* à la frivole chanson du dernier acte, qui n'est que le renversement sémantique de sa ballade, à travers un air *authentiquement* amoureux (et son indispensable cabalette) où se fait jour une émouvante fissure dans le tableau de son donjuanisme compulsif [1]. Il faudrait enfin analyser la relation à double face qui lie le Bouffon à son maître, en notant à la fois les réminiscences de *Don Juan* (Monterone est bien un équivalent du Commandeur, et Rigoletto est le Leporello du Duc) et la représentation radicalement différente que donne Verdi du rapport entre maître et serviteur. Mais, la place nous faisant défaut, arrêtons-nous un instant sur le rôle-titre.

On ne se livrera pas ici à une étude psycho-critique, discipline dont il reste encore à prouver qu'en l'absence du sujet parlant elle puisse prétendre à autre chose qu'à quelques intuitions partielles. Mais, au-delà de l'importance qu'attachait Verdi au thème de la malédiction, on

1. Pour une analyse détaillée de ces questions, nous renvoyons à notre article *La Royauté du fou.*

manquerait certainement l'essentiel en négligeant l'effet fulgurant, l'effet de révélation, qu'exerça sur le compositeur le personnage monstrueux du Bouffon. On ne fait pas seulement allusion à l'exclusion sociale de Rigoletto, qui évoque une lettre, de quelques années plus tardive, que Verdi écrivit à Tito Ricordi en se rappelant le terrible fiasco d'*Un giorno di regno* : « Nous, pauvres gitans, charlatans, ou tout ce que vous voudrez, nous sommes contraints de vendre nos travaux, nos pensées, nos délires (...). Notre destin est de nous résigner [1]. » Oui, la bouffonnerie mobilise l'exclusion sociale, la dérision du malheur, mais la bosse de Rigoletto dissimule surtout un torturant clivage affectif : corps difforme et langue acérée, Rigoletto est, à la cour, l'« âme noire » du prince, le Leporello pousse-au-crime de son maître, dont il peut d'ailleurs prendre le masque (acte I, *« Voi congiuraste contro noi signore »*). Cependant, il suffit qu'il retrouve son foyer, le nid filial, pour que ses valeurs s'inversent et qu'il se découvre une autre identité, comme le développe son célèbre *« Pari siamo »*, où le vers *« Ma in altr'uomo qui mi cangio »* (« Mais ici je deviens un autre homme ») se trouve tendrement contrepointé par la flûte, associée à la virginité de Gilda. Rigoletto devient alors l'« ange » paternel, aimant et pur (*« Padre, in voi parla un angelo »*, chantera la jeune fille après sa « faute »). Mais un ange bloqué, car retrouver le rayonnement virginal de Gilda signifie pour Rigoletto s'enfermer dans l'impossible horizon de l'amour incestueux. D'où, du point de vue de la dynamique du drame, la nécessité que le Duc dépucelle Gilda pour arracher Rigoletto à l'illusion amoureuse et le dresser soudain dans sa dimension régalienne, dans l'assomption d'une solitude absolue.

1. Lettre à Tito Ricordi du 4 février 1859, in *Copialettere*, p. 557.

A notre connaissance, aucun commentateur ne s'est arrêté sur ce fragment, pourtant parfaitement isolé du point de vue musical, de la cinquième scène de l'acte II (« Scène et duo ») où, Gilda, surgissant de la chambre du Duc et avouant sa « honte » à son père, Rigoletto, dans un incroyable mouvement de majesté, chasse les courtisans en une longue phrase presque *recto tono* :

Ite di qua voi tutti...
Se il duca vostro d'appressarsi osasse,
Che non entri, gli dite, e ch'io ci sono.

Vous tous, sortez d'ici...
Et si votre duc osait s'approcher,
Dites-lui qu'il n'entre pas, et que j'y suis.

Que se passe-t-il à cet instant ? Eh bien, Rigoletto devient roi. Comment alors ne pas songer au synopsis verdien du *Roi Lear*, qui, dans la scène IV du deuxième acte, traduisait ainsi Shakespeare : « Le bouffon demande à Lear *si un fou est noble ou plébéien.* Lear répond : *C'est un roi ! c'est un roi !* ». La scène de ce que nous avons appelé le retournement régalien de Rigoletto (déjà présente chez Hugo) n'est pas au centre structurel du mélodrame, mais se trouve déplacée vers l'avant, et donc au sommet de la « parabole » du drame. A nos yeux, cette scène est le point focal de l'œuvre de Verdi, qui justifie la lecture shakespearienne du *Roi s'amuse* et enrichit le personnage de Rigoletto en le situant au croisement de la série des « monstres » du théâtre de Shakespeare et des souverains clivés (Nabucco, Attila, plus tard Philippe II) du mélodrame verdien.

D'un point de vue psycho-critique, on assisterait ainsi à l'assomption du Bouffon, du saltimbanque, du « gitan », donc du compositeur d'opéra, à la fonction de roi. Bel exemple, on en conviendra, de fantasme réparateur pour un narcissime blessé, mais fantasme où s'origine, dans le drame, la catastrophe finale, et qui ne résout pas la question de la relation incestueuse entre père et fille qui hante *Rigoletto* et court à travers tant d'autres ouvrages de Verdi. Ce thème n'a cessé de surprendre les commentateurs, sans que la moindre hypothèse ait pu être fournie pour en expliquer l'insistance. Nul n'a pensé à convoquer certains éléments, très obscurs, il est vrai, mais intrigants, de la biographie verdienne.

En 1816, trois ans après la naissance de Giuseppe, la mère du futur compositeur avait mis au monde une petite fille, qu'on avait prénommée *Giuseppa* Francesca. Une rumeur curieuse, mais tardive, voudrait que Giuseppa ait été atteinte d'une déficience mentale. Les recherches biographiques les plus récentes semblent montrer que cette rumeur est sans fondement. Quoi qu'il en soit, d'après les documents biographiques les plus fiables que nous possédons sur l'enfance de Verdi – les notes de Demaldè, beau-frère de Barezzi –, Giuseppa était belle, bien éduquée, et, toujours selon Demaldè, le jeune Giuseppe « la chérissait comme lui-même ». Les deux enfants vécurent ensemble dans la « maison natale » des Roncole durant sept années, jusqu'au moment où Giuseppe partit poursuivre ses études à Busseto. Giuseppa mourut le 9 août 1833, à l'âge de 17 ans, alors que le futur compositeur se trouvait à Milan. Nous ne savons rien de plus, et toute reconstruction serait fantaisiste ; mais – même si le phénomène n'était pas tout à fait exceptionnel à l'époque – comment ne pas être frappé par l'homonymie du frère et de la sœur ? D'autant plus si l'on songe au choix amoureux que fit Verdi adulte d'une femme prénommée *Giuseppina*. Faute de documents, nous ne pourrons rien avancer de sérieux, mais on se doit de rappeler les rapports difficiles qu'entretint toujours Verdi avec son père, lequel apparaît, dans les lettres du compositeur, comme une sorte de tyran, et qu'un enjeu d'identification et/ou de paternité substitutive aurait pu marquer, dès la petite enfance, les liens de Verdi avec sa sœur cadette. D'autres scénarios, réels ou fantasmatiques, seraient imaginables, mais gratuits. Mieux vaudrait sans doute analyser les prénoms – Virginia et Icilio – que Verdi avait choisis pour ses deux enfants, morts en bas âge. Dans la tragédie d'Alfieri *(Virginia)* dont ces prénoms sont tirés, le père de Virginia (qui va tuer sa propre fille pour la soustraire au tyran) se nomme en effet Virginius, et le fiancé de la jeune fille, Icilius. Troublant triangle qui évoque à la fois l'amour entre frère et sœur que nous avons entrevu dans l'enfance du compositeur et l'identification incestueuse et mortifère entre père et fille du théâtre verdien.

Verdi était arrivé le 19 février à Venise, où il s'était installé dans un petit appartement de l'hôtel Europa sur le Grand Canal. En vingt jours, il instrumenta sa partition et dirigea les répétitions de l'ouvrage – à l'exception de la chanson du Duc, « *La donna è mobile* », dont il refusa de donner copie au ténor jusqu'au soir de la première, sachant bien qu'elle se répandrait aussitôt entendue (ce qui, de fait, se produisit), et que l'effet de la dernière scène en serait à moitié gâché. Le 11 mars 1851, *Rigoletto* fut créé à la Fenice avec Teresa Brambilla (Gilda), Felice Varesi (Rigoletto) et Raffaele Mirate (le Duc). Le public fut enthousiasmé ; la critique, totalement déroutée. Dans le cas le plus favorable, tout en stigmatisant l'horreur du sujet, elle reconnaissait la radicale nouveauté de l'ouvrage et suspendait son jugement à une seconde audition. Tel fut le cas de la « Gazzetta privilegiata di Venezia » et du « Lombardo

Veneto ». Mais d'autres feuilles furent bien moins tendres – et le malheureux Piave, à qui l'on attribuait perfidement le choix du sujet, en fit souvent les frais. L'ouvrage fut même éreinté par le « Times », la « Gazette musicale » de Paris, l'« Omnibus » napolitain et, naturellement, « L'Italia musicale » de Lucca, l'ex-éditeur de Verdi, qui, furieux de la rupture avec le compositeur, allait bientôt miser sur Meyerbeer et Wagner. Mais qu'importait ? Hormis un fiasco à Bergame, l'ouvrage se mit à tourner victorieusement dans toute l'Italie. Certes, ce fut parfois au prix de graves mutilations et de changements de titre *(Viscardello, Lionello, Clara di Pert)* qui mirent en fureur Verdi, comme ce fut le cas à Rome où, avec un humour grinçant, le compositeur suggérait que, sur les affiches, on annonçât : « RIGOLETTO / paroles et musique / de / *Don* (mettre ici le nom du Censeur). » Mais, malgré tout, dès l'année suivante, l'opéra gagnait l'Europe entière. Un an plus tard, il avait atteint la Turquie et l'Amérique.

Comme nous l'avons précédemment relaté, à son retour à Sant'Agata, Verdi dut affronter mille tourments : les violences verbales de son père, mais aussi un cambriolage (les auteurs se révélèrent être ses propres domestiques), puis la mort de sa mère, et l'éloignement croissant des Barezzi. Il avait déjà commencé à travailler, avec Cammarano pour librettiste, sur *Le Trouvère*, le premier opéra (si l'on excepte *Le Corsaire*) qu'il écrivit sans commande préalable, et sans qu'on sache exactement comment il avait eu vent du drame espagnol qui lui servit de modèle et n'était pas traduit en italien, lorsqu'il se décida à partir pour Paris en compagnie de Giuseppina. Le couple arriva dans la capitale au lendemain du coup d'Etat de Louis-Napoléon Bonaparte et retrouva son quartier, puisque les deux amants s'installèrent au 24, rue Saint-Georges. C'est de là que, le 21 janvier 1852, Verdi adressa à son beau-père – qui, profitons-en pour le souligner, se rapprochera bientôt de son ancien protégé et finira lui aussi par affronter les commérages de Busseto en épousant en secondes noces une de ses domestiques – la fameuse lettre sur son « intimité » dont nous avons cité de larges extraits dans le chapitre précédent. Cette mise au point fut certainement le fruit de l'éloignement géographique et du calme dont Verdi et Giuseppina jouissaient à Paris, où ils assistèrent notamment à l'une des premières représentations de *La Dame aux camélias* de Dumas fils, qui, après une longue censure, venait enfin d'être autorisée grâce à l'intervention du duc de Morny. D'après un récit tardif de Maria Filomena Verdi, fille adoptive du couple comme on le verra plus tard, le compositeur aurait ébauché la musique de *La Traviata* à la sortie même de cette représentation. On sait la valeur qu'il faut attacher aux traditions familiales. Quoi qu'il en soit, c'est *Le Trouvère* qui occupe Verdi durant les mois qui suivent son retour à Sant'Agata à la mi-mai. Bien qu'il nourrît un vrai respect pour le métier du librettiste napolitain, on peut s'étonner que Verdi ait confié à Cammarano, adepte des formes convenues du premier romantisme, la mission de réduire *El Trobador*, pièce invraisemblable et flamboyante du dramaturge espagnol Antonio García Guttiérez, créée en 1836. Il est vrai qu'au « programme » de Cammarano il avait immédiatement répondu par un « contre-programme » qui sera la base du livret. Mais Piave eût infiniment mieux répondu à l'extravagance du sujet. De plus, Cammarano était malade (Verdi ignorait la gravité de son état), et peinait à rendre sa copie. Au point que le compositeur se demanda, et demanda deux ou trois fois à son librettiste, si le drame lui plaisait, en lui laissant la liberté d'abandonner son travail si tel n'était pas le cas. Au début d'août, il apprit par les journaux que Cammarano venait d'expirer. Saisi d'émotion, il adressa aussitôt à la veuve du librettiste la rémunération prévue pour le livret, pourtant inachevé, augmentée d'une petite somme. Il n'avait pas oublié les difficultés financières dans lesquelles, avant de mourir, se débattait Cammarano, chargé d'une famille nombreuse. Ce fut désormais Cesare De Sanctis, un admirateur napolitain avec lequel Verdi s'était lié d'amitié à l'époque d'*Alzira*, qui servit d'intermédiaire entre le compositeur et le jeune Leone Emanuele Bardare, chargé d'achever le livret.

A travers cette difficile genèse du *Trouvère*, pour lequel il réclamait à son librettiste « toute la nouveauté et la bizzarerie du drame espagnol », le plus étrange est que Verdi revint – sans s'en plaindre et même, semble-t-il, en écrivant quelques pages de sa partition avant même d'en recevoir les paroles – à des formes opératiques plus traditionnelles que celles qu'il avait mûries à travers *Macbeth*, *Luisa Miller* et surtout *Rigoletto*, alors même qu'au début de sa correspondance avec Cammarano, dans le droit-fil de son précédent chef-d'œuvre (« J'ai conçu *Rigoletto* sans airs, sans finales, avec une suite interminable de duos »), il avait déclaré : « S'il n'y avait, dans les opéras, ni cavatines, ni duos, ni trios, ni chœurs, ni finales, etc., etc., et que l'œuvre entière fût (pour ainsi dire) un seul numéro, je trouverais cela plus raisonnable et plus juste... » Une esthétique que, sans qu'il en sache rien, Wagner avait commencé à mettre en œuvre quelques années plus tôt. Il faut bien comprendre que cette « régression » des formes adoptées pour *Le Trouvère* n'est qu'apparente. D'abord, parce que parler de « régression » sous-entendrait une notion de « progrès » musical pour le moins naïve. Ensuite, parce que Verdi se moqua toujours des théorisations et qu'il sut, chaque fois qu'il le voulut, plier les formes au dessein qu'il poursuivait. Or, si *Rigoletto* faisait preuve d'un travail de fouille sans précédent dans les pulsions tortueuses qui agitent le cœur d'un père trop tendre sous sa défroque de bouffon de cour, ouvrant ainsi un accès au naturalisme à venir (au « vérisme », disent les Italiens), *Le Trouvère* empruntait une voie radicalement différente.

Il Trovatore

En Espagne, au XVe siècle. Ire partie (« Le Duel »). Ier tableau. Dans le palais d'Aliaferia. Pour tenir éveillés ses hommes, tandis que le comte de Luna (baryton) passe la nuit sous le balcon de celle qu'il aime, jaloux d'un Trouvère qui est son rival, Ferrando (basse), capitaine des gardes, conte l'histoire du frère de Luna (*« Di due figli vivea padre beato »*), prétendument envoûté dans son berceau par une vieille gitane : on brûla la vieille, mais sa fille, Azucena (mezzo-soprano), enleva l'enfant, que son frère, l'actuel comte, recherche toujours. – IIe tableau. Au-dessus des jardins du palais, Leonora (soprano) raconte à sa suivante son amour pour Manrico le trouvère (*« Tacea la notte placida »*), qu'elle aime depuis qu'elle l'a couronné vainqueur d'un tournoi. Luna rôde dans le jardin. Entendant le Trouvère (ténor) chanter sa romance *(« Deserto sulla terra »)*, Leonora descend et, dans la nuit, prend Luna pour Manrico, puis, comprenant sa bévue, redit son amour à Manrico, qui appartient au parti d'Urgel, rival de la famille royale : Luna le provoque en duel (trio *« Di geloso amor sprezzato »*).

IIe partie (« La Gitane »). Ier tableau. Dans les monts de Biscaye, les gitans chantent en travaillant.

Près d'eux, Azucena est hantée par le souvenir du bûcher où périt sa mère, laquelle lui ordonna de la venger (chanson *« Stride la vampa »*). Quand les gitans s'en vont, Manrico demande à sa mère d'achever son récit. Azucena raconte qu'elle a enlevé l'enfant du comte, mais – laisse-t-elle échapper, l'esprit offusqué par la vision de sa mère –, ce n'est pas lui, mais son propre enfant, qu'elle a jeté dans les flammes du campement. Manrico, qui s'est toujours cru le fils d'Azucena, s'interroge alors, effrayé, sur sa propre identité. Azucena le rassure et lui affirme qu'il est son fils : ne vient-elle pas de le sauver quand il allait mourir, impitoyablement frappé dans une bataille par Luna – alors que, dans leur précédent duel, Manrico, retenu par une mystérieuse voix, avait épargné son rival (duo *« Mal reggendo all' aspro assalto »*) ? Ruiz, aide de camp de Manrico, apprend à ce dernier qu'ils ont conquis Castellor, mais que Leonora, croyant mort son bien-aimé, a résolu de prendre le voile. Malgré les supplications de sa « mère », Manrico part aussitôt la délivrer. – IIe tableau. A l'entrée d'un couvent. Luna, décidé lui aussi à enlever Leonora, chante son amour *(« Il balen del suo sorriso »)* et se dissimule. Les religieuses arrivent, suivies de Leonora, qui confirme sa décision. Surgit alors Luna, puis Manrico, qui, entouré de ses hommes, repousse le Comte et enlève Leonora.

IIIe partie (« Le Fils de la Gitane »). Ier tableau. Campement de l'armée de Luna aux abords de Castellor. Tandis que les soldats chantent la vie militaire et le prochain butin, Luna rumine son humiliation *(« In braccio al mio rival »)*. Ferrando lui amène une gitane qu'on vient d'arrêter errant aux abords du camp. Luna la soumet à un interrogatoire (duo *« Giorni poveri vivea »*) : soupçonnant qu'elle est celle qui enleva son frère, il découvre qu'elle est la mère de Manrico et la fait arrêter. – IIe tableau. Dans la citadelle de Castellor, Manrico et Leonora sont prêts à affronter l'assaut ennemi et chantent leur amour (*« Ah ! si, ben mio »*). Ruiz apprend alors à Manrico qu'au camp de Luna on apprête un bûcher pour sa mère, qui vient d'être arrêtée. Manrico s'emporte à l'idée de la libérer *(« Di quella pira »)* et tente une sortie avec ses hommes.

IVe partie (« Le Supplice »). Ier tableau. Au palais de l'Aliaferia. Dans la nuit, Leonora, regardant la prison où est enfermé Manrico, qui a été capturé par Luna, demande à ses soupirs de rejoindre son bien-aimé (air *« D'amor sull'ali rosee »*), tandis que, d'un côté, l'on entend des religieux prier *(Miserere)* et, de l'autre, Manrico chanter mélancoliquement dans son cachot. Paraît Luna, qui ordonne qu'on mette à mort Manrico et d'Azucena. Leonora se découvre alors et lui propose de se donner à lui en échange de la vie du Trouvère. Elle avale en cachette un poison, et Luna l'autorise à pénétrer dans la prison. – IIe tableau. Dans le cachot. Azucena, en proie à ses visions, cherche en vain le sommeil. Manrico la réconforte (duo *« Riposa, o madre »*) et elle s'endort. Entre Leonora, qui apprend à Manrico qu'il est libre. Le Trouvère laisse éclater son mépris en comprenant le prix de sa libération, quand Leonora lui révèle qu'elle s'est empoisonnée. Tandis qu'elle meurt, Luna paraît, comprend, et ordonne l'exécution de Manrico. Azucena, voyant le supplice de son « fils », s'écrie : « C'était ton frère ! (...) O mère, tu es vengée ! »

« ... *Le Trouvère* est unique, même parmi les œuvres de son compositeur et dans son propre pays. Cet ouvrage possède une puissance tragique, une mélancolie poignante, une vigueur impétueuse et un pathétisme à la fois intense et doux, qui ne perd jamais de sa dignité. L'intrigue est rapidement menée et parfaitement homogène quant à l'atmosphère et aux sentiments. Intellectuellement, l'œuvre est totalement dénuée d'intérêt ; d'un bout à l'autre, elle ne s'adresse qu'aux instincts et aux sens. Si jamais elle vous permettait un seul instant de penser, elle s'écroulerait dans un abîme d'absurdité, comme le jardin de Klingsor. (...) *Le Trouvère* est à prendre ou à laisser : avec lui pas question de plaisanter. Quiconque s'imagine que l'on peut représenter *Le Trouvère* sans y mettre toute la solennité tragique qui s'impose est, sur le plan de l'art romantique, un parfait imbécile. La mise en scène d'une reprise du *Trouvère* devrait être confiée à Bergson; car lui seul saurait apprécier la valeur de cette œuvre accomplie de l'instinct, et défendre son intégrité face aux incessants empiètements de l'intelligence [1]. »

Plutôt que Bergson, on aurait dit Freud ou, mieux, Groddeck, plus pédagogue et plus joueur que le théoricien viennois. Pour le reste, il fallait justement l'intelligence et la *spregiudicatezza* (absence de préjugés) d'un Bernard Shaw, « parfait wagnérien [2] », pour résumer en quelques lignes la grandeur *tragique* d'un ouvrage dont l'invraisemblance logique n'a d'égale que la fécondité mélodique avec laquelle Verdi y excite les puissances les plus irrationnelles de l'humain. Faisons justice une fois pour toutes de l'invraisemblance majeure du livret : le funèbre « lapsus » qui, avant que ne commence l'action – s'offrant donc à l'auditeur comme un souvenir archaïque –, a entraîné Azucena à jeter dans le brasier, non le fils du comte de Luna, mais son propre enfant. Seule une « psychanalyse du texte » peut permettre d'éclairer à la lumière de l'inconscient maternel cet acte manqué, apparemment incompréhensible. Pour une étude psychanalytique du rôle d'Azucena – Verdi insistait pour que Cammarano ne la peignît pas comme « folle », mais égarée, hantée, « oppressée » –, on ne peut que renvoyer au bel article d'Eloi Recoing, *Azucena, la dette et le don* [3], qui analyse avec les instruments d'aujourd'hui l'écartèlement de la Gitane entre la « dette » envers la mère (la vengeance) et l'impossible « don » envers le fils, dont Verdi faisait précisément les

1. B. Shaw, « Pastiche d'opéra par un fantôme des années 1880 », in *Ecrits sur la musique*, pp. 1348-1349.
2. On fait allusion à son plus célèbre ouvrage en matière musicale : *Le Parfait Wagnérien*.
3. In « L'Avant-Scène Opéra », n° *Le Trouvère*.

passions cardinales de son héroïne. Quant à la rivalité fraternelle et à la sanglante extravagance de l'argument dans son entier, elle n'est pas supérieure au fond mythologique de la tragédie grecque. Il n'est que de penser à l'improbabilité maximale des événements qui conduisent Œdipe vers la couche de sa mère ou à la haine des Atrides qui pousse Atrée à faire manger ses deux enfants à son frère Thyeste.

En vérité, lançant son opéra, sans ouverture ni prélude, sur le récit fabuleux de Ferrando, Verdi va entraîner le spectateur, ce rêveur éveillé, dans un véritable « roman familial » sans lui laisser le temps de saisir ce qu'il va (re)vivre. N'exagérons pas le retour de Verdi aux conventions opératiques. Lui-même s'est expliqué, dans une lettre à Cesare De Sanctis, sur la nécessité intuitive qu'il avait éprouvée à écrire le temps d'attaque du deuxième finale sur un tempo *« mosso »*, en coupant la strette habituelle prévue par Cammarano. Mais cette régression est tout de même sensible, surtout dans les airs solistes, et l'on ne peut la comprendre qu'en inscrivant l'œuvre dans cette aura légendaire à laquelle on a fait allusion. D'où cette coupe populaire de l'ouvrage, et ce recours à des formes plus conventionnelles, plus naïves : cavatine, romance, chanson, et même, dirait-on, berceuse, si l'on songe au sublime refrain de Manrico *« Riposa, o madre »*, consolant sa mère dans leur prison. *Le Trouvère* tient un peu du conte, de ces contes chevaleresques et terrifiants qu'affectionnent les enfants. De cet ouvrage, Shaw écrivait encore : « Il n'y a [là] rien que l'amour – l'amour élémentaire du petit pour sa mère et du mâle pour la femelle – avec, du début à la fin, la haine, la jalousie, la terreur et l'ombre de la mort [1]. » Oui, si l'on veut bien entendre que, face à la haine et à la terreur, face à l'« amour furieux », à la

1. « *Le Trouvère* et *Les Huguenots* », in *Ecrits sur la musique*, p. 455

démoniaque pulsion d'emprise de Luna [1] (que ne rachète pas sa médiocre romance *« Il balen del suo sorriso »*), Verdi protège ses amoureux en les enfermant dans un climat platonicien. Leur amour – « chaste foi », « chaste amour » – n'appartient pas à ce monde-ci. Derrière la visière baissée, les âmes se sont reconnues, et, dans le tourbillon des choses humaines, se sont aussitôt perdues : *« Come d'aurato sogno / fuggente immago... »*, chante Léonore. Et quand ces âmes se retrouvent, la terre, soudain, leur semble être une anticipation du « ciel ». L'amour anérotique, pour ne pas dire « sexophobique [2] » est fréquent dans le théâtre verdien, et plus généralement dans le mélodrame romantique italien. Mais ici, voyez le constant angélisme de l'écriture de Leonora (que Charles Osborne rattache au lyrisme de la Comtesse des *Noces de Figaro*), et le singulier traitement musical qu'adopte Verdi pour Manrico, dont la vocalité est non seulement marquée par une ligne chaste et sombre jusque dans la vaillance (le tempo inhabituellement lent, rarement respecté, que demande le compositeur pour la fameuse cabalette *« Di quella pira »*, en dit long sur ce point), mais surtout presque toujours dépourvue de soutien orchestral : une vocalité dénuée, dénudée, comme l'illustre l'incroyable envol *a cappella* des deux vers du récitatif-arioso *« Amor, sublime amor »* qui précède son air *« Ah, sì, ben mio »* et contamine du reste son bref et unique vrai duo avec Leonora *« L'onda dei suoni mistici »*.

Dans ce drame hallucinant, dont le décor nocturne, tantôt lunaire, tantôt embrasé, peut faire penser à Gustave Doré, mais plus encore aux encres de Victor Hugo, Verdi a naturellement versé beaucoup de lui-même.

1. Pour l'analyse du rôle de Luna, voir notre article « Littérature, démonisme et chasteté dans *Le Trouvère* ».
2. L'expression est de L. Baldacci, in *Libretti d'opera*.

Comment n'aurait-il pas tenu à la monstruosité de sa Gitane, lui qui devait se définir lui-même comme un « gitan », un exclu[1] ? Mais la mort de sa mère et les conflits avec son père n'ont certes pas été étrangers à cette singulière histoire de *fausse filiation*, où domine, comme une basse obstinée, la pulsion de mort. Pulsion destructrice, si l'on s'en tient à son versant sadique, dont Luna se fait l'emblème, mais aussi pulsion de retour à la vie intra-utérine, voire à la vie inorganique qu'illustrent autant l'impossible et chaste amour du Trouvère et de Leonora que la nostalgique « berceuse » d'Azucena au fond de sa prison. Quant à la fausse filiation, au « roman familial » que nous avons cru déceler dans le drame du *Trouvère*, on ne peut passer sous silence une lettre que Giuseppina écrivit à Verdi, à peine un mois après la création du *Trouvère*, quand le compositeur se trouvait à Venise en train de préparer la création de *La Traviata*. C'est en toute ingénuité, sans doute, mais non sans une profonde intuition que Giuseppina écrivait avec l'humour qui anime la plupart de ses lettres : « Pauvre Mage ! et dire que ton âme si haute est venue spontanément se loger dans le corps d'un Bussétan. Il faut la foi de saint Thomas pour y croire. Pour moi, j'ai toujours été persuadée que tu avais été victime de quelque échange dans ta petite enfance ! et que tu étais né de quelque douce erreur commise par deux êtres infortunés et supérieurs. » On ne saurait mieux illustrer la théorie freudienne, et notre hypothèse.

Dans la dernière phase de la genèse du *Trouvère*, qui décidément lui tenait à cœur, Verdi se battit sur trois fronts : l'achèvement du livret, le choix du théâtre – ce fut finalement l'Apollo de Rome – et les problèmes de censure inhérents à ce choix, enfin la recherche de chanteurs, qui l'entraîna dans de minutieuses enquêtes. *Le*

1. Voir notre analyse de *Rigoletto*, p. 162.

Trouvère, dont le sujet avait enchanté Vincenzo Jacovacci, l'imprésario romain, fut finalement créé le 19 janvier 1853 avec Rosina Penco (Leonora), Emila Goggi (Azucena), Carlo Baucardé (Manrico), ténor doué et vaillant mais que Verdi jugeait « *matto* » (« fou »), et Giovanni Guicciardi (Luna). Malgré la rivalité prévisible des deux *prime donne* durant les répétitions et les maux habituels de Verdi, qui le bloquaient à son hôtel, où il travaillait en même temps à *La Traviata*, la première et la seconde connurent un tel succès que le compositeur, fêté comme un dieu, retarda de deux jours son départ. *Le Trouvère* allait pour longtemps devenir l'œuvre la plus populaire et la plus internationale de Verdi. En 1856, alors qu'elle tournait déjà dans le monde entier, le compositeur signa avec l'Opéra de Paris un contrat pour une version française de l'œuvre. Cette version, qui fut créée le 12 janvier 1857, comportait naturellement un ballet (médiocre), obligé par les traditions françaises, mais aussi quelques modifications mineures dans le corps de l'ouvrage et une fin nouvelle, enrichie d'un rappel du *Miserere*, fin qui avait l'avantage de donner un peu plus de temps à Manrico pour marcher au supplice, mais désamorçait la rapidité fulgurante, chère à la dramaturgie verdienne, de la version originale.

Selon son habitude – qui peut paraître un peu cruelle, surtout quand on lit les lettres à la fois humbles, drôles et brûlantes que lui écrivait à cette époque Giuseppina –, Verdi était parti seul pour Rome, laissant sa maîtresse dans un hôtel de Livourne, où elle s'ennuyait à périr. Il la retrouva à Sant'Agata, où il arriva à la fin janvier, affligé d'un douloureux rhumatisme au bras et déjà pressé par l'échéance de la création de sa prochaine œuvre, *La Traviata,* prévue pour le début du mois de mars ! Car, si étonnant que cela puisse paraître, *La Traviata* fut conçue et en partie composée en même temps que *Le Trouvère*. S'il était encore besoin de donner quelque preuve du génie créateur de Verdi, la conception quasi simultanée de deux ouvrages aussi beaux et aussi différents suffirait à convaincre.

Si l'on en croit sa plus récente biographe [1] – mais l'hypothèse mériterait une sérieuse vérification –, Verdi, engagé par son contrat avec la Fenice, aurait à l'automne 52 entièrement fait écrire à Piave un livret (dont on ne sait rien) qu'il aurait aussitôt abandonné pour se lancer dans la réduction de *La Dame aux camélias* – roman qu'il connaissait depuis 1850 et dont, nous l'avons relaté, il avait vu à Paris l'adaptation théâtrale. La première ébauche que Piave tira du drame en cinq jours portait alors le titre d'*Amour et Mort*, ce qui, malgré l'extrême labilité des points de contact entre les deux sujets, était probalement le souvenir d'un des plus beaux poèmes de Leopardi. Contrairement à ce qu'on imagine le plus souvent, ce fut dès la réception de l'ébauche, vers la mi-février, que la direction de la Fenice écarta d'emblée l'idée de représenter en costumes contemporains l'histoire de la courtisane parisienne. Cette fois-ci, ce n'était pas la censure qui veillait, mais les conventions bourgeoises. Verdi enragea. Et son mécontentement s'accrut dans les semaines suivantes, quand il apparut qu'on ne trouverait pas, hormis Varesi, les chanteurs qu'il désirait pour son œuvre. Il sentait venir le fiasco. Quoi qu'il en soit, rentré à Busseto dans les derniers jours de janvier, il arriva à Venise le 21 février, avec une partition inachevée – et un livret qui l'était presque autant. On croit rêver. Mais les témoignages concordent sur la façon qu'avait Verdi de composer : Giuseppina déclara que Verdi « ruminait »

1. M. J. Phillips-Matz, *Giuseppe Verdi*, p. 381.

longuement ses œuvres avant de les composer « d'un seul jet ». Le compositeur lui-même insista souvent sur l'importance qu'il attachait à une composition *« di getto »* : « Pour bien écrire, il faut pouvoir écrire rapidement, *comme en une respiration* (...). Sans quoi, l'on court le risque de produire (...) un opéra dont la musique soit une sorte de mosaïque sans style et sans caractère [1]. » Et Escudier confirmera dans ses mémoires : « Comme dans la nature, la gestation [de ses œuvres] est longue, l'enfantement en est prompt. [Verdi] porte ses ouvrages des mois entiers dans sa tête et dans son cœur ; puis, l'heure arrivée, il les met au monde dans le plus court espace de temps possible. »

C'est dans cette fièvre que Verdi acheva donc *La Traviata,* tandis que Giuseppina, restée à Sant'Agata s'inquiétait un peu de la fidélité sexuelle de son amant. Les archives de la villa Verdi renferment une lettre fort éclairante à ce sujet, qui s'achève ainsi : « Adieu. J'embrasse ton cœur d'ange, qui, je l'espère, est mien pour toujours. Pour le reste de ton corps, je n'en jurerais pas (...) en particulier parce que je sais Piave se trouve à tes côtés [2]. » Le librettiste vénitien, bonhomme et dévoué, était aussi, semble-t-il, un amateur des beautés vénitiennes. Quoi qu'il en soit, assisté de Piave, toujours prêt à plier son texte aux exigences du compositeur, Verdi acheva les parties vocales, instrumenta sa partition en quelques jours (et là l'on retrouve la géniale rapidité de Mozart) et dirigea les répétitions avec inquiétude, sans cacher ses réserves. A la générale, il fit même part de son mécontentement face aux interprètes, dont certains, comme le fidèle Varesi, peu flatté, il est vrai, par le rôle de Germont, n'étaient pas moins insatis-

1. Cité par C. Gatti, *Verdi*, I, p. 203.
2. Lettre du 26 février 1853 citée par M. J. Phillips-Matz, *Giuseppe Verdi*, p. 389.

faits. Et le 6 mars 1853, en costumes du XVII*e siècle, La Traviata* vit à la fois le jour et le désastre. Si, d'après ce que l'on sait, la direction d'orchestre fut excellente et que Fanny Salvini-Donatelli, brillante vocaliste, s'attira les faveurs du public au premier acte, son embonpoint, peu propice à représenter une demi-mondaine consumée par la phtisie, suscita les risées. L'enrouement du ténor, Lodovico Graziani, et le mécontentement de Varesi ne firent qu'aggraver les choses. Ce fut, comme Verdi l'annonça aussitôt à ses amis avec un laconisme olympien, un véritable « fiasco ».

La Traviata

En 1850, à Paris et dans les environs. Ier acte. Chez Violetta (soprano), qui donne une fête, Gaston présente à la courtisane Alfredo (ténor), amoureux de la jeune femme depuis un an. Passant à table, on demande à Alfredo de chanter un couplet à boire. Celui-ci s'exécute en chantant l'amour *(« Libiamo »)*, tandis que Violetta lui répond en faisant l'éloge enivrant des plaisirs. Au moment où les invités passent dans une autre pièce pour danser, Violetta est prise d'un malaise. Alfredo reste auprès d'elle et lui déclare sa passion *(« Un dì, felice... »)*. Violetta ne lui proposant que son amitié, Alfredo s'apprête à partir. La jeune femme lui offre alors une fleur en lui demandant de la lui rapporter quand elle sera fanée : le lendemain. Il sort, suivi de peu par les autres invités. Violetta, restée seule, est ébranlée par la déclaration d'Alfredo, qu'elle entrevoit comme l'homme qu'elle attendait depuis toujours (récitatif et air *« E' strano... Ah fors' è lui »*), mais, se reprenant aussitôt, elle décide de se replonger dans les jouissances immédiates (cabalette *« Sempre libera »*), tandis qu'elle entend dans la rue Alfredo chanter sa flamme.

IIe acte. Ier tableau. Dans une maison de campagne. Alfredo évoque le bonheur dans lequel il vit depuis trois mois auprès de Violetta, qui a renoncé pour lui à son ancienne vie (*« Lunge da lei... De' miei bollenti spiriti »*). Mais il apprend par Annina, la domestique, que la jeune femme a fait vendre tous ses biens pour subvenir à leurs besoins. Honteux (cabalette *« Oh mio rimorso »*), il part pour Paris chercher de l'argent. Pendant son absence, Violetta reçoit une invitation à danser pour le soir même, qu'elle écarte aussitôt. Paraît M. Germont, père d'Alfredo, qui croit que son fils se ruine pour la courtisane. Dignement, celle-ci lui apprend que, tout au contraire, c'est elle qui vend ses biens. Impressionné, Germont lui avoue qu'il vient lui demander de renoncer à son amant : leur liaison, désormais connue, menace de briser le mariage de la sœur d'Alfredo *(« Pura siccome un angelo »)*. Face à la douleur de Violetta quand celle-ci comprend qu'on lui demande une rupture définitive *(« Non sapete quale affetto »)*, il lui fait valoir qu'elle est jeune, que l'homme est versatile, que l'ennui viendra *(« Un dì, quando le veneri... »)* : La jeune femme se résigne, en sachant qu'elle en mourra *(« Dite alla giovine »)*. Sa douleur émeut Germont. Violetta lui demande alors de l'embrasser et de révéler plus tard à Alfredo son sacrifice (duo *« Morrò ! »*). Germont parti, Violetta commence à écrire une lettre, quand paraît Alfredo, de retour de Paris. Sans que son amant puisse comprendre son émotion, elle lui redit en larmes son amour, et s'échappe. Alfredo attend son père, quand on lui remet la lettre de rupture de Violetta. Sous le choc, Alfredo tombe dans les bras de Germont, qui vient d'entrer. Celui-ci tente de le consoler (air *« Di Provenza il mar, il sol »*), mais, apercevant l'invitation à danser qu'a reçue Violetta, Alfredo court vers Paris. – IIe tableau. Dans l'hôtel particulier de Flora, où se prépare une grande fête (chœur de gitanes et chanson des masques). Les invités savent déjà que Violetta a rompu avec Alfredo et qu'elle a pris pour amant le baron Douphol. Arrive Alfredo, qui, apparemment désinvolte, s'assied à la table de jeu. Suivent Violetta et le Baron. Ce dernier provoque au jeu Alfredo, qui gagne à tous les coups. Une querelle couve entre les deux hommes, et Violetta prend à part Alfredo pour empêcher un duel. Alfredo accepte à condition que la jeune femme lui revienne. Dans un effort surhumain, Violetta refuse, affirmant qu'elle aime le Baron. Fou de douleur, Alfredo appelle toute la compagnie et insulte la femme qu'il aime en lui jetant à la figure une bourse destinée à payer ce qu'elle a dépensé pour lui. Horreur de l'assistance et indignation de Germont, qui, à peine arrivé, a vu le geste de son fils.

IIIe acte. La chambre à coucher de Violetta. La jeune femme, presque agonisante, relit la lettre dans laquelle Germont lui apprend qu'il a révélé son sacrifice à Alfredo, lequel va venir, en sa compagnie, lui demander pardon. Violetta, se sachant mourante, dit adieu au passé *(« Addio del passato »)*, tandis que dans la rue l'on entend la bacchanale du Carnaval. Surgit Annina, qui annonce l'arrivée d'Alfredo. Retrouvailles des amants (duo *« Parigi, o cara »*). Violetta tente de se lever pour aller à l'église remercier Dieu, mais elle s'écroule (cabalette *« Ah, gran Dio ! morir sì giovine »*). M. Germont, accompagné du Docteur, paraît à son tour, se reprochant le mal qu'il a causé. Violetta donne son portrait à Alfredo et lui recommande d'épouser une jeune fille : du ciel, elle veillera sur eux. Au moment où, dans une sorte de sursaut, elle croit renaître à la vie, la jeune femme expire.

Il est tentant, et partiellement justifié, de faire de *La Traviata* l'œuvre la plus autobiographique de Verdi. Comment ne pas entrevoir l'ombre de Giuseppina derrière la courtisane rachetée par l'amour et celle de Barezzi dans le père porte-parole de la Loi sociale ? (La fierté de Violetta à l'arrivée de Germont : « Je suis femme, Monsieur, / et *je suis chez moi* » rappelle tout à fait la fameuse lettre de Verdi à son beau-père.) Encore faut-il ajouter que le portrait de la Courtisane, clivée entre son rôle social et son désir enfantin d'amour, relève comme bien des personnages verdiens d'une typologie de l'exclusion. Et d'une exclusion, cette fois-ci, radicale. Dans sa détresse, Rigoletto avait au moins une fille. Violetta, elle, n'a rien – n'est rien que ce que la société lui demande d'être : un luxueux objet de consommation, un simulacre, un rôle dont il lui est interdit de sortir. Avant d'être assumé par Verdi (qui, par certains aspects de son caractère, n'était que trop bien le représentant d'une société avide [1]), le thème bourgeois de l'argent était au cœur de l'œuvre de Dumas fils. Et l'on comprend aisément que l'opéra ait pu susciter l'horreur d'un miroir jeté à la face d'une société meurtrière, avant de devenir le psychodrame où tout un chacun peut satisfaire délicieusement ses pulsions sadomasochistes. Car *La Traviata* n'est, en vérité, qu'une sorte d'office sacrificiel bâti autour d'un seul personnage. Non tant, comme on peut le lire ici ou là, par suite de la baisse de qualité musico-dramaturgique dont feraient preuve les pages dont Violetta est absente, que parce que Alfredo et Germont ne tirent leur vérité, leur humanité même, que de leur contact avec cette réalité qui se situe en deçà ou au-delà, comme on voudra, de l'économique.

Si *Rigoletto* naissait de l'expansion brutale du récitatif-arioso du baryton dans le monde *cantabile* des amoureux, et si, à l'inverse, *Le Trouvère* tirait une véritable fantasmagorie des formes les plus codifiées du mélodrame, c'est une troisième voie qu'emprunte Verdi pour écrire *La Traviata.* Les airs solistes les plus formellement construits sont en effet confiés au ténor et au baryton, qu'une tradition théâtrale, qui eut peut-être l'absolution du compositeur [2], a d'ailleurs l'habitude d'amputer de leurs cabalettes respectives (ce qui se justifie largement dans le cas de Germont, mais ce

1. Cf. par exemple la lettre de G. Strepponi à Verdi en date du 3 janvier 1853.
2. Voir G. Baldini, *Abitare la battaglia*, p. 211.

qu'on peut déplorer pour la définition du portrait d'Alfredo, si, du moins, l'on adopte un tempo qui ne transforme pas son cri de honte en cabalette héroïque). Face aux deux hommes, Violetta, pour laquelle Verdi cherchait *« una donna di prima forza »*, s'exprime à travers un discours extrêmement varié, allant de la virtuosité du soprano colorature à la véhémence de l'arioso dramatique et aux soupirs infimes de la déréliction, sans que se rompe un instant le continuum musical entre la forme ouverte mais classique (récitatif dramatique, *cantabile* en deux sections, cabalette) de son grand air au premier acte et les conquêtes de Verdi dans le champ de la déclamation chantée, souvent dialogique. Cette distribution confirme que, tout agie qu'elle est en apparence, Violetta est en quelque manière le seul acteur du drame. Mais il faut ajouter que ce miracle d'unité stylistique ne s'explique aussi que parce que Verdi, sans renoncer à ses rythmes de valse ni même, quand besoin est, à la « grande guitare » de l'orchestre, accorde à la matière instrumentale une ampleur et une fonction tout à fait nouvelles dans sa dramaturgie. On en prendra pour exemple le prélude de l'ouvrage, construit, comme on a pu l'observer depuis longtemps, de façon spéculaire, puisqu'il débute par le thème de la mort, lui enchaîne celui de l'amour et s'achève enfin par l'annonce rythmique de la fête frivole et brûlante sur laquelle s'ouvre le rideau. Un montage à l'envers, en somme, qui laisse pantois par l'intelligence dramatique et par une finesse d'écriture que le prélude du troisième acte va encore raréfier en une atmosphère que, bien des années plus tard, Arrigo Boito tentera de paraphraser ainsi : « ... Ces sons si aigus, si tristes, si frêles, comme sans corps, éthérés, malades de mort imminente. Qui aurait pu penser, avant ce prélude, que la musique avait le pouvoir de réaliser l'ambiance d'une chambre toute close dans une aube d'hiver, où l'on veille un malade ? Ce silence ! Ce silence calme et lourd, fait de sons ! l'âme de la mourante liée au corps par un infime fil de souffle [1] !... » Ajoutons que cet effet d'écho, plus que de leitmotiv, créé par les deux préludes est sensible en de multiples endroits. C'est ainsi que le fragment mélodique de l'air d'Alfredo au premier acte *« Di quel amor, quel amor ch' è palpito »* va s'inscrire en citation dans l'air de Violetta, avant que celle-ci ne l'entende répéter par Alfredo sous ses fenêtres, tandis qu'elle achève sa cabalette.

On voudrait achever ces quelques notes jetées à propos d'une des œuvres les plus célèbres et les plus analysées du répertoire par la question du livret. Dans un des ouvrages fondateurs, et toujours actuels, de ce que les Italiens appellent la *librettistica*, Luigi Baldacci [2] a montré que le langage utilisé par Piave pour transporter le drame de Dumas sur la scène lyrique était décalé, non seulement par rapport à la contemporanéité de l'ouvrage, mais au regard même de ce que le librettiste vénitien avait offert à Verdi pour *Rigoletto*. A coup sûr, il faut attribuer cette tentative d'élever littérairement la pièce à la nécessité sociale d'étouffer la charge explosive du sujet. Nous ajouterions que la rapidité chaotique avec laquelle Piave rédigea son texte participa probablement aussi à l'emploi de ce langage académique et orné qui préfère parler de « lunes » plutôt que de mois ou de « temples » plutôt que d'églises. Mais, si l'histoire de l'opéra manqua là une occasion de moderniser son medium linguistique, force est d'abord d'admettre que Verdi accepta tel quel ce matériau (et y prêta même la

1. Lettre à C. Bellaigue du 20 décembre 1910, citée par G. Baldini, *Abitare la battaglia*, p. 208.
2. *Libretti d'opera.*

Verdi dans les années 1840-1845. La pose alanguie du bras évoque encore le romantisme bellinien, tandis que le regard et la barbe « à la Mazzini » annoncent la violence du nouveau mélodrame. *Gravure. Collection Bertarelli, Milan.*

Portrait à l'huile de Giuseppina Strepponi, datant très probablement des années 1838-1842, au sommet de sa carrière. *Musée de la Scala, Milan.*

Verdi en 1859, à la tête de la délégation qui porte au roi Victor-Emmanuel les résultats du plébiscite de l'Emilie demandant son rattachement au royaume de Piémont.

Verdi à Paris dans les années 1855-1857, photographié par André Disderi, concurrent direct de Nadar, pour lequel posa également le compositeur.
Musée international de photographie, George Eastman House, Rochester, N. Y.

Portrait de Teresa Stolz, dernier amour de Verdi et l'une de ses plus grandes interprètes, dans les années 1870. *Musée de la Scala, Milan.*

Verdi dirigeant *Aïda* à l'Opéra de Paris. *Gravure d'A. Marie. Collection Bertarelli, Milan.*

Représentation imaginaire, due à E. Ximenes, de la collaboration entre Verdi et Boito à Sant'Agata. A cette époque, Boito était en réalité beaucoup plus âgé qu'il ne le paraît ici.
Gravure extraite de « L'illustrazione italiana », 1887.

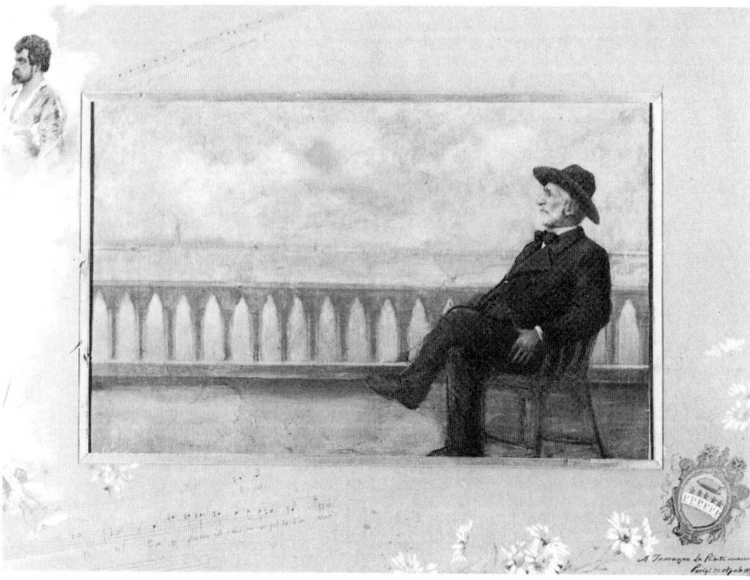

Verdi devant la mer à Venise.
Ce pastel fut dédicacé par le compositeur à Tamagno en 1894.
On distingue, à gauche, une citation de l'acte II d'*Otello :*
« Ora e per sempre addio, sante memorie ».
Pastel, Musée de La Scala, Milan.

Verdi à Sant'Agata en 1900. On reconnaît assise à gauche Maria Verdi Carrara, fille adoptive du compositeur, et debout à gauche Teresa Stolz. Le troisième personnage debout, en partant de la gauche, est l'éditeur Giulio Ricordi. *(B.N.P.)*

Verdi se reposant dans le parc de Sant'Agata.
Archives historiques Ricordi, Milan.

Verdi, dans les dernières années de sa vie,
passant devant la Scala en lisant son journal.
Conservatoire G. Verdi, Milan.

main [1]) : il avait peu de temps, sans doute, mais, à ce stade de son évolution, il n'aurait certes pas sacrifié son esthétique à la paresse de Piave. Disons ensuite que, si l'opéra est par excellence le modèle du rite laïque en Occident, le « réalisme » du texte n'a aucune importance, puisque chanter un drame est déjà le comble de la convention. Ajoutons enfin que, dans la forme musicale que lui a donnée Verdi, ce langage qui sent l'école et la naphtaline s'est inscrit dans la mémoire de plusieurs générations sous la forme d'emblèmes et presque d'universaux de la sensibilité européenne (qu'on pense seulement à *« Croce e delizia »*). Même chez Verdi, presque plus homme de théâtre que musicien, la puissance infraverbale de la musique brûle son plomb linguistique pour le transmuter en or.

Violetta a beau appartenir à la grande lignée des exclus du théâtre verdien, *La Traviata* semble échapper, comme une sorte d'*unicum*, à cette espèce de mythologie spontanée dont nous avons suivi, et suivrons encore, les principaux reliefs à travers la production du compositeur. Elle n'échappe pas en revanche à la chanson désespérée du pessimisme de Verdi, « poète de la marge et du mystère [2] ». En vérité, si Germont lui-même, bourreau de la marginale, s'émeut devant la grandeur et la pureté de Violetta, c'est que la société même qu'il représente n'est que la production d'une *autre* machine, une machine à broyer la vie. Alors, oui, *La Traviata* est un opéra métaphysique.

Deux ou trois voix, parmi lesquelles on comptait celle du Dr Vigna, célèbre aliéniste et mélomane averti, s'étaient bien élevées dans la presse pour défendre le dernier ouvrage de Verdi, et, dès la troisième représen-

1. Voir p. 119.
2. D. Fernandez, *Le Voyage d'Italie*, p. 638.

tation, on observa une légère amélioration dans la réception de l'opéra – qui, profitons-en pour le préciser, fut joué en costumes du XVIIe jusqu'au tournant du siècle. Mais le vrai lancement de *La Traviata* ne se produisit qu'un an plus tard, au théâtre San Benedetto, à Venise même. Belle revanche, due non seulement à une distribution idéale (Maria Spezia, Francesco Landi et Filippo Coletti), mais également au zèle de Piave, qui avait étroitement supervisé les répétitions. Ce succès, tardif mais fracassant (« un délire »), le compositeur en reçut la nouvelle à Paris, où il s'apprêtait à une tout autre aventure.

CHAPITRE VIII

Explorations

Lorsqu'il allait créer une nouvelle œuvre à Venise ou à Rome, pourquoi Verdi condamnait-il Giuseppina à ce qu'elle nommait elle-même un « système *cellulaire* », la laissant seule à Livourne, lors de la création de *Rigoletto*, ou à Sant'Agata, quand il mettait en scène *La Traviata* ? S'obstinait-il à ne pas vouloir afficher une liaison qu'il avait tant de mal à officialiser (ils ne se marieront, secrètement, qu'en 1859) ? Avait-il besoin de solitude pour affronter l'achèvement d'une œuvre, les répétitions et l'épreuve de la première ? Ou, comme Giuseppina le redoutait, ainsi que nous l'avons dit dans le précédent chapitre, désirait-il préserver sa liberté sexuelle, que favorisait le « zèle érotique » de Piave ? Quelle que soit la réponse, dont nous ne serons jamais sûr, il donna ainsi l'occasion à sa maîtresse de lui écrire quelques-unes de ses plus belles lettres. Giuseppina était affligée de pénibles maux hépathiques, mais, malgré son humour, elle souffrait surtout de ces séparations : « Mon cher Verdi, je t'avoue ma faiblesse, mais cette séparation m'a été plus douloureuse que toute autre. Sans toi, je suis un corps sans âme. Je suis (et je crois qu'il en est de même pour toi) différente de tant d'autres qui ont besoin de fréquentes séparations pour raviver leur passion. Moi, je resterais avec toi des années et des années durant sans connaître l'ennui ni la satiété... » (Livourne, 3 janvier 1853). Mais les plaintes qu'elle adressait à son « tyran de Syracuse » s'accompagnaient d'une profonde culpabilité à l'égard de sa propre existence et d'une immense indulgence pour Verdi : « Nous n'aurons pas d'enfants (puisque Dieu me punit de mes péchés en voulant que je ne jouisse, avant de mourir, d'aucune joie légitime) » *(ibidem)*, et encore : « Ecoute, mon cher Mage. Je n'ai rien au monde qui me console, excepté *Toi* ! Je t'aime (et peut-être est-ce un mal) au-dessus de tout et de tout le monde ! Pour grandes et nombreuses et constantes que soient mes douleurs, ton amour est un tel bonheur pour moi qu'il suffit à me donner du courage pour supporter toutes les amertumes qui me tourmentent. Si donc parfois quelque geste, quelque mot, quelque faute te déplaît en moi, pardonne-moi en pensant à tout ce qu'il y a de tristesse et d'infortune dans mon existence » (Florence, 12 janvier 1853). Quelques années plus tard, alors que Verdi, sur un coup de tête, était parti pour Gênes avec Angelo Mariani, laissant Giuseppina assez mal en point dans l'hiver de Sant'Agata, elle lui écrivait encore : « Le talisman qui me fascine et que j'adore en toi, c'est ton caractère, ton cœur, ton indulgence pour les erreurs des autres, alors que tu es si sévère envers toi-même. Ta charité pleine de pudeur et de mystère – ton altière indépendance et ta simplicité d'enfant, qualités propres à cette nature qui a su conserver une sauvage virginité d'idées et de sentiments au milieu du cloaque humain ! » Lignes précieuses qui adoucissent le rude portrait de l'« ours » de Sant'Agata. Malgré le soin sourcilleux que Verdi mettait à préserver sa liberté, on ne peut douter de l'amour qui l'unit à Giuseppina.

Du reste, c'est en sa compagnie qu'il partit pour Paris en octobre 1853 pour le plus long séjour qu'il devait effectuer dans la capitale française. Mais, avant cette nouvelle étape, Verdi, de retour à Sant'Agata, avait repris en main le dossier du *Roi Lear*, avec un nouveau collaborateur, Antonio Somma, avocat de formation et bon versificateur, qui avait codirigé le Grand Théâtre de Trieste et pris ardemment parti pour Verdi dans « La Favilla ». Sur la base du synopsis établi en 1850 avec Cammarano, une correspondance précise et touffue permit aux deux hommes d'élaborer en un an un livret presque définitif, que Verdi écarta provisoirement en 1854. Mais, l'année suivante, toujours à Paris, le compositeur reprenait la plume avec non moins d'enthousiasme et de précision (il semble même qu'il ait alors jeté sur le papier quelques esquisses musicales), dans une correspondance qui montre notamment que le personnage d'Edmondo se transformait peu à peu pour lui en une sorte de Jago *ante litteram*, ce qui est une première réfutation de tous les commentateurs qui veulent voir dans ce dernier personnage une pure création que Boito aurait imposée à un Verdi vieillissant [1]. Nous aurons l'occasion de revenir sur ce point. Mais enfin, tout avancé qu'il était dans ce travail qui le passionnait, Verdi repoussa encore l'échéance sous le prétexte qu'on ne trouverait pas les chanteurs qu'il souhaitait à la Fenice, où il avait pensé créer l'ouvrage. Il repensa au *Roi Lear* l'année suivante pour le San Carlo, où Vincenzo Torelli, secrétaire du théâtre, le sollicitait de monter une nouvelle œuvre ; mais le projet échoua. Il serait naïf de croire comme

1. La passionnante correspondance entre Verdi et Somma est en grande partie fournie par F. Abbiati, *Giuseppe Verdi*, II, p. 319 et suiv., mais, pour plus de détails, on verra *Re Lear e Ballo in maschera. Lettere di G. Verdi ad Antonio Somma.*

certains que cet échec fut seulement causé par l'impossibilité d'engager, pour le rôle de Cordelia, Maria Piccolomini, cantatrice issue d'une noble famille italienne qui avait jadis régné sur Sienne et donné à l'Eglise un grand pape humaniste [1]. La Piccolomini allait divinement chanter *La Traviata* à Paris. Elle avait vingt-deux ans, sa voix était plutôt petite, mais elle pouvait se prévaloir d'un grand talent vocal et dramatique, doublé d'un physique gracile et très gracieux. Cependant Verdi pensait aussi à la « jeune Spezia », qui avait chanté Violetta lors du triomphe au San Benedetto, ou encore à Virginia Boccabadati. Mais c'est surtout le baryton qui posait problème, car Verdi voulait un « artiste » de la taille du grand Ronconi. Cette recherche de chanteurs pour la création du *Roi Lear* à Naples dura plusieurs mois, mais sans aboutir. On a longtemps glosé sur les tergiversations de Verdi autour de ce *Roi Lear*, puisque le projet refera sporadiquement surface, tergiversations qui peuvent s'interpréter comme un « évitement » face à l'angoisse d'un argument, effleuré dans *Rigoletto*, qui aurait conduit Verdi aux limites de ce qu'il pouvait exprimer de lui-même. C'est du moins ce que confirme la mystérieuse réponse qu'il donna, paraît-il, à Mascagni en 1900, lorsque celui-ci lui demanda pourquoi il n'avait jamais mis en musique *Le Roi Lear* : « Verdi ferma les yeux un instant, peut-être pour se souvenir, peut-être pour oublier. Puis, doucement, lentement, il me répondit : " La scène dans laquelle le roi Lear se retrouve face à la forêt m'effraya. " [2] » Réponse d'autant plus mystérieuse que, dans le drame anglais, aucune scène ne représente Lear face à une forêt ! Peut-être l'erreur vient-elle de Mascagni, qui rédigeait ses souvenirs trente ans plus

1. Silvio Enea Piccolomini, pape sous le nom de Pie II.
2. Cité par M. Conati, *Interviste e incontri con Verdi*, p. 303.

tard – ou bien Verdi, alors âgé de quatre-vingt-sept ans, fut-il victime d'un lapsus, exprimant directement un fantasme et/ou confondant la lande du *Roi Lear* avec la forêt de Birnam de *Macbeth*.

Mais, en 1853, humilié de nouveau par ses concitoyens, qui venaient de refuser pour la seconde fois le poste de maître de chapelle de Busseto à Emanuele Muzio, et méditant son *Roi Lear*, Verdi projetait d'aller se reposer secrètement à Naples en compagnie de Giuseppina, quand la force des événements – sinon du destin – le contraignit à faire ses malles pour Paris. L'année précédente, il avait signé avec Nestor Roqueplan un contrat qui l'engageait à écrire une œuvre pour l'Opéra de Paris, rebaptisé, depuis l'avènement de Napoléon III, Académie Impériale de Musique. Le projet remontait à 1850, mais Roqueplan n'avait pas alors pris la peine de lui écrire en personne, et avait commis Gustave Vaëz et Alphonse Royer pour proposer au compositeur un *Don Carlos* – projet qui n'aboutira que dix-sept ans plus tard. Verdi, toujours susceptible, avait répondu : « Si Roqueplan désire s'entendre avec moi (...), qu'il m'écrive directement. » Et puis, à l'époque, il manquait de temps. Ce n'était plus le cas en 1853, et, à coup sûr, la tentation fut puissante d'écrire pour la plus grande scène européenne, malgré les anxiétés et les réserves que ce projet suscitaient chez Verdi. Certes, il avait été fait chevalier de la Légion d'honneur en 1852 (un geste de l'italophile et ex-carbonaro Louis-Napoléon Bonaparte), mais il savait combien Paris pouvait être hostile à sa musique et que la dramaturgie du « grand-opéra » – cinq actes en français avec ballet obligé – correspondait mal à sa propre esthétique : « Si quelque circonstance imprévue ne vient pas me sauver, il faudra que je compose un opéra en français », écrivit-il à Piave. Aussi avait-il tenté par deux fois de rompre ce contrat, mais sans succès. Les deux années qu'il va passer à Paris (il ne se doute certes pas que ce séjour sera si long) seront marquées par cette cruelle ambivalence : envie secrète de rivaliser avec l'affreux Meyerbeer, « la momie », « ton ennemi Meyerbeer », comme le nommait Giuseppina, et crainte d'un échec face au prétendu « bon goût » parisien.

Partis de Sant'Agata le 15 octobre 1853, Verdi et Giuseppina s'installèrent quelques jours plus tard au n° 4 de la rue Richer, à l'angle – ironie du sort – de l'actuelle rue Ambroise-Thomas, l'aimable auteur d'un bien pauvre *Hamlet*, dont la création en 1868 suggérera significativement à Verdi ces mots adressés à Escudier : « Comment marche l'*Hamlet* ? Est-il vrai que s'y intercalent deux Ballets ? *Hamlet* et des *ballets* ! ! Quelle discordance ! Pauvre Shakespeare [1] ! » Il paraît que, très vite, Verdi rendit visite à Berlioz (qui mourra seize ans plus tard rue de Calais, non loin de la place Clichy). On oublie trop souvent que le contempteur hargneux de l'italianisme musical, dont le fanatisme n'épargnait pas les vocalises de la Donna Anna de Mozart, sera, comme on le verra un peu plus avant, l'un des rares défenseurs parisiens de Verdi. Et c'est du petit quartier général de la rue Richer que le maestro, blasphémant contre la brume et le froid, « le crâne serré dans un bonnet de fer », et désespéré d'avoir dû abandonner le soleil de Naples et les parodies en dialecte qu'on y donnait de ses dernières œuvres, se mit à attendre que « la montagne scribesque accouche de la souris de son livret » (F. Abbiati). Le fauteur du livret des *Vêpres siciliennes* devait être en effet l'inépuisable Scribe, habile fabricateur de près de quatre cents ouvrages

1. Verdi amplifiera sa critique après la lecture du livret, voir les lettres à Escudier et à Du Locle du 12 et 14 mars 1868.

dramatiques, qui, face à la demande (il était l'auteur des livrets des plus célèbres opéras français de l'époque : *La Favorite* de Donizetti, *Robert le Diable, Les Huguenots*, *Le Prophète* et *L'Etoile du Nord* de Meyerbeer, *La Muette de Portici* d'Auber, *La Juive* d'Halévy, etc.), avait fini par s'entourer d'une cour de nègres-satellites. Après avoir refusé deux sujets, *Les Circassiens*, puis *Valska*, Verdi avait accepté *Les Vêpres* – sans prendre peut-être toute la mesure du danger qu'il y avait à représenter à Paris un opéra dont le sujet était, en fin de compte, le massacre des occupants français par les Siciliens en 1282. Malgré les dénégations du librettiste français, le compositeur ne savait peut-être pas non plus que, pour écrire ces *Vêpres*, Scribe, changeant de temps et de lieu, et non sans s'inspirer ici ou là des *Vêpres siciliennes* de Casimir Delavigne, lui resservait le livret d'un *Duc d'Albe* qu'il avait écrit pour Donizetti quinze ans plus tôt, en collaboration avec Charles Duveyrier.

Cette fois-ci, Verdi souffrait de Paris. Souffrait du climat, souffrait de la foule, des intrigues et des mondanités, qu'il fuyait pourtant avec le plus grand soin. Il réussit même à décliner une invitation de l'empereur. Comme le bruit courait qu'il voulait « s'enraciner » définitivement en France, il écrivit à Clarina Maffei : « *M'enraciner* ! C'est impossible ! Et pourquoi du reste ? Dans quel dessein ? Pour la gloire ? Je n'y crois point. Pour l'argent ? J'en gagne autant et peut-être plus en Italie. Et puis (...) j'aime trop mon désert et mon ciel », et il poursuivait en citant le méprisant cliché qu'Alexandre Dumas avait donné des mœurs musicales à Paris : « Quel malheur que Rossini n'ait pas donné ses chefs-d'œuvre en 1854 ! Il est vrai que Rossini n'a jamais eu cette vivacité allemande [entendez celle de Meyerbeer] qui sait faire bouillir six mois à l'avance un succès dans la chaudière des journaux, et prépare ainsi l'explosion d'intelligence du premier soir. »

Agacé par la lenteur de Scribe, puis, une fois le livret remis, par la médiocrité du drame et la difficulté de le retoucher, Verdi pensait toujours au *Roi Lear* et se préoccupait davantage d'acquérir des terres jouxtant ses possessions de Sant'Agata. Entre la rue Richer et quelques séjours semi-campagnards à Mandres (près de Brunoy) ou à Enghien, où il prenait les eaux, il dut tout de même penser à sa partition. Il se fit envoyer par Cesare De Sanctis des informations sur les fêtes et musiques populaires de Sicile. Mais l'ouvrage n'avançait qu'à grand-peine, d'autant plus que Verdi devait arracher à Scribe les modifications qu'il souhaitait – et sans y parvenir vraiment. Il se désolait surtout de la structure convenue et monotone du drame. Bref, lorsqu'on passa aux premières répétitions au piano, les choses se présentaient mal. Au même moment, la soprano Sophie Cruvelli, qui devait chanter *Les Huguenots* tout en répétant *Les Vêpres*, disparut de Paris. La Cruvelli, de son vraie nom Sophie Crüwell, était une chanteuse imposante, mais aussi capricieuse (« *matta* », disait Verdi) que virtuose. Visant un mariage aristocratique, comme nombre de ses consœurs (on passait alors aisément de la scène aux calèches armoriées), elle s'était enfuie sur la Côte d'Azur avec son amant, le baron Vigier, qu'elle épousera peu de temps plus tard. C'était l'occasion idéale pour Verdi de résilier son contrat. Exposant tous ses désagréments dans un français encore un peu incertain, il écrivit dans ce sens à François-Louis Crosnier, remplaçant de Roqueplan, lequel avait été démissionné à la suite du scandale causé par la fugue de la Cruvelli :

« C'est en même temps désolant et humiliant pour moi que M. Scribe ne se donne la peine de remédier à ce cinquième acte, que tout le monde s'accorde à trouver sans intérêt. Je n'ignore pas que M. Scribe a mille autres choses à faire, qui peut-être lui tiennent plus à cœur que mon opéra ! mais si j'avais pu soupçonner en lui cette souveraine indifférence, je serais resté dans mon pays, où, à la vérité, je ne m'y trouvais pas trop mal ! / J'espérais que M. Scribe (...) aurait trouvé pour finir le drame un de ces morceaux émouvants qui arrachent les larmes (...). / J'espérais que M. Scribe aurait eu la complaisance de paraître de temps en temps aux répétitions pour parer à certains inconvénients de mots, de vers difficiles ou durs à chanter (...). / Enfin je comptais que M. Scribe, comme il me l'avait promis depuis le commencement, aurait changé tout ce qui attaque l'honneur des Italiens. – Plus je réfléchis à ce sujet, plus je suis persuadé qu'il est périlleux. Il blesse les Français, puisqu'ils sont massacrés ; il blesse les Italiens, parce que M. Scribe altérant le caractère historique de Procida, en a fait (selon son système favori) un conspirateur commun mettant dans sa main l'inévitable poignard [1]... »

Mais, la Cruvelli ayant reparu (elle chanta si bien *Les Huguenots* que le public lui pardonna aussitôt sa fugue), et Crosnier s'obstinant à refuser la résiliation du contrat, Verdi dut s'incliner. Non sans claquer une ou deux fois la porte de l'Opéra, exaspéré par la mauvaise volonté de l'orchestre, les caprices de la soprano, et les réflexions sur son compte qui circulaient en coulisses – ce dont il se plaignait avec dignité à la fin de la lettre que nous venons de citer : « Ici ou là, j'entends des paroles, des réflexions qui, si elles ne sont pas véritablement blessantes, se trouvent à tout le moins déplacées. Je n'y suis pas accoutumé et je ne puis les

1. Lettre du 3 janvier 1855. Nous avons corrigé l'orthographe un peu incertaine de Verdi, mais sans toucher à sa syntaxe.

tolérer... » Ces petites humiliations étaient bien réelles, et, quinze ans plus tard, Verdi en rappellera les termes exacts dans une lettre à Camille Du Locle : « Si par exemple je me présente dans le *foyer*[1] d'un théâtre italien, personne n'ose émettre une opinion, un jugement, avant d'avoir bien compris, et jamais personne ne se risque à des questions hors de propos. On respecte l'œuvre et l'auteur, et l'on laisse décider le public. Au *Foyer* de l'Opéra [de Paris], au contraire, après quatre accords, on murmure de partout *holà ce n'est pas bon... c'est commun... ce n'est pas de bon goût... Ça n'ira pas à Paris!* Que signifient donc ces pauvres mots de *commun...* de *bon goût...* de *Paris...* si l'on se trouve devant une vraie œuvre d'art qui doit être universelle ! » Ne doutons donc pas des tourments que dut endurer Verdi jusqu'à la création. Quelques jours avant la première, Berlioz écrivait : « Verdi est (...) aux prises avec tous les gens de l'Opéra. Il leur a fait hier une scène terrible à la répétition générale. Le pauvre homme me fait mal; je me mets à sa place. »

La création des *Vêpres siciliennes* eut enfin lieu le 13 juin 1855, dans le cadre des manifestations de l'Exposition universelle (dans la presse, le chauvinisme français s'en offusqua), devant un public dont l'enthousiasme était en partie dû à la présence de nombreux Italiens venus expressément de Lombardie et du Piémont. Il est vrai que Victor-Emmanuel avait alors expédié en Crimée un contingent pour appuyer l'intervention française, et le climat était à l'entente franco-italienne. Outre la Cruvelli, la distribution comprenait Louis Geymard en Arrigo, le baryton Bonnehée en Monfort et Louis-Henri Obin en Procida. Curieusement la presse parisienne se montra favorable, en pimentant tout de même ses recensions d'un zeste de

1. Tous les passages en italique sont en français dans le texte.

condescendance pour la façon dont Verdi avait su conformer sa musique « à la nature du génie français », et les attaques principales vinrent de trois Italiens, dont un certain Fiorentino della Rovere, qui, élevé à l'école morale de Meyerbeer, avait l'habitude déclarée de se faire payer ses faveurs journalistiques – ce qui n'était vraiment pas dans les habitudes de Verdi, souverainement méprisant à l'égard de la critique et des manigances. Berlioz écrivait au secrétaire de Lizst : « Je vous remercie des nouvelles brillantes que vous me donnez de la 1re Représentation des *Vêpres*; mais je suis désolé de n'avoir pu être témoin de ce succès si cruellement acheté par l'Auteur, au prix de tant de tracas, d'inquiétudes et de luttes indignes de lui contre des misérabilités (pour parler comme les Anglais). Enfin voilà Verdi hors du guêpier [1]... »

I Vespri siciliani

Une remarque s'impose avant d'analyser *Les Vêpres siciliennes.* Malgré l'indéniable succès de sa création (on en donna cinquante représentations), la version française des *Vêpres* a disparu des scènes et de la discographie. C'est donc à la version italienne, d'abord traduite sous d'autres titres *(Giovanna di Braganza, Giovanna di Guzman,* et même *Batilda di Turenna)*, puis restituée dès l'Indépendance italienne sous son titre actuel – qui est du reste un gallicisme, car l'italien dit « *il vespro* » et non « les vêpres » – que l'on s'attachera ici.

1. Lettre à Belloni, Londres, 16 juin 1855.

A Palerme et dans les environs, en 1282. Ier acte. Sur la grand-place, tandis que les soldats français boivent sous l'œil mauvais des Siciliens, passe la duchesse Elena (soprano), portant le deuil de son frère mis à mort. Un officier français, ivre, la contraint à chanter. Ce qu'elle fait, mais sous forme de parabole, en excitant les Siciliens à la révolte (cavatine *« Deh! tu calma, o Dio possente »*). Les Siciliens frémissent, mais paraît Monforte (baryton), le Gouverneur français, qui leur enjoint de se disperser. Survient alors Arrigo (ténor), un jeune Sicilien, qui vient d'être libéré. Aux questions de Monforte, il se déclare orphelin et proclame son patriotisme (duo). Admirant son courage, Monforte lui propose de passer au service des Français. Refus altier d'Arrigo, qui, malgré l'interdiction du Gouverneur, pénètre dans le palais d'Elena.

IIe acte. Sur le rivage, non loin de la ville. Giovanni da Procida (basse), de retour d'exil, salue sa patrie (air *« O tu, Palermo »*) et fait venir Elena et Arrigo, ses alliés dans le projet de libérer la Sicile. Elena suggère de pousser les Français à enlever des femmes pour réveiller l'honneur des Siciliens. Arrigo déclare son amour à la jeune femme et lui promet de venger la mort de son frère (duo). Un envoyé de Monforte oblige Arrigo à se rendre au palais, tandis que des couples de fiancés descendent des collines. Procida excite les Français à enlever les Siciliennes, et les Siciliens à se venger, quand débarquent des gentilshommes et des dames se rendant au bal que donne Monforte (barcarolle). Procida décide de se glisser parmi eux pour assassiner le Gouverneur.

IIIe acte. Dans son palais, Monforte, seul, lit la lettre d'une femme qu'il avait jadis séduite et abandonnée, et apprend ainsi qu'Arrigo est son fils. Il évoque alors la vacuité de son cœur et son désir d'être aimé d'Arrigo (air *« In braccio alle dovizie »*). Celui-ci, qui s'étonne des soudains égards qu'on a pour lui, est atterré par la découverte de sa filiation : Monforte est son ennemi, et l'ennemi d'Elena, qu'il aime (duo). Il repousse l'affection de Monforte. Mais la fête commence; le Gouverneur s'y joint *(Ballet des Quatre*

Saisons). Cependant, au milieu des masques, se sont dissimulés des conspirateurs siciliens, parmi lesquels Procida et Elena. Quand Arrigo apprend qu'ils projettent d'assassiner Monforte, il s'émeut et s'interpose, entraînant l'arrestation de ses amis. Horreur de ceux-ci et désespoir d'Arrigo (sextuor *« Colpo orrendo, inaspettato »*).

IVe acte. Dans la forteresse, Arrigo, muni d'un laissez-passer, vient rendre visite aux prisonniers (air *« Giorno di pianto »*). Il révèle à Elena la vérité sur sa naissance : ayant sauvé la vie de son père, il lui a rendu ce qu'il lui doit et peut reprendre sa place parmi les conspirateurs. Elena lui avoue son amour (grand duo). Procida arrive à son tour, mais n'a pas le temps d'entendre les justifications d'Arrigo, car Monforte apparaît, commandant l'exécution des deux prisonniers (quatuor). Arrigo, désespéré, tente d'attendrir son père, mais celui-ci lui propose de sauver la vie des deux condamnés à la condition qu'il le reconnaisse pour père. Arrigo n'a pas d'autre solution pour sauver Elena et Procida. Aussitôt Monforte gracie les condamnés et, par calcul politique, décide d'unir Elena et Arrigo. Procida pousse à ce mariage, qui peut servir ses projets. Joie de Monforte et des deux fiancés.

V^e^ acte. Dans les jardins du palais, Elena chante son bonheur d'épouser Arrigo (sicilienne *« Mercè, dilette amiche »*), et celui-ci fait de même *(« La brezza aleggia intorno »)*. Procida avoue alors à Elena que la sonnerie de cloches du mariage marquera le signal du massacre des Français. Elena, désespérée, tente de rompre son mariage avec Arrigo, lequel la traite d'infidèle. Mais Monforte arrive et unit publiquement les fiancés. Les cloches se mettent à sonner, et les Siciliens se jettent alors sur les Français dans un massacre général.

On a coutume de déplorer dans *Les Vêpres* une « régression », sinon stylistique, du moins compositionnelle, qui expliquerait, partiellement au moins, les faiblesses de cette grande machine opératique après l'intimisme que Verdi avait exploré dans *Rigoletto* et *La Traviata.* Or il suffit de penser au climat héroïque du *Trouvère* et aux futurs développements de l'art verdien *(Simon Boccanegra, La Force du destin, Don Carlos, Aida)* pour comprendre que ce n'est pas tant l'ampleur ou le sujet du drame que sa forme qui a desservi le compositeur au point que *Les Vêpres* puissent être aujourd'hui encore l'œuvre la moins représentée de la maturité de Verdi. Et qu'à l'audition l'on souffre même de ce livret verbeux, interminable (« Un opéra pour l'Opéra, c'est une fatigue à tuer un taureau. Cinq heures de musique ? Ouf ! » déclarait lui-même le compositeur), et dont le cinquième acte est véritablement calamiteux, comme ne le voyait que trop bien Verdi, qui s'en débarrassa en jetant en pâture aux Parisiens un air pyrotechnique comme il n'en avait jamais écrit (la fameuse « Sicilienne » d'Elena, qui est en réalité un boléro), suivi d'une douceâtre mélodie pour le ténor, avant de boucler en quelques mesures fracassantes le massacre des maudits Français. Si bien que, dans une œuvre par ailleurs écrite avec un incomparable soin et une recherche de nouvelles couleurs instrumentales, à laquelle Berlioz, maître en la matière, fut sensible, évoquant « la variété somptueuse, la sobriété savante de l'instrumentation », il ne reste plus qu'à « anthologiser » ce qui relève du génie proprement verdien, dépouillé des empâtements et des longueurs du grand-opéra français : l'ouverture (que Toscanini dirigeait si merveilleusement en concert) ; l'air de Monforte *« In braccio alle dovizie »* (avec, si l'on veut, le duo qui lui fait suite), qui enrichit d'impressionnante façon la série de ces souverains-pères clivés, en peignant ici, sous la cuirasse du tyran, non plus la tendresse de Foscari ou de Rigoletto, mais le vide affectif du mélancolique : comme une ébauche de la problématique du Philippe II de *Don Carlos* ; le prélude, l'air et le grand duo du quatrième acte, où s'observent modulations imprévues et chromatismes propres à développer la scène à travers de nombreuses variations affectives (même si la cabalette finale déçoit franchement d'un point de vue mélodique) ; enfin le finale du même acte, avec la très verdienne clarté psychologique de son quatuor, qu'approfondit spatialement, comme dans *Le Trouvère*, le « *De profundis* » du chœur en coulisses. Quant au Ballet des Quatre Saisons – dont la chorégraphie fut assurée à Paris par Lucien Petipa, frère de Marius –, on le tient habituellement pour le meilleur morceau de ce genre qu'ait écrit Verdi, lequel y déploie en effet une grande variété rythmique et surtout une palette instrumentale piquante ou poétique, souvent audacieuse. Mais ces pages nous paraissent aujourd'hui d'une telle incongruité dans le déroulement dramatique (et lorsque le public de Padoue les bouda en 1856, Verdi déclara du reste qu'on n'avait qu'à les « omettre ») qu'elles ne sont appréciables que retirées de leur contexte. Ce qui ne sera pas le cas des *ballabili* qu'écrira le compositeur pour sa version parisienne de *Macbeth*. Nous y reviendrons.

Alors, *Les Vêpres* ? Laissons à Berlioz, si rarement indulgent pour ses contemporains, le soin de défendre cette partition inégale dans laquelle il voyait « une empreinte de grandeur, une sorte de majesté souveraine plus marquée que dans les productions précédentes [du compositeur italien] ».

Verdi ne rentra à Sant'Agata qu'en décembre 1855, épuisé par la composition des *Vêpres* et toujours en proie à ces maux d'estomac qui le tenaillaient à chaque nouvelle œuvre, et qui, cette fois-ci, semblaient ne pas vouloir le lâcher. Durant son séjour à Paris, il avait dû, parallèlement à la composition du « grand-opéra », se rendre deux fois à Londres pour défendre ses droits d'auteur : les œuvres n'étant protégées sur le sol anglais que dans le cadre de traités bilatéraux, on conseilla au compositeur de prendre la nationalité anglaise, française ou piémontaise. Il répondit qu'il voulait rester ce qu'il était : « un paysan des Roncole » (toujours la légende) et s'employa à faire signer un traité entre le duché de Parme et l'Angleterre ! Toujours à Paris, lassé des mauvais traitements qu'on infligeait à l'interprétation de ses œuvres, il avait dû diriger une production du *Trovatore* au Théâtre des Italiens, où un Espagnol du nom de Torribio Calzado piratait ses œuvres, dont les droits en France appartenaient pourtant à Escudier. (Verdi finira même par lui faire un procès, mais sera débouté.) L'extraordinaire succès de cette production du *Trovatore* ne fut certes pas indifférente au désir que manifesta l'Académie Impériale de Musique de monter une traduction du *Trouvère*, dont on a déjà dit qu'elle fut créée en 1857 (le 12 janvier).

En attendant, replié dans ses terres, Verdi veillait à la diffusion de ses œuvres sur le sol italien. En octobre 55, il s'était querellé avec Ricordi, laissant échapper un bref mais éclairant aveu sur lui-même et sur le système commercial qui régissait l'opéra : « ... je n'ai jamais été considéré [par les imprésarios et les éditeurs] que comme un objet, un instrument dont il faut se servir tant qu'il produit ». Donc il se défendait, et avec la vigueur qu'on imagine. Il acheta aussi, en s'endettant un peu, d'immenses domaines autour de Sant'Agata, qui firent de lui le plus important propriétaire de la région. Enfin, honneur insigne, il fut fait chevalier de Saint-Maurice et Saint-Lazare, le plus ancien et le plus illustre ordre de Savoie et Piémont-Sardaigne. Il se moqua toujours des titres et des croix (qui s'accumulèrent pourtant), mais, en attendant, le maestro s'était mué en *cavaliere.* Ses remerciements à Cavour, alors engagé dans une politique anticléricale qui lui valut la sympathie des libéraux italiens, laissent entendre que, par réalisme, il était en train de quitter son républicanisme pour se rallier à la solution piémontaise.

Quant à de nouvelles œuvres, il s'était solennellement engagé à ne plus en écrire pour quelque échéance que ce soit. En revanche, il invita Piave à Sant'Agata pour la transformation de *Stiffelio* en *Aroldo*. Le librettiste vénitien en profita pour avancer des pions en faveur de la Fenice, qui désirait créer une nouvelle œuvre de Verdi. A l'été, après un reposant séjour au Lido de Venise où il prit des bains de mer, le compositeur repartit pour Paris avec Giuseppina. Comme cela s'était produit pour *Les Vêpres*, son contrat pour *Le Trouvère* et ses démêlés avec le directeur espagnol du Théâtre des Italiens le retinrent plus longtemps que prévu (il ne repartira de Paris qu'en janvier 57). Très vite, il déménagea de la rue Richer à la rue Neuve-des-Mathurins, n° 20. Et, cette fois-ci, il ne put échapper à une invitation de Napoléon III, qui le cloua pendant quelques jours à la cour de Compiègne. A son grand dam. A quarante-deux ans, point tout à fait riche, mais glorieux, et indépendant dans son fief de Sant'Agata, Verdi n'était plus le jeune homme de jadis qui flirtait avec les comtesses milanaises. Et puis, l'idée d'écrire pour Venise s'était transformée en projet : ce serait *Simon Boccanegra*, d'après García Guttiérez.

Simon Boccanegra (I)

On se rappelle que c'est lors de sa découverte du *Trovador*, du même auteur, que Verdi s'était fait expédier un dictionnaire d'espagnol pour approcher un drame dont il n'existait pas de traduction italienne. Il tira donc peut-être lui-même une réduction en prose de *Simon Boccanegra*, qu'il expédia en août 1856 à Piave, pour que celui-ci la transmît à la censure du théâtre. Or, quand Piave lui fit savoir que le théâtre exigeait un livret achevé, donc en vers, il répondit très étrangement à son librettiste : « Le *Simon Boccanegra* que j'ai envoyé en août n'est pas un scénario (...). J'envisage de mettre en musique un livret en prose. Qu'en penses-tu ? » On pourrait considérer le propos comme une ruse, si le livret avait dû être particulièrement subversif, mais il s'agit plutôt d'une boutade, car, dix jours plus tôt, Verdi avait écrit à Piave : « Qu'importe que *pour l'instant* [c'est nous qui soulignons] (ce drame) soit en prose ou en vers ? » Piave transmit au théâtre la réponse de Verdi, mais le fait est que le compositeur ne mit pas à exécution sa révolutionnaire plaisanterie. On n'en attachera pas moins quelque importance symbolique à cette conception abnorme, qui éclaire à quel point *Simon Boccanegra* comptait dans la tête de Verdi comme une étape nouvelle dans l'évolution de ses formes musicales – et justifie, a posteriori, que l'œuvre ait pu échouer devant le public de Venise et que le musicien ait procédé à la révision de son ouvrage vingt-cinq ans plus tard, avant de se donner tout entier à la composition d'*Otello*. Le livret fut donc versifié par Piave, qui reçut même de Verdi des indications extrêmement précises quant à la mise en scène et aux décors. Mais le musicien, se trouvant alors à Paris, éprouva le besoin de recourir aux services d'un patriote exilé, Giuseppe Montanelli, pour modifier quelques parties qui ne lui convenaient pas. Piave, avec sa bonhomie habituelle, s'en accommoda. De retour de Paris, Verdi poursuivit la composition, mais en proie à des maux d'estomac si violents qu'il était parfois empêché d'écrire trois ou quatre jours de suite. Dans une lettre à Léon Escudier, Giuseppina confirme que Verdi se tuait au travail. Il arriva à Venise avec quatre jours de retard et se montra globalement satisfait de la distribution. A l'accoutumée, la partition n'était pas achevée, et il l'instrumenta dans la fièvre des répétitions.

Due à l'imagination particulièrement folle de l'auteur du *Trovador*, l'intrigue de *Simon Boccanegra*, fondée sur le personnage historique d'un Doge de Gênes, est peut-être la plus compliquée de toute l'histoire du théâtre lyrique. Dans un époque qui n'était pourtant guère regardante sur la simplicité des livrets, des contemporains de Verdi avouèrent qu'ils avaient dû relire cinq à six fois le scénario pour le comprendre. Comme nous en donnerons une analyse détaillée plus avant, tentons de résumer sommairement ici l'intrigue : Amelia Grimaldi, fille illégitime du Doge plébéien Simon Boccanegra et de la noble Maria Fieschi, morte peu de temps après la naissance de l'enfant, aime le jeune Gabriele Adorno, dont elle est aimée. Boccanegra refuse la main de celle qu'il a reconnue pour sa fille au malfaisant Paolo Albiani. Amelia est enlevée par ce dernier, mais s'enfuit, et l'on découvre sa vraie identité. Paolo se vengera en empoisonnant le Doge, qui n'aura que le temps de bénir l'union de Gabriele et Amelia, en invoquant le nom de la femme qu'il avait jadis aimée.

Y eut-il cabale, comme l'affirmèrent certains, et des plus sérieux, notamment le Dr Cesare Vigna, qui accusait la coterie juive du compositeur Samuele Levi, jaloux de Verdi ? C'est bien possible. Beaucoup moins probable en revanche, et même un peu paranoïaque, l'idée qui vint à d'autres que, derrière Levi, c'était Meyerbeer qui intriguait jusqu'à Venise contre notre maestro. Mais, sur un livret bancal, la partition très novatrice de Verdi, dont la révision en 1881 exaltera encore la continuité du discours musical et l'étroite intrication entre voix et orchestre (d'où l'accusation de « wagnérisme », tout à fait stupide puisque en 1857 Verdi n'avait pas encore entendu une seule mesure de Wagner), suffirait à expliquer que, dans une ville apparemment tout acquise au compositeur, le 12 mars 1857, *Simon Boccanegra* ait lamentablement échoué. Ce que Piave avait été le seul à pressentir en soutenant que le public de Rome ou de Milan serait plus apte à goûter l'œuvre. A la fin d'une lettre rédigée le lendemain du four, Verdi, avec son stoïcisme habituel, notait : « Le Carnaval de Venise a été beau ; et la saison théâtrale bonne jusqu'ici, mais les ennuis ont commencé hier soir avec la première de *Boccanegra*, qui a fait un fiasco presque aussi grand que celui de *La Traviata*. Je croyais avoir fait quelque chose de passable, mais il paraît que je me suis trompé. Nous verrons par la suite qui avait tort. » Et, avec sa modestie coutumière, il confirmait deux ans plus tard à Filippo Filippi : « Si, plus tard, le sang [du public] se calme, il pourra peut-être alors s'apercevoir que *Boccanegra* contient quelque intention qui n'est pas à mépriser. »

En vérité, l'échec de la première fut compensé par les représentations suivantes. Puis une production à Reggio Emilia, pour laquelle Verdi retoucha un peu son œuvre, vint racheter la désillusion. Et, tant bien que mal, l'œuvre se mit à tourner (Naples, Milan et Gênes entre 1858 et 1859, puis Madrid en 1861, Buenos Aires en

1862). Cependant, mêlé aux défauts d'une trame presque incompréhensible, il y avait dans cet ouvrage – moins politique qu'affectif, et où, peut-être, Verdi avait instillé quelque chose de son travail passionné pour *Le Roi Lear* – une telle puissance insidieuse que, vingt-trois ans plus tard, voulant éprouver ce que valait Arrigo Boito, Verdi remit sur le chantier le drame et sa partition, et en fit le chef-d'œuvre – mal connu encore, sans doute, mais immense – qu'on peut entendre aujourd'hui. Apparemment, il ne récrivit qu'un tiers de sa partition. En réalité, sa révision couvrit l'ensemble de l'œuvre. A l'inverse du *Macbeth* parisien (1865), dont l'heureux toilettage n'affecta en rien la structure du drame originel (1844), le *Simon Boccanegra* de 1881 est une œuvre entièrement révisée qui n'est vraiment compréhensible qu'entre *Aida* et *Otello*. C'est pourquoi nous en remettons l'analyse à cette période.

Cependant, dès le jour de la première de *Simon Boccanegra*, Verdi avait reçu à Venise des envoyés officiels de la municipalité de Rimini, trop heureux que le grand compositeur ait choisi leur petite ville pour inaugurer son nouveau théâtre avec *Aroldo* – le « *Stiffelio* réchauffé » comme on ne tardera pas à l'appeler. La nouvelle version était prête depuis plusieurs mois. C'est ainsi qu'à la mi-juillet 1857 Verdi est obligé de quitter ses terres, ses récoltes, ses animaux (troupeaux, chevaux et animaux domestiques), pour rejoindre Rimini en compagnie de Giuseppina. A son habitude, par souci d'indépendance, il a préféré un méchant petit appartement dans un hôtel à la luxueuse hospitalité du comte Battaglini. Piave, en revanche, a accepté celle d'un autre aristocrate local. Verdi commence aussitôt les répétitions au piano ; puis Angelo Mariani – le premier chef d'orchestre italien de carrure internationale –, dont la beauté, l'immense talent et l'autorité dissimulaient une sensibilité maladive et beaucoup de vanité, prend le relais pour la direction d'orchestre. On retiendra ce nom, car, alors directeur du théâtre Carlo Felice de Gênes où il a dirigé des œuvres de Meyerbeer, Mariani, fervent admirateur et ami de Verdi, s'aliénera peu à peu l'estime du compositeur au cours d'une longue et malheureuse histoire. En attendant, il est si passionné que, selon certains, Verdi est un jour obligé de l'arrêter alors qu'il est en train de tuer l'orchestre en ne parvenant pas à obtenir les effets qu'il veut dans la magnifique tempête du quatrième acte d'*Aroldo*. Bon gré mal gré, Mariani obéit et, à la fin de la répétition, demande à Verdi : « Quelle mouche t'a piqué de ne pas m'avoir laissée essayer une fois de plus ? Ne crois-tu pas qu'avec un peu de bonne volonté nous aurions réussi à nous en tirer ? » Et Verdi de répondre candidement : « Dieu me garde d'avoir douté un seul moment de toi (...). Mais ne t'es-tu pas aperçu que rien ne pouvait en sortir parce que l'instrumentation du passage est défectueuse ? »

La création d'un opéra de Verdi dans une petite ville comme Rimini était si extraordinaire que l'hagiographie locale enregistrera les moindres faits et gestes du maestro, avec un certain degré de vraisemblance. Outre les bains de mer de Giuseppina et les rêveries de Verdi devant la mer en tempête, rapportons au moins cette anecdote touchante, qui pourrait bien être authentique. Quand Verdi prenait un peu de repos, il lui arrivait de se rendre « avec la Medori [qui devait chanter la Leonora du *Trouvère* lors de la même saison] et son mari au confluent de la Fossa Patura et de l'Ausa pour y voir pêcher un certain Beltamelli. Ce dernier, tout en attendant une bonne prise, chantonnait avec la Medori des passages des opéras de Verdi. Le maître s'en délectait. Un jour, posant ses mains sur les épaules du pêcheur, il lui dit : “ Bravo, tu as une voix agréable et une oreille très fine ; dommage que tu n’aies pas étudié, tu aurais réussi à faire un excellent chanteur [1] ” ».

Verdi n’était certes pas un « paysan », mais un homme qui, dans les moments de paix, jouissait simplement de l’illusoire transparence des rapports humains.

1. G. Bottoni, *Giuseppe Verdi a Rimini*, cité par C. Gatti, *Verdi*, I, p. 255.

CHAPITRE IX

La fusion des genres

« Voilà un bon nombre d'années (je n'ose dire combien), comme j'aimais beaucoup la campagne, je demandai avec une certaine insistance à Verdi de quitter Paris afin d'aller chercher sous un ciel pur cet air et cette lumière qui emplissent autant le corps de vigueur que l'âme de sérénité. Verdi (...) avait presque horreur de la vie à la campagne, mais, après maintes prières, il consentit à louer une petite maison près de Paris [1]. (...) Cette nouvelle vie fut une révélation pour lui. Il se prit à l'aimer d'un tel amour et d'une telle passion que je trouvai mes souhaits exaucés au-delà de mes espoirs dans ce culte rendu aux dieux sylvestres. Il acheta le domaine de Sant'Agata, et moi qui avais déjà meublé une maison à Milan et une autre à Paris, je dus organiser un *pied-à-terre* [2] dans les nouvelles terres de l'illustre professeur des Roncole. Avec un plaisir infini, nous commençâmes à planter un jardin, qui, au début, fut appelé *le jardin de Peppina*. Puis ce jardin s'agrandit et devint *son* jardin; et je puis te dire qu'à présent il y règne en tsar, au point

1. A Passy, après la révolution de 1848.
2. En français dans le texte.

que je suis réduite à quelques empans de terre sur lesquels, d'après nos accords, il n'a pas le droit de fourrer son nez. Je ne pourrais affirmer en conscience qu'il respecte toujours cette convention, mais j'ai trouvé le moyen de le rappeler à l'ordre en le menaçant de planter des choux au lieu de fleurs. Ce jardin, qui allait croissant et s'embellissant, exigeait une maison qui ait un peu moins l'air d'une ferme. Verdi se transforma alors en architecte, et je ne puis te décrire les allées et venues et les ballets que firent les lits, les commodes et tous les meubles durant ces travaux. Sache seulement que, si l'on excepte la cuisine, la cave et l'écurie, nous avons mangé et dormi dans tous les coins de la maison. Lorsqu'on décidait du sort de l'Italie et que Verdi, avec quelques autres de ces messieurs, allait porter le vote des Etats au roi Victor-Emmanuel [1], Guerrieri, Fioruzzi et les autres vinrent à Sant'Agata et eurent *l'honneur* de dîner dans une sorte d'entrée ou de vestibule, en présence de plusieurs nids d'hirondelles, lesquelles entraient et sortaient tranquillement par les fenêtres pour aller porter la becquée à leurs petits. Quand Dieu le voulut, la maison fut terminée, et je t'assure que Verdi dirigea fort bien les travaux, peut-être mieux qu'un véritable architecte. (...) Mais le soleil, les arbres, les fleurs, et l'immense famille de tous les oiseaux, qui rendent si belle et si animée la campagne une bonne part de l'année, la laissent, l'hiver, triste, muette et dépouillée. Alors, je n'ai plus d'amour pour elle. Quand la neige couvre ces immenses plaines et qu'avec leurs branches nues les arbres semblent des squelettes désolés, je ne puis plus lever les yeux pour regarder dehors : je couvre les fenêtres de rideaux fleuris jusqu'à hauteur d'homme, et j'éprouve une tristesse infinie, un désir de fuir la campagne et de sentir que je vis parmi les vivants

1. En septembre 1859, comme on le verra plus loin.

et non parmi les spectres et le silence d'un vaste cimetière. »

Malgré la note de mélancolie qui assombrit la fin de ce tableau – mélancolie bien réelle pour qui arpente en hiver les plaines de l'ancien duché de Parme, et dont on retrouve la trace sous la plume même de Verdi –, la lettre que Giuseppina écrivait en juin 1867 à Clarina Maffei nous introduit à merveille dans ce qui fut, bien autrement que le théâtre, le vrai royaume de Verdi. Bien que les travaux principaux aient été exécutés vers 1860, il n'est guère aisé de reconstituer chronologiquement la transformation de la vieille ferme que le compositeur acheta en 1848 en une grande *villa* bourgeoise, assortie de toutes ses dépendances et d'un beau parc ombragé, qui appartient aujourd'hui aux descendants de la fille adoptive de Verdi et Giuseppina [1]. Mais les documents sont innombrables qui nous renseignent sur la passion croissante avec laquelle le compositeur ne cessa d'améliorer son domaine, ne dédaignant pas au besoin de se retrousser les manches. Achats de terres (rien de moins que neuf fermes d'un seul coup lors de l'acquisition de 1857 préparée depuis Paris) et bonifications annexes, négociations de bêtes au marché de Crémone, que Verdi traitait le plus souvent en personne, acquisitions de chevaux de selle ou de labour, semailles et récoltes, vendanges et vinification, creusement de puits, installation d'une pompe à vapeur... La liste serait sans fin. « Son amour pour la campagne est devenu manie, folie, rage, fureur, tout ce que vous voudrez de plus exagéré. Il se lève presque avec le jour pour aller examiner le blé, le maïs, la vigne, etc. Il rentre harassé de fatigue, et alors comment trouver le moyen de lui fair *(sic)* prendre la plume ? » écrivait Giuseppina à Léon

1. Pour l'histoire et la description de la maison de Sant'Agata, on consultera M. J. Phillips-Matz, *Giuseppe Verdi*, pp. 487-499.

Escudier en 1857. Ajoutons qu'au suivi sourcilleux du maître sur toutes ses affaires agricoles, qui pouvait aller jusqu'à d'acides semonces à l'adresse de ses employés, Verdi joignit une attention et une générosité grandissantes, mais toujours pudiques, presque secrètes, à l'égard des *braccianti* et de la misère paysanne qui sévit particulièrement dans les années de l'Indépendance. Au point qu'au plus fort d'une nouvelle crise d'hostilité avec son village natal, Verdi acceptera de tout cœur en 1865 la présidence de la Société ouvrière de Busseto, une sorte de mutuelle qui ne se contentait pas d'assister matériellement ses adhérents, mais favorisait aussi l'alphabétisation et la lecture.

Il va de soi qu'on ne peut fixer en un seul cliché la vie que Verdi mena durant un demi-siècle dans ses terres de Sant'Agata, où, selon un mot de Giuseppina, ils étaient « aussi heureux qu'Adam et Eve au Paradis » (1852). Il y eut ainsi une assez longue époque durant laquelle le maestro était fou de chasse : il en parlait à Mariani, battait les bois et les champs avec Luccardi, tendait des filets aux cailles et revenait la gibecière pleine « de pigeons, de merles, d'étourneaux, de coqs de bruyère et même de perdrix ». Mais, une dizaine d'années plus tard, il s'était transformé en défenseur résolu de la nature et interdisait qu'on tirât le moindre coup de fusil dans son parc : « Les carpes et les anguilles de ses étangs meurent de vieillesse », commentait un journaliste parisien après une visite au maître [1], observant dans le même article ce qu'il y avait d'ingénu et d'enfantin chez Verdi. On raconte même que dans les années 70 il conduisait sa voiture au galop à travers champs, avec sur l'épaule un petit coq qui, s'étant pris d'affection pour cet étrange maître, ne le quittait jamais. A y regarder d'un peu près, Sant'Agata apparaît en

1. Cité par M. Conati, *Interviste e incontri con Verdi*, p. 132.

effet comme le lieu où Verdi rattrapa quelque chose d'une enfance trop sérieuse, trop laborieuse, une enfance manquée, en somme. Giuseppina et lui vivaient entourés d'animaux, et la mort, en 1862, de leur chien préféré, un bichon maltais baptisé Loulou (Lulù), dont on possède un portrait daté de 1858, fut une vraie douleur pour ces deux grands pessimistes que la fréquentation des hommes n'avait que trop déçus. Loulou fut tout de même remplacé par un congénère baptisé Blach – lequel écrivit un jour une lettre fort drôle (faut-il préciser que c'était son maître qui tenait la plume ?) à Ronron, le chien d'Opprandino Arrivabene. Des chevaux, des chiens, des chats, un perroquet, un paon même, plus tard une gondole et des cygnes sur l'étang, et surtout les longues promenades solitaires entre « son désert » et « son ciel », dans cette *« profonda quiete »* (« profonde paix »), presque léopardienne, et « ce silence » que le musicien évoquait dans une lettre à Clarina Maffei en 1858 : tels étaient, loin de la comédie sociale, les compagnons et les jeux de Giuseppe Verdi.

Oubliait-il pour autant la musique ? Il l'affirmait, et là-dessus on peut le croire. Mais sa dette envers les dieux étaient loin d'être payée, et le maestro se retrouvait tôt ou tard avec un contrat à honorer ou, quoi qu'il en dise, une soif obscure de retourner dans l'arène. Tel était le cas en 1857, quand, dans l'impuissance à trouver une distribution pour son *Roi Lear*, il dut honorer son engagement envers le San Carlo. Il tenta d'abord de se dégager en proposant de diriger lui-même deux de ses œuvres encore inconnues à Naples, *Aroldo* et *Simon Boccanegra*, ainsi qu'une nouvelle version de *La Bataille de Legnano,* mais l'imprésario du San Carlo refusa. Verdi parcourut alors tous les sujets possibles. Il repoussa vite un *Ruy Blas*, qu'il garda tout de même dans ses projets, fit traduire un certain drame espagnol intitulé *Le Trésorier du roi Don Pedro*, mais l'abandonna, et s'arrêta enfin sur un drame « grandiose » et « beau », qui visiblement l'excitait, mais auquel il reprochait tout de même ses « formes conventionnelles » : « chose qui m'a toujours déplu, mais que je trouve à présent insupportable ». Ce drame, *Gustave III ou le Bal masqué* de Scribe, avait été mis en musique en 1833 par Auber, et accommodé par Cammarano pour Mercadante sous le titre d'*Il Reggente* en 1843. Antonio Somma, avec lequel Verdi avait tant et vainement travaillé sur *Le Roi Lear*, accepta aussitôt de récrire le livret, à condition de rester anonyme. Somma, poète vraiment lettré, avait sa dignité. Entre Venise, que refuse courtoisement de quitter le librettiste, et Sant' Agata, où travaille Verdi, s'établit aussitôt une correspondance fébrile et pointilleuse – un des dossiers les plus détaillés sur l'élaboration d'un livret chez Verdi – qui regarde non seulement la distribution des scènes, la prosodie et le vocabulaire (entre autres exemples significatifs, Verdi refuse, en position de rime, la forme archaïque *nui* pour *noi*), mais également l'époque et le cadre. Le livret originel était en effet tiré d'un fait historique : le meurtre en plein bal masqué de Gustave de Suède en 1792. Un monarque amoureux et trop éclairé, les prédictions d'une voyante, l'assassinat d'un roi sur scène, le fatalisme dans lequel baignait l'œuvre : la censure napolitaine n'avait pas eu à se plonger dans une lecture détaillée du scénario de Verdi pour lever le sourcil [1] : le drame fut provisoirement transporté en Poméranie au XVIIe siècle, et on l'intitula *Una vendetta in dominò (Une vengeance en domino)*, dont le scénario détaillé fut expédié à Naples. Commencée en octobre, la

1. Sur les précédentes adaptations du livret de Scribe, la genèse du *Ballo in maschera* et les raisons de la censure napolitaine, voir la synthèse de G. de Van dans son commentaire de l'œuvre, in *Guide des opéras de Verdi.*

partition vocale est prête au début janvier. Après un épuisant voyage à travers une tempête de neige, Verdi et Giuseppina s'embarquent à Gênes et parviennent incognito à Naples le 15 janvier. Verdi, accueilli par Cesare De Sanctis, remet aussitôt son travail au théâtre et jouit de la chaleur de ses amis napolitains, auxquels vont se joindre de nouvelles figures, et notamment le jeune peintre Domenico Morelli. Mais, quelques jours plus tard, il apprend avec stupéfaction que la police refuse l'opéra. En vérité, la censure n'a pas attendu le livret, mais s'est déterminée dès la lecture du scénario. On s'est simplement gardé d'en avertir le maestro de crainte qu'il ne renonce à sa création. Les censeurs, rigides mais non incultes, remanient alors de fond en comble situations et texte (sur 884 vers, 297 ont été changés, et nombre d'autres ont été supprimés) et proposent une *Adelia degli Ademari*, qui n'a plus rien de commun avec le livret de La Vendetta. Furieux, Verdi refuse. Le théâtre dépose plainte. Verdi contre-attaque et demande des dommages et intérêts, en étoffant le mémoire de son avocat (quatre-vingt-dix pages qu'il a probablement dictées) d'un cinglant résumé des mutilations opérées sur le texte. Le tribunal de commerce, d'accord avec les conclusions du musicien, propose un compromis, et Verdi se trouve délié de son engagement, à charge pour lui de venir diriger *Simon Boccanegra* à l'automne suivant. Ce sera un triomphe.

Cependant, lors de son séjour à Naples, le compositeur n'avait pas attendu la fin du procès pour chercher une autre scène où créer son opéra. La Scala se proposait de le monter, mais Verdi caresse l'idée d'infliger un camouflet aux autorités de Naples en créant l'œuvre à Rome, aux portes mêmes du royaume des Deux-Siciles, et confie la partition à l'imprésario Jacovacci, trop heureux de saisir l'occasion. Verdi rentre tranquillisé à

Sant'Agata, où il apprendra tout de même, peu de temps plus tard, que la censure papale exigeait qu'on déplace l'action hors d'Europe. Il choisit alors l'Amérique du Nord à l'époque de la souveraineté anglaise. C'est ainsi que, de retour à Naples en novembre, Verdi, Giuseppina et Loulou arrivèrent à Civitavecchia en janvier 1859, après dix-neuf heures d'une tempêtueuse traversée qui déposa exsangue notre trio sur les rives des Etats du pape.

Le 17 février 1859, malgré une distribution inégale, *Un bal masqué* (titre définitif de l'opéra) triomphe au théâtre Apollo, avec le ténor Gaetano Fraschini, le baryton Leone Girladoni, créateur du rôle de *Simone Boccanegra*, la soprano française Eugénie Julienne-Déjean (c'est d'elle que Verdi eut le plus de raisons de se plaindre), la contralto Zelinda Sbriscia et la soprano Pamela Scotti dans le rôle travesti du page Oscar.

Un ballo in maschera

Bien qu'il ne soit pas rare qu'on revienne de nos jours, et non sans quelque raison, au livret originel, qui situait donc l'action en Suède autour de la personne du roi Gustave III, nous analyserons *Un bal masqué* dans sa version romaine. Sur les traces de l'analyse de Gabriele Baldini[1], parfois contestable, mais qui est peut-être la plus belle et la plus fine qu'on ait donnée de cet opéra (dont cet auteur fait comme le sommet de la parabole de l'œuvre verdien, au point qu'on a presque le sentiment qu'il écrivit tout son livre – inachevé, il est vrai – en fonction du *Bal*), nous dirons qu'il faut éviter

1. *Abitare la battaglia*, pp. 277-308, mais surtout pp. 281-290.

de réhistoriciser le mélodrame, en fuyant surtout la tentation d'évoquer, à propos d'Oscar, les amours homosexuelles du souverain suédois, ce qui, comme on a pu le voir sur scène, est en contradiction totale avec les intentions de Verdi et rend absurde l'amour de Riccardo pour Amelia. Tenons-nous-en au refus de Verdi de déplacer le drame dans une époque trop lointaine, incompatible avec l'aura de brio et de gaieté « française » qui, selon les intentions mêmes du compositeur, drape de façon d'autant plus précieuse et violente le drame amoureux, et surprenons cette œuvre étrange dans une sorte d'abstraction symbolique, qui permet d'en saisir à la fois toute l'humanité et les arrière-plans mythographiques.

> A Boston au XVIIe siècle. Ier acte. Ier tableau. Riccardo (ténor), gouverneur de Boston, sort au matin de ses appartements. Oscar, son page (soprano lyrico-léger) lui présente la liste des invités du prochain bal. En voyant le nom d'Amelia, il s'émeut (air *« La rivedrà nell' estasi »*), car il aime la jeune femme qui est l'épouse de son secrétaire et ami Renato (baryton). Celui-ci paraît et apprend à Riccardo qu'il a découvert une conspiration qu'on ourdit contre lui. Devant l'indifférence de son seigneur, il le supplie de protéger sa vie *(« Alla vita che t'arride »)*. Oscar introduit un juge voulant bannir la prophétesse Ulrica (contralto). Le page prend sa défense (ballade *« Volta la terrea »*). Amusé, Riccardo donne à tout le monde rendez-vous dans l'antre de la devineresse, chez qui il se rendra déguisé en pêcheur. Oscar se réjouit, Renato s'inquiète, et les conspirateurs espèrent saisir l'occasion de se venger (ensemble *« Ogni cura si doni al diletto »*). – IIe tableau. Dans l'antre d'Ulrica emplie de gens du peuple. La devineresse invoque Lucifer *(« Re dell'abisso »)*, tandis qu'arrive Riccardo travesti. Ulrica prédit à un matelot une promotion. Pour lui donner raison, Riccardo glisse dans la poche de ce dernier un brevet d'officier. Joie de tous. Un domestique d'Ame-

lia demande alors une entrevue secrète pour sa maîtresse. Ulrica fait sortir le peuple, mais Riccardo se dissimule et entend Amelia (soprano) demander à la prophétesse comment oublier son amour pour Riccardo. Ulrica lui recommande de se rendre au champ des supplices cueillir certaine herbe magique. Riccardo se promet d'y rejoindre celle qu'il aime, et dont désormais il se sait aimé (trio *« Consentimi, o Signore »*). Amelia sort, et Ulrica fait entrer le peuple. Riccardo, se faisant passer pour un marin, demande alors son avenir (chanson *« Di' tu se fedele »*). Ulrica reconnaît en lui un seigneur et lui annonce qu'il sera assassiné par le premier homme qui lui serrera la main. Alors que tout le monde recule, entre Renato, à qui Riccardo, en riant, se hâte de serrer la main (quintette *« E' scherzo od è follia »*).

IIe acte. Dans le champ des supplices, Amelia, seule, balance entre l'effroi, le sens du devoir et la désolation de renoncer à son amour (récitatif et air *« Ecco l'orrido campo... Ma dell'arido stelo »*). Riccardo la rejoint et arrache à la jeune femme l'aveu de ses sentiments. Les deux chantent leur amour en un long duo. Mais Renato survient pour avertir son maître de la présence des conjurés. Amelia baisse son voile. Riccardo accepte de s'échapper à condition que Renato reconduise jusqu'à la ville sa compagne sans tenter de savoir qui elle est (trio *« Odi tu come fremono cupi »*). Renato jure et, à l'arrivée des conjurés, tente de s'opposer, mais le voile d'Amelia tombe, et Renato découvre avec fureur sa propre épouse. Hilarité des conspirateurs devant ce mari qui va flirter de nuit avec sa femme (quatuor *« Ve', se di notte »*). Renato leur donne rendez-vous chez lui de lendemain.

IIIe acte. Ier tableau. Chez Renato. Amelia, que Renato menace de tuer, demande la grâce de revoir leur enfant avant de mourir (*« Morrò, ma prima in grazia »*). Une fois seul, Renato se laisse aller à l'amertume de la trahison et à la souffrance des souvenirs (*« Eri tu che macchiavi »*). Les conjurés arrivent, et Renato leur apprend qu'il a décidé de se joindre à leur entreprise. Perfidement, Renato fait tirer au sort par Amelia le nom du meurtrier, et la jeune femme comprend alors la menace qui pèse sur Riccardo. Oscar entre pour inviter Renato et Amelia au bal du Gouverneur (quintette *« Ah ! di che fulgor, che musiche »*). – IIe tableau. Dans son bureau, Riccardo s'apprête avec désespoir à signer le retour de Renato et d'Amelia en Angleterre *(« Forse la soglia attinse »)*. Oscar lui remet alors le message d'une inconnue le prévenant qu'on va attenter à sa vie. Riccardo décide de braver le danger et de revoir une dernière fois Amelia. – IIIe tableau. Le bal. Tandis qu'on chante les joies de la fête, Renato essaie de savoir d'Oscar le costume de Riccardo. Oscar refuse d'abord (chanson *« Saper vorreste »*), mais, devant l'insistance de Renato, le lui révèle. Masquée, Amelia tente de convaincre Riccardo de fuir ; ce dernier la reconnaît (duo). Au moment où il lui dit un dernier adieu, Renato le poignarde. Agonisant, Riccardo confirme à Renato l'innocence d'Amelia et pardonne à tous avant d'expirer.

Depuis *Luisa Miller*, Verdi est entré dans une phase créative marquée par l'imprévisibilité absolue de chaque nouvelle œuvre et – à l'exception des *Vêpres*, où il a souffert d'un genre qu'il n'a pas encore su s'approprier – par une conception organique, où l'intuition des « positions » dramatiques se trouve dépassée par le souci de penser chaque mesure en fonction de l'*unité* du drame. *Un bal masqué* ne fait qu'accroître ces caractères du parcours verdien en opérant un pas décisif, sinon définitif, vers la fusion des genres comique et tragique, qui ne sera vraiment réalisée par Verdi qu'avec *La Force du destin*. C'est en effet un climat de fête, de gaieté, d'ironie même, qui *structure* et anime la tragédie du *Bal masqué*. Lors de ses démêlés avec la censure napolitaine, Verdi écrivait : « Que l'on juge si la transformation du *bal* en *banquet* pouvait logiquement se faire. Les masques enlevés, toute l'action est réduite à néant. Le dialogue rapide, mystérieux, entre les ennemis du Duc[1] n'aurait plus sa place ; ni la scène si gracieuse au cours de laquelle Renato fait tomber le masque du Page ; ni tout ce mouvement d'êtres qui se cherchent, s'évitent, se courtisent et se poursuivent. (...) Changez ou ôtez quelque trait, et la musique et l'action perdront leur caractère et leur sens[2]. » Mais cette citation, qui, s'attachant au bal final, anticipe notre propos sur le rôle moteur d'Oscar, en dit pourtant moins que la musique elle-même. On s'en convaincra en écoutant la strette de l'Introduction construite sur un rythme de galop frénétique, qui n'est, à tout prendre, qu'un *french cancan* digne d'Offenbach. Structurelle parce qu'elle enserre le drame amoureux (acte II) en deux panneaux symétriques (premier et dernier tableaux), eux-mêmes symétriquement articulés à l'acte central par deux tableaux « fatals » (antre d'Ulrica et tirage au sort), la fête du *Bal*, qui n'a ni la couleur libertine et un peu triviale de *Rigoletto*, ni l'ivresse désespérée des jouisseurs de *La Traviata*, respire tantôt la folle désinvolture du second Empire, tantôt une grâce délicate et pour ainsi dire mozartienne, redoublée par un effet compositionnel d'un nouveau genre : l'ironie avec laquelle le musicien contemple les conventions du mélodrame. Cet effet, qui n'est pas sans rappeler l'Arioste ou Cervantès, est tout à fait saisissable dans le traitement mécanique, presque caricatural, des conjurés (Samuel et Tom) et, de façon éclatante, dans la scène hautement comique où les conspirateurs se moquent de Renato se promenant de nuit avec sa femme voilée.

---

1. C'est-à-dire Gustave dans la version « suédoise » initiale, Riccardo dans la version finale.
2. Extrait du mémoire rédigé, sous la dictée de Verdi, par son avocat lors de ses démêlés avec la censure napolitaine.

La fusion des genres vers laquelle tendait Verdi ne pouvait être chez lui une coquetterie idéologique ou un effet de mode : elle visait à exprimer la vérité de l'homme. Et le *Bal* est à cet égard un coup de maître. Jamais avant Riccardo un ténor verdien n'avait été peint avec une telle variété de couleurs : de la joie enfantine à la passion transgressive, du mépris de la mort à la douleur du renoncement, de l'amabilité juvénile à l'indulgence du souverain mourant. Et l'on en dirait autant d'Amelia, qui pourrait n'être qu'une héroïne de plus au rayon des créatures déchirées entre amour et devoir, si elle ne se révélait également audacieuse et tremblante, hallucinée même, maternelle, amoureuse aussi tendre que désenchantée (avec des courbes lyriques qui annoncent la Leonora de *La Force du destin*). Voyez entre autres sa « scène et air » du deuxième acte, qui destructure la forme habituelle de l'aria, et l'admirable duo qui suit. Le portrait de Renato peut paraître moins subtil : c'est que la psychologie même du personnage est plus primaire, qui passe du dévouement sans réserve à une soif aussi violente de vengeance, mais moins par l'effet du sourcilleux souci de l'honneur qui hantait les œuvres de jeunesse de Verdi que par cet amour presque infantile pour Amelia qui, dans son air du troisième acte *(« Eri tu »)*, se révèle avec des accents d'une nostalgie toute léopardienne : *« O dolcezze perdute ! O memorie ! »*

On n'en pourrait dire autant d'Ulrica, qui n'est pas un personnage, mais un rôle. Et c'est par là justement qu'on devrait aborder une analyse mythoscopique du mélodrame. Dans cette œuvre essentiellement ambivalente qu'est le *Bal*, l'humanité du ténor dissimule une dimension solaire et même christique, non seulement sensible dans le pardon final qu'il accorde aux meurtriers (« O Dieu compatissant ! / sur terre, il est pour nous, misérables, / un rayon de ton céleste amour ! », chante le chœur), mais dans l'occasion même de sa mort, qui apparente le serrement de main de Renato au baiser de Judas. A ce dieu apollinien, il fallait une Hécate qui règnât sur l'autre pôle, le pôle obscur, du microcosme dramatique. Ce sera Ulrica. Et, entre ces deux mondes, le drame requérait un messager. On ne se livrera pas à une interprétation abusive en désignant Oscar comme une incarnation du dieu Mercure. Verdi le confirme implicitement en écrivant par exemple en 1858 à l'un de ses amis : « Jacovacci [l'imprésario] est bien embarrassé pour trouver le Page. Il est vrai qu'il s'y prend tard. Mais je préférerais ne pas donner mon opéra, plutôt que de laisser gâter un rôle de cette importance [1]. » La fonction dramatique d'Oscar paraît, en effet, d'autant plus cruciale que sa présence est intermittente (il disparaît durant tout le deuxième acte), et son rôle de messager, qui s'efface une fois sa tâche accomplie, lui fournit et son profil d'adolescent et la portée mythique de son personnage : le dieu du lien. Messager du souverain et huissier du drame dans sa phrase funèbre, lourde d'un pressentiment : *« Libero è il varco a voi... »*, Oscar demeure toutefois une créature que l'affection soumet à son prince. Ainsi s'affirme son ambivalence : page adolescent, il ne maîtrise pas ses élans ni les palpitations de son cœur ; dieu subtil, aérien, il lie les contraires et porte un savoir inconscient qui fera de lui un instrument de ce fatum qui plane sur toute l'œuvre.

Même si c'est très consciemment que Verdi a voulu donner une couleur française à son opéra, et notamment au ténor et au page, Oscar n'a aucun équivalent dans le répertoire franco-italien de l'époque (qu'on le compare à Urbain, le page décoratif et fripon des

1. Lettre à V. Luccardi du 26 novembre 1858.

Huguenots de Meyerbeer) ; mais il n'est pas davantage reconductible au travesti mozartien. Face au mezzo-soprano de Chérubin, à la psychologie raffinée, Verdi a confié le rôle d'Oscar à un soprano *sfogato*. Isolé des autres rôles par le timbre et l'agilité, Oscar ne dépasse pas pour autant le *contre-ut*. Ce qui le distingue des grandes exceptions symboliques et vocales de la littérature lyrique. Chez Mozart (auquel le *Bal* fait si souvent penser), la Reine de la nuit, solitaire dans la tessiture extravagante de son chant, prodigue l'air de vengeance ; principe de liaison et d'amour, le Page verdien, lui, n'épanche son agilité vocale que dans l'insouciance et la joie. Ajoutons que la voix de soubrette dont on l'affuble parfois est une déviation décadente du rôle. La nature même d'Oscar, sa nature d'être intermédiaire, doit s'incarner dans un registre qui, tout en étant celui d'un soprano léger, soit capable de développer un vrai lyrisme et de faire pièce aux autres parties dans les ensembles, particulièrement dans le quintette du premier acte (où son chant doit véritablement planer, à partir du *contre-ut*, sur une mesure et demie), ainsi que dans le finale du troisième acte où sa partie est fondamentale et ne peut livrer son sens qu'à ce prix. Car associer Oscar à Mercure, c'est en faire le lien de tout le mélodrame, c'est laisser entendre qu'il joue le rôle d'un catalyseur, qu'il est lourd d'une mission, qu'il ignore sans doute, mais qui détermine le drame. Participant activement à la machinerie du destin qui conduit son propre maître vers la mort, le petit soprano apparaît presque comme le guide, le « Psychopompe », du ténor. Depuis l'introduction, où il suscite chez Riccardo l'idée de se rendre déguisé chez Ulrica, en passant par l'invitation de Renato et Amelia au bal (et, dans une sorte de prémonition funeste, il chante gaiement à Amelia : « Vous serez reine de la fête »), et jusqu'au dernier tableau, où, révélant le masque de son maître, il entre dans la complicité fatale du meurtre. Sa chanson « *Saper vorreste* » n'est alors qu'une pause où Mercure joue avec la mort.

A travers cette analyse, trop longue pour notre propos, mais trop succincte eu égard à la richesse du *Bal*, on entrevoit à quel point, dans sa position même de « dernier artiste ingénu [1] » (nous dirions volontiers d'artiste *faussement* ingénu), Verdi pouvait à travers sa quête de l'humain faire résonner les mythes, accomplissant ainsi un travail exactement opposé à celui de son grand contemporain Wagner.

Mais, pendant qu'entre Sant'Agata, Naples et Rome, Verdi s'employait à fondre sur scène le comique et le tragique, le roi Victor-Emmanuel, de son côté, fondait des canons. C'est en 1859 qu'éclate en effet la grande guerre de libération, dans laquelle Verdi, comme on va le voir, se trouve impliqué à deux titres : le domaine de Sant'Agata se trouve exactement au cœur du verrou autrichien en Italie, et le compositeur, bon gré mal gré, devra bientôt se transformer en homme politique. C'est du reste à cette époque que son nom se met à fleurir sur les murs comme une proclamation politique déguisée [2].

Depuis la répression de 49, des troubles parfois fort graves secouaient l'Italie du Nord. C'est ainsi qu'en 1854 le duc Charles III de Parme – un tyranneau libertin et demi-fou – avait été assassiné en pleine rue à coups de couteau. Des émeutes éclataient ici et là. Tandis que la diplomatie savoyarde, expédiant ses bersagliers merveilleusement emplumés jusqu'en Crimée, s'employait à faire entrer le royaume de Piémont dans le concert des grandes nations. En juillet 1859, l'entrevue secrète de

1. Voir I. Berlin, « The *naïveté* of Verdi », in *Against the current.*
2. « Viva Verdi » signifiant « Vive *V*ictor-*E*mmanuel *R*oi *D*'*I*talie ».

Plombières entre Cavour et Napoléon III préparait l'alliance franco-sarde. On n'attendait plus qu'une erreur autrichienne. Ce fut justement à Plaisance qu'elle se produisit, lorsque les Autrichiens déclarèrent l'état de siège en même temps que leurs troupes franchissaient le Tessin. On raconte que, sous le coup de l'émotion, Cavour ouvrit ses fenêtres et entonna à pleine voix (il chantait faux) la cabalette du *Trouvère « Di quella pira »*. Verdi, lui, se trouvait à Sant'Agata, à vingt kilomètres des troupes autrichiennes, et à quinze kilomètres de Parme, qui venait de tomber aux mains des patriotes italiens. Pour donner un aperçu du climat qui régnait alors aux alentours de Sant'Agata, où les Impériaux n'hésitaient pas à fusiller des familles simplement soupçonnées d'avoir donné des informations sur les mouvements de troupes, il suffit de lire la correspondance de Mariani, qui suppliait Verdi d'enterrer son argenterie et de fuir. En mai, il lui écrivait : « On a trouvé sur le champ [de bataille de Montebello] des corps d'officiers français à qui l'on avait arraché les yeux. La vue d'une telle barbarie a choqué si violemment les soldats français qu'ils ont poursuivi ces cannibales [les Autrichiens], et tous ceux qu'ils ont trouvés ont été égorgés. » Puis ce fut Magenta, Solferino, l'annexion de Parme, de Modène, de Bologne. Verdi, qui n'avait pas bougé de Sant'Agata, trépignait de joie, lançait une souscription en faveur des volontaires de Busseto, bénissait déjà l'empereur français – quand on apprit l'armistice de Villafranca. Ce fut l'indignation, la fureur, le deuil. « C'est à devenir fou ! » écrivit le compositeur. Etrangement, c'est à quelques jours de là qu'en catimini Verdi et Giuseppina allèrent se marier dans le village savoyard de Collonges-sous-Salèves. Seuls Piave (qui n'a plus de travail et se réfugiera bientôt à Milan), Antonio Barezzi et quelques proches amis furent informés de cet acte civil et religieux qui n'eut pour seuls témoins que le cocher de la berline et le sonneur de l'église, et ne changea en rien la vie d'un couple que la vie avait uni depuis longtemps.

Ce qui changea, ce fut l'activité de Verdi. Manifestant sa décision d'en finir avec la musique (et le *Bal masqué* n'eût pas été un médiocre testament), le compositeur, âgé de quarante-sept ans, déplorait que sa santé l'empêchât de s'engager dans l'armée piémontaise, comme l'avait fait Montanelli, l'ami patriote qui avait retouché le livret de *Simon Boccanegra.* A coup sûr, son tempérament le portait davantage vers la guerre que vers la politique. Mais l'heure était aux plébiscites. Le 4 septembre, Verdi est élu par ses concitoyens pour les représenter à Turin. Le 14, en compagnie des autres députés (les Guerrieri, Fioruzzi, Mischi et autres Sanvitale qu'on a vus déjeuner à Sant'Agata au milieu des nids d'hirondelles), il remet au roi les résultats du vote, et le 17, grâce à l'entremise de l'ambassadeur d'Angleterre contacté par Mariani, il rend une émouvante visite à Cavour, retiré dans ses terres depuis l'armistice de Villafranca. A peine de retour à Busseto, il se charge à présent d'armer la population en faisant acheter sur ses propres fonds, via Mariani, plus de cent cinquante fusils. Car, malgré les votes, la contre-révolution guette. A Parme, au début d'octobre, un ancien sbire des Bourbon, le colonel Anviti, a même osé reparaître dans la ville. On l'a reconnu, on s'est saisi de lui, il est décapité, et la foule promène sa tête dans les rues. Au début de 1860, on assistait encore à de sporadiques manifestations pro-autrichiennes. Le temps est pourtant proche où Garibaldi reprendra les armes, et où l'Italie méridionale rejoindra, comme on le sait, le giron du nouveau royaume. En attendant, Cavour revenu au pouvoir a stabilisé la situation, et Verdi, qui, pour le passage du roi à Busseto, a suggéré l'offre d'un canon plutôt que des fêtes et des illuminations, peut chasser tranquillement dans ses terres. Pour quelques mois du moins, car, l'année suivante, pour complaire à Cavour, il acceptera la députation au premier Parlement d'Italie : après la solennelle proclamation du royaume, il y suivra sagement les séances durant quatre mois, avant de redisparaître pour de longs jours dans ses chères solitudes de Sant'Agata. Quand Cavour mourra brutalement, Verdi – accablé par ce deuil – se sentira délié de sa promesse et n'assumera plus son mandat que de façon symbolique.

Depuis la création d'*Aroldo*, les liens de Verdi et Mariani sont devenus de plus en plus étroits. Alors que Muzio, le fidèle entre tous, est entraîné dans une carrière internationale qui le mène jusqu'aux Etats-Unis (d'où il adresse à Busseto des comptes rendus réguliers), et que Piave, obligé de fuir Venise, va devenir, grâce à l'entremise de Verdi, directeur de scène à la Scala, Mariani est devenu le grand complice. Une correspondance touffue témoigne du singulier rapport qui lie désormais les deux hommes. Mariani a beau tirer beaucoup de vanité de son charme et de sa célébrité, il voue alors à Verdi une vénération véritablement folle. Mary Jane Phillips-Matz raconte que, le 9 octobre 1860 (jour où Verdi fêtait, probablement à tort, son anniversaire), Mariani, retenu à Gênes, s'était placé face à une belle photographie du compositeur – qu'il recouvrait habituellement d'un petit rideau de soie pour éviter qu'elle ne pâlisse – et avait levé son verre à seize heures vingt précises, persuadé que Verdi, dont il fixait le portrait, penserait à lui au même moment... De son côté, n'accordant que rarement son amitié, Verdi exigeait beaucoup de son cadet. Dans une société autrement solidaire que la nôtre, il n'était pas rare qu'on charge ses amis de toutes sortes de courses ; mais les missions que, d'un ton à la fois amical et impérieux, Verdi confiait à Mariani dépassaient l'ordinaire. C'est Mariani qui avait servi de relais pour permettre à Verdi de rencontrer Cavour ; Mariani qui avait été chargé de négocier l'achat des fusils pour armer les Bussétans ; Mariani qui fit expédier à Sant'Agata des statues, des plants d'orangers, des magnolias, des tableaux, des autographes... Un jour viendra où cette amitié décidément excessive se brisera pour ne plus laisser place qu'au silence hostile et aux regrets.

Verdi s'était enfermé dans ses terres, en croyant peut-être à ce qu'il affirmait : qu'il ne composerait plus. Mais, après deux années d'isolement mêlé d'activité politique, il suffit de peu de chose pour réveiller le compositeur qui sommeillait en lui. Il était loin d'avoir achevé ce lent parcours créatif dont il ne mesurait certes pas la valeur thérapeutique, qui, au fil des années, allait, au rebours du commun des mortels, améliorer toujours plus sa santé jusqu'à faire de lui ce « grand vieillard » qui créerait *Falstaff* à quatre-vingts ans et donnerait encore avant de mourir deux de ses si belles et si déconcertantes *Pièces sacrées*. Après les lourdes dépenses entraînées par les travaux de Sant'Agata, la guerre et enfin le train de vie d'un député, le besoin de liquidités eut peut-être aussi sa part dans la décision de Verdi d'accepter l'engagement qu'on lui proposait à Saint-Pétersbourg. Quoi qu'il en soit, au regard de l'inconscient, « tout est bon pour le potage », comme dit un proverbe italien [1], et, quand bien même cette décision eût été motivée par des raisons pécuniaires, la suite montre assez quelle importance attacha Verdi à ce qui s'exprimait dans *La Force du destin*.

1. « Tutto fa brodo ».

Enrico Tamberlick, immense ténor qui promenait à travers l'Europe un *ut dièse* de poitrine dont il tirait beaucoup de fierté, et surtout un incroyable répertoire allant de l'Ottavio de Mozart au Florestan de Beethoven, en passant par tous les Italiens et Meyerbeer, se fit auprès de Verdi le porte-parole du Théâtre impérial de Saint-Pétersbourg. Le compositeur se trouvant alors à Turin pour assumer sa charge de député, ce fut en réalité Giuseppina, autorisée à ouvrir ses lettres, et sans doute séduite à l'idée du voyage, qui répondit : « Tout mauvais avocat que je sois, je rassemblerai pour cette occasion les meilleurs morceaux de mon éloquence pour (...) convaincre [Verdi] d'exposer son nez au danger de geler en Russie. » Elle y réussit. Mais la censure tsariste, n'étant pas moins rigide que celle de Naples, refusa naturellement le *Ruy Blas* que proposait Verdi. Bien qu'il ait fait mine d'en prendre ombrage au point que Tamberlick ait dû dépêcher son propre fils pour le convaincre, il est possible que, malgré ses hésitations Verdi ait très rapidement pensé à *Don Alvaro ou la Force du destin*, drame romantique écrit trente ans plus tôt par Angel de Saavedra, duc de Rivas, représentant de cette école hispano-hugolienne d'où était issu García Guttiérez, auteur du *Trovador*. Ce drame « puissant, singulier et vastissime », « hors du commun », le compositeur le connaissait dans une traduction parue à Milan en 1850, assortie d'une copieuse analyse due au traducteur, Faustino Sanseverino, qui – fait significatif pour ce que nous savons maintenant de Verdi – citait, à propos de Rivas, les noms de Shakespeare et Schlegel, et faisait une allusion au *Camp de Wallenstein* de Schiller traduit par Maffei [1], auquel Verdi avait songé douze ans plus

1. On doit la mise en valeur de ces aspects dans la genèse de l'opéra à Daniela Goldin Folena, *La Forza del destino. Un percorso dal teatro spagnolo al melodramma verdiano.*

tôt lorsqu'il avait caressé l'idée de mettre en musique *L'assedio di Firenze.* La *« tinta »* (la teinte, la couleur) du drame espagnol, mêlant le burlesque à l'invraisemblance du fatum, ne pouvait que convenir au génie verdien. La genèse proprement dite de *La Force du destin* est moins bien connue que son élaboration dramatique, à laquelle Verdi se livra avec le bon Piave. Fulminant contre la Scala, où l'on ne cessait de maltraiter ses ouvrages, et contre son éditeur, qui laissait faire, Verdi se reprit à fouetter son librettiste – qui, toujours aussi complaisant, appelait son bourreau « mon ange » ou « mon cher Ours ». Plus que jamais se vérifiait la méthode compositionnelle de Verdi, anticipant musicalement le livret dont il avait déjà en tête le développement dramatico-musical, et imposant même des fragments de textes déjà prosodiés, qu'il ne restait plus qu'à rimer. La partition vocale fut composée entre la mi-septembre et la fin de novembre 1861, tandis que Giuseppina, excitée par ce voyage vers la « capitale du froid », se livrait à la préparation matérielle du séjour, pour laquelle elle prévut notamment des pâtes – tagliatelles et macaronis, dont Verdi était très friand –, du riz (profitons-en pour signaler que le maestro cuisinait lui-même « divinement » le *risotto alla milanese*), du fromage, diverses charcuteries, cent bouteilles de bordeaux ordinaire, vingt de bordeaux supérieur et vingt bouteilles de champagne. Le couple passa par Plaisance et Turin, s'arrêta quelques jours à Paris (le temps pour Verdi d'essayer un « habit noir complet de soirée » qu'il avait commandé de Busseto à son tailleur parisien), puis, par Berlin et Varsovie, arriva en chemin de fer le 6 décembre à Saint-Pétersbourg. De Bassini et le ténor Masini avaient fait neuf heures de train pour les accueillir à la frontière. Conduits par l'imprésario et l'orchestre dans le magnifique appartement qu'on leur avait réservé, Verdi et Giuseppina furent heureusement surpris par la chaleur des appartements russes, qui n'excédait pourtant pas dix-sept degrés (Verdi parle de treize ou quatorze degrés : « un éternel printemps » commente-t-il sans ironie. Il faut se rappeler qu'en France la température moyenne dans les maisons bougeoises était alors d'une douzaine de degrés). Bref, le couple fut rapidement enchanté de la vie russe, sans pour autant rester aveugle devant tous les « pauvres en général et les cochers en particulier (...) qui restent parfois des journées entières et une partie de la nuit immobiles sur leur siège, exposés à un froid mortel, en attendant leurs maîtres qui font la noce enfermés dans de tièdes et splendides appartements, tandis que certains de ces malheureux sont tués par le froid ». « Je ne pourrai jamais m'habituer à la vue de tant de souffrances », concluait Giuseppina. Du point de vue musical, tout se présentait à merveille. Sinon que la soprano Emma La Grua était souffrante et que Verdi ne parvint pas à lui trouver une remplaçante. Si bien que le compositeur finit par demander qu'on repousse la création de son opéra à l'année suivante. La musique italienne, et Verdi en l'occurrence, jouissait d'une telle faveur en Russie depuis le XVIIIe siècle (Galuppi, Traetta, Paisiello, Sarti, Cimarosa s'y étaient autrefois succédé comme maîtres de chapelle ou compositeurs invités) qu'on accéda au vœu du musicien. Le couple partit visiter Moscou, puis, par un froid véritablement polaire (« A présent je comprends ce que signifie le mot *froid*, et pendant un moment j'ai cru sentir dans mon crâne toutes les épées de l'armée russe », écrivit Verdi), s'en retourna vers Paris et passa, de là, en Angleterre. Stupidement, et contrairement à sa détestation déclarée pour toute musique de circonstance, Verdi a en effet accepté d'écrire une pièce pour l'Exposition universelle de

Londres. Comme Auber, Meyerbeer et Sterndale-Bennet ont respectivement écrit une marche pour la France, l'Allemagne et l'Angleterre, il décide d'écrire une cantate pour ténor et chœur sur les vers d'un jeune poète dont il ne se doute certes pas qu'il deviendra son dernier et plus illustre collaborateur : Arrigo Boito. Cette cantate sera l'*Hymne des nations*, un chant de paix dans le finale duquel Verdi entrelace sous forme de fugue *La Marseillaise*, l'hymne italien *Fratelli d'Italia* et le *God save the Queen*. (Ajoutons pour la petite et la grande histoire qu'en 1943 Toscanini en donnera une révision en y greffant *L'Internationale* et l'hymne américain.) Par suite de la jalousie du futur Sir Michael Costa, chef d'orchestre napolitain naturalisé anglais, qui est membre du Comité de l'Exposition, l'hymne ne sera pas exécuté lors des manifestations officielles, mais, grâce au mouvement d'indignation de la population anglaise, qui bombarde Verdi de demandes d'autographes, dans le cadre d'une soirée de bienfaisance au Her Majesty's Theater.

De retour à Busseto – juste le temps d'enterrer dans la désolation Loulou, le chien bien-aimé, dont on peut voir encore aujourd'hui la petite stèle funéraire dans le parc de Sant'Agata –, Verdi et Giuseppina se préparèrent à leur second voyage en Russie. Ils y arrivèrent le 24 septembre 1862. Et le 10 novembre, après une escapade à Moscou où Verdi fut ovationné à l'occasion d'une représentation du *Trouvère*, *La Force du destin* fut créée avec notamment Caroline Barbot en Leonora (pour préparer son apparition, Verdi avait pris le soin de lui faire chanter précédemment la première russe du *Bal masqué*), Constance Nantier-Didiée (Preziosilla), Tamberlick (Alvaro), Francesco Graziani (Don Carlo di Vargas) et Achille De Bassini (Fra Melitone). Le tsar, malade, ne put assister à la création, mais parut pour la quatrième représentation, appela Verdi dans sa loge pour le féliciter et lui fit mander deux jours plus tard la croix de commandeur de l'ordre de Saint-Stanislas. Le public fit un triomphe à Verdi, mais la critique fut moins unanime et, comme le remarque Gustavo Marchesi [1], le silence absolu de la « St. Petersburg Zeitung » semble confirmer l'existence d'une opposition du « parti *tudesque* » à laquelle Giuseppina fait allusion dans une lettre.

La Forza del destino

Verdi ne se satisfit point de la version originale de son opéra. Un finale trop meurtrier, des formes où s'observaient encore des résidus des vieilles conventions opératiques, l'influence grandissante du wagnérisme peut-être, le convainquirent de revoir ce grand opéra populaire. Riche de sa révision du *Macbeth* parisien (1865) et de la nouvelle mutation opérée avec *Don Carlos* (1867), il donna en 1869 à Milan une version définitive de *La Forza*, qui, outre la composition de la célèbre ouverture, remaniait en plusieurs endroits la partition et modifiait radicalement le finale en supprimant le suicide d'Alvaro qui sentait décidément trop son romantisme noir. C'est cette version dont on trouvera ici l'analyse.

En Espagne et en Italie au milieu du XVIIIe siècle. Ier acte. Dans le palais du marquis de Calatrava à Séville. Le Marquis (basse) vient souhaiter la bonne nuit à sa fille Leonora (soprano), qui s'apprête en secret à s'enfuir, non sans tristesse (romance *« Me pel-*

1. G. Marchesi, *Verdi*, pp. 325-326.

legrina ed orfana ») avec Don Alvaro (ténor), métis descendant des rois incas. Ce dernier surgit, mais Leonora, tourmentée par le remords, retarde le départ (duo « *Ah ! per sempre* »). Le Marquis reparaît alors et insulte Alvaro, qui, protestant de l'innocence de Leonora, s'offre à lui comme seul coupable : il jette à terre son pistolet, dont le coup part inopinément, tuant le Marquis, qui meurt en maudissant sa fille.

IIe acte. Ier tableau. Dans une auberge du village d'Hornachuelos, parmi les nombeux hôtes, Don Carlo (baryton), frère de Leonora, déguisé en étudiant, cherche sa sœur et Don Alvaro pour venger la mort de leur père. Dans la même auberge est arrivée Leonora, elle-même déguisée en garçon, en compagnie d'un muletier, Trabuco (ténor). En apercevant son frère, elle se cache dans sa chambre. Une gitane, Preziosilla (mezzo-soprano), invite chacun à trouver la fortune dans la guerre qui se prépare en Italie (chanson « *Al suon del tamburo* »). Des pèlerins passent, et l'assemblée se joint à leur prière. Puis Don Carlo tente de savoir de Trabuco quelle est l'identité de la jeune personne qui est arrivée avec lui. Celui-ci se dérobe et l'Alcade demande à Don Carlo de se présenter lui-même, ce qu'il fait en travestissant les faits (ballade « *Son Pereda* »), mais Leonora apprend ainsi qu'Alvaro n'est pas mort comme elle le croyait. Preziosilla, elle, n'est pas dupe de la fausse identité de l'étudiant. – IIe tableau. Dans les environs d'Hornachuelos, Leonora, déguisée en homme, vient chercher refuge au couvent de la Madone des Anges. Se croyant abandonnée d'Alvaro, elle a décidé d'expier son erreur en embrassant la vie religieuse (« *Son giunta... Madre, pietosa Vergine* »), et demande l'hospitalité au couvent. Le frère Melitone (basse bouffe) lui ouvre et va chercher le Père supérieur (basse), qui, après avoir éprouvé sa décision (duo « *Infelice, delusa* »), décide qu'elle vivra en ermite dans une grotte voisine. Il fait appeler tous les frères en appelant la malédiction sur qui voudrait approcher ou percer le secret de l'ermite.

IIIe acte. Ier tableau. Au camp italo-espagnol près de Velletri, en Italie. Seul, Alvaro, devenu capitaine de grenadiers, évoque désespérément la fatalité de son origine indienne et invoque l'âme de Leonora, qu'il croit morte (*« La vita è inferno all' infelice... O tu che in seno agli angeli »*), quand il entend une querelle, se précipite et sauve la vie de Don Carlo, qui a lui-même rejoint l'armée, et dont Alvaro ignore l'identité. Les deux hommes se présentent sous de faux noms et se déclarent une amitié éternelle (duo), quand éclate l'appel aux armes. – IIe tableau. Dans le logement d'un officier espagnol, un Chirurgien commente de la fenêtre la bataille qui se déroule : Alvaro est blessé et sauvé par Carlo, qu'on amène dans la pièce à demi mourant. Pensant qu'il va mourir, Alvaro demande à ce dernier de brûler certains de ses papiers, sans chercher à les lire (duo). Carlo commence à soupçonner la vraie identité d'Alvaro et, tout en respectant sa promesse *(« Morir ! urna fatale del mio destino »)*, découvre un portrait de Leonora. Quand le Chirurgien lui annonce qu'Alvaro est sauvé, il exulte, car il pourra ainsi le provoquer en duel (cabalette *« Egli è salvo ! »*). – IIIe tableau. Au camp, après le passage de la Ronde, Carlo rejoint Alvaro et, s'étant assuré qu'il était en état de soutenir un duel, lui apprend qu'il l'a reconnu, que Leonora n'est pas morte, et le défie, malgré les protestations de son adversaire (duo). Ils sont séparés par la patrouille. Alvaro résout de chercher la paix dans un cloître. Au réveil du camp, dans l'animation générale, Preziosilla dit la bonne aventure, tandis que Trabuco, devenu brocanteur, se livre à son trafic avec les soldats (air *« A buon mercato »*). Des paysans affamés mendient, les recrues chantent la nostalgie du pays et les vivandières les réconfortent. Tous chantent la folie de la guerre (Tarentelle). Arrive alors le frère Melitone qui, dans un prêche bouffe *(« Venni di Spagna »)*, tente de convertir les soldats. Les Italiens le prenant à partie, Preziosilla intervient et fait diversion en chantant son *Rataplan*.

IVe acte. Ier tableau. Cinq ans plus tard. Intérieur du couvent de la Madone des Anges. Melitone distribue de mauvais gré de la nourriture aux indigents (chœur et air bouffe), qui regrettent la compassion du père Raffaello – lequel n'est autre qu'Alvaro entré dans les ordres. Le Supérieur morigène pieusement Melitone, qui exprime son antipathie pour ce nouveau moine au teint basané et au regard de sauvage (petit duo). On sonne : c'est Carlo qui demande le père Raffaello, dont il a réussi à retrouver la trace. Quand celui-ci arrive, il se fait connaître et, Alvaro refusant chrétiennement un duel, l'insulte à diverses reprises jusqu'à l'entraîner à se battre (duo *« Le minacce, i fieri accenti »*). Ils sortent. – IIe tableau. Près de la grotte où Leonora vit en ermite. La jeune femme implore de Dieu la paix de la mort *(« Pace, pace, mio Dio »)*, quand on entend un bruit de combat. Alvaro paraît, l'épée ensanglantée : il vient de blesser à mort Carlo, qui demande la confession. Reconnaissant sa bien-aimée, il lui explique son geste. Leonora se précipite et, soutenue par le Supérieur, revient blessée à mort : son frère, avant de mourir, l'a frappée. Le Supérieur prêche la résignation à Alvaro, tandis que Leonora expire (trio final).

Par l'invraisemblance de son livret, supérieure encore à celle du *Trouvère*, et le mélange du grotesque et du tragique, *La Force du destin* (dont d'aucuns ont dit par boutade que le titre pourrait être celui de n'importe quel mélodrame) passe pour être l'opéra le plus problématique des grandes œuvres de la maturité. Un mot d'abord sur l'invraisemblance. Plus éloigné qu'aucun autre art de la réalité causale, ce en quoi il se rapproche si souvent de la mythologie ou du psychodrame, le théâtre chanté n'a que faire des catégories logiques. Qui soulèverait aujourd'hui la question de la vraisemblance à propos de *Così fan tutte*, de *Fidelio*, du *Vaisseau fantôme* ou de *Turandot* ? Nous savons, par ailleurs, l'exigence qui animait Verdi dans le choix et l'élaboration de ses livrets. C'est donc avec le plus grand sérieux – mais en en comprenant l'ironie tragique – qu'il faut prendre cette parabole sur le destin, s'ouvrant, comme *Le Trouvère*, sur un « acte manqué » : un coup de feu mortel par accident – acte qui n'est du reste que trop banal. Que, passé ce véritable prologue qu'est le premier acte, et à travers l'improbabilité absolue des événements, Alvaro ne retrouve sa bien-aimée que pour la voir expirer, au bout de trois heures de musique, relève de la fable, une fable sinistre et *railleuse* sur le sens de l'existence. C'est pourquoi mutiler *La Force*, comme on l'a parfois fait sur scène, en l'amputant de ses épisodes burlesques revient, non seulement à trahir un compositeur qui mesurait toujours ses choix dramatiques, mais surtout à réduire l'opéra à une sorte de roman gothique (comme *Le Moine* de Lewis, que Verdi s'était refusé à mettre en musique) et à barrer ainsi tout accès à l'intelligence du drame. On a coutume de lire chez les commentateurs que, dans *La Force*, Verdi n'est pas parvenu à fondre les genres, mais seulement à les juxtaposer. Cette critique, qui mérite d'être discutée pour le tableau du campement (dernier tableau de l'acte III), ne peut se justifier pour le reste de l'ouvrage. Une lecture à peine attentive suffit à convaincre du contraire : voyez, pour ne donner qu'un exemple, le magnique duo qui confronte le rôle bouffe de Melitone au Supérieur au quatrième acte. Nous savons d'ailleurs que l'intermittence d'un rôle n'est en aucun cas le signe qu'il est secondaire. Pensons à Oscar dans le *Bal masqué*. Et réfléchissons plutôt sur l'importance que, dans ses lettres, Verdi attachait à Melitone, personnage d'ascendance clairement rossinienne, et à Preziosilla, conçue un moment comme un soprano léger, qui étaient à ses yeux, « sous un certain rapport, *les premiers [rôles] de l'œuvre* [1] ». Le moine bouffe et la gitane sont les revers symboliques du drame. L'obscénité grotesque de Baubô relevant ses jupes devant le deuil de Déméter. En relisant ainsi *La Force du destin*, on jugera que, loin d'être un épisode annexe et même superflu, le dernier tableau

1. Les italiques sont de notre fait.

du troisième acte présente l'autre face tragique de la vie : la misère des humbles (paysans et conscrits, boniment plaintif de Trabuco, qui à l'origine était conçu comme un juif [1]), et, simultanément, la « folie » nécessaire à l'homme pour affronter la « guerre » de l'existence (la Tarentelle – morceau dont il semble bien que les paroles furent dictées par Verdi lui-même [2]). Et si Preziosilla est la voix brillante et enjôleuse qui excite à l'illusion du vouloir-vivre, Melitone, dans les calembours de son prêche, est le héraut déjà falstaffien de l'absurdité de vivre, car « le monde est devenu la demeure des larmes / (...). Tout est sens dessus dessous ». A ce stade de son évolution, on ne serait pas loin de dégager chez Verdi une sorte de schopenhauerisme en acte, à ceci près qu'au lieu d'analyser l'insensée persistance du vouloir-vivre l'œuvre verdien met systématiquement en relief la pulsion de mort qui lui est liée : « Si l'on frappait aux tombeaux et que l'on demandait aux morts s'ils voudraient revenir au jour, ils secoueraient la tête en signe de refus [3]. » Métaphysique qu'en Italie Leopardi, ce frère aîné de Schopenhauer et de Nietzsche, avait abondamment développée, en des termes quasiment identiques, dans ses *Canti* et ses *Operette morali.* Leopardi n'est pas seulement un intertexte sporadique des livrets verdiens : il serait bien étonnant que ce lecteur vorace, attentif et profondément pessimiste que fut Verdi ait ignoré le plus grand poète de l'Italie moderne. D'où l'exaltation de la douceur de la mort qui, esquissée jusque-là comme une pure aspiration, se manifeste pleinement dans la version milanaise

1. Lettre à Piave citée par F. Abbiati, *Giuseppe Verdi,* II, p. 658.
2. Lettre à Piave du 5 novembre 61, *ibid.*, p. 661.
3. Schopenhauer, *Métaphysique de l'amour, Métaphysique de la mort,* p. 94. Ces textes sont en réalité des compléments au *Monde comme volonté et représentation.* Nous choisissons cette traduction pour sa beauté supérieure à celle de A. Burdeau, *Le Monde...* PUF, Paris, 1966.

de *La Force du destin* – remaniée avec l'aide de Ghislanzoni, le futur librettiste d'*Aida* –, laquelle s'achève on ne peut moins spectaculairement sur un long *pianissimo* des cordes (trémolo des violons et arpèges de harpe), anticipant ce genre « vaporeux » que Verdi désirait si ardemment pour le finale de son futur opéra égyptien : *« Lieta poss'io precederti / alla promessa terra... / Là cesserà la guerra... »*

Donc, dans les plis du drame, l'ironie. Et cette ironie amère qui irrigue *La Force*, on peut s'étonner que nul n'ait observé son expression la plus pure, la plus acide, dans le bref duo entre Carlo et Alvaro (acte III, premier tableau), ennemis mortels se jurant une amitié *« in vita e in morte »*, duo qui, selon un commentateur, « n'a rien de bien notable : il est écrit dans le style guerrier dont use Verdi pour ses dernières œuvres, un peu conventionnel ». Justement, dans l'emphase de convention de cet emblème éclatant fiché au centre de l'ouvrage, entendons le rire amer, le rire terrible de Verdi, qui, dès 1848 à Paris, avait mesuré « de ses propres yeux » tout ce qui pouvait arriver « de sérieux et de bouffon [1] » dans une guerre, une guerre *fraternelle.*

Evidemment, *La Force du destin* exigerait d'être analysée sous d'autres angles, thématiques ou musicaux. Du point de vue des invariants de l'imaginaire verdien, la séquence initiale de l'opéra, qui enchaîne l'amour entre père et fille (si manifeste dans la situation, le lexique et la ligne de chant), la romance de Leonora, enfin le meurtre et la malédiction, dissiperait ainsi toute tentation d'établir un parallèle avec la situation initiale du *Don Juan* mozartien, en rappelant bien davantage *Rigoletto* ou *Le Roi Lear,* et ce d'autant plus que la romance de Leonora semble être issue d'une esquisse destinée au drame shakespearien. Nous n'insisterons pas plus sur

1. Lettre à la comtesse Appiani du 9 mars 1848.

l'influence qu'exerça *La Forza del destino* sur les développements de l'opéra russe, et spécialement sur Moussorgsky, ni sur les caractéristiques vocales des personnages et la détermination définitive du grand soprano verdien, qui abandonne ici l'agilité des héroïnes de la jeunesse ou de la trilogie pour développer le large chant *spianato* du soprano dramatique. Il est temps pour nous de revenir à la vie du compositeur.

Verdi s'était senti si bien à Saint-Pétersbourg qu'il s'était même laissé aller aux cordiales mondanités de la vie russe : « Etonnez-vous ! Durant ces deux mois, j'ai fréquenté les *Salons* [1], et des dîners, des fêtes, etc. J'ai connu de grands et de petits personnages : des hommes et des femmes extrêmement aimables, et d'une *politesse* vraiment exquise, bien différente de l'impertinente *politesse* parisienne », écrivit-il à Clarina Maffei. Et nous savons, par le journal d'un diplomate piémontais, qu'il exécutait même au piano des fragments de ses œuvres dans le salon de la comtesse d'Adelberg. De retour à Paris, affligé d'un « furoncle qui le tourmen(tait) à mort », il s'opposa à ce qu'on monte *La Forza* tant à l'Opéra qu'au Théâtre italien, toujours dirigé par l'horrible Calzado – dont le maintien ne pouvait s'expliquer que par des « protections » très puissantes ; et, dès qu'il se sentit mieux, au début de l'année 1863, il partit avec Giuseppina pour Madrid, où il assista mi-figue mi-raisin, car tout n'était pas de la même qualité dans cette production, au triomphe de *La Force du destin.* Puis ce fut l'Andalousie, où, malgré la fatigue du voyage, il admira l'Alhambra, mais détesta le mauvais goût de l'Escurial, cet « amas de marbres ». Peut-être y respirait-il déjà l'air étouffant de son futur *Don Carlos.* Le couple rentra épuisé à Paris, où Verdi devait suivre la reprise des

1. En français dans le texte, comme les autres mots en italique.

Vêpres à l'Opéra, ce qui le retint plus longtemps que prévu dans la capitale mais précipita également son départ. Et voici comment : « A l'une des nombreuses répétitions, il semble à Verdi que l'on ait pressé le mouvement d'un passage. Il en avertit Dietsch, le chef d'orchestre, qui le fait reprendre. Par dépit, l'orchestre ralentit le mouvement d'une manière exagérée. Il n'en faut pas plus pour provoquer la colère de Verdi, qui apostrophe Dietsch :

— C'est une mauvaise plaisanterie, n'est-ce pas ?

— Bon Dieu, répond Dietsch, ces messieurs pensent qu'ils ont assez répété.

— Ah, vraiment ?

— Comprenez, ils ont leurs occupations...

— Ah, ils ont leurs occupations ? Et leurs occupations ne sont pas celles de l'Opéra ? Bien [1]. »

Et Verdi quitta la salle pour ne pas y revenir.

L'anecdote pourrait paraître romancée si elle n'était également rapportée dans des termes presque identiques par un journaliste de « L'Art musical », et qu'elle ne consonnât parfaitement avec ce que nous savons et des mœurs régnant alors à l'Opéra de Paris (la chute de *Tannhaüser* en 1861 avait été partiellement due à la mauvaise volonté de l'orchestre et de son chef) et de la singulière susceptibilité de Verdi face à l'« impertinence » française. Le lendemain de la première, à laquelle il n'assista pas, Verdi repartait pour Sant' Agata.

Mais l'Italie, l'Italie artiste, n'était plus alors tout à fait unanime dans l'amour qu'elle avait porté jusque-là au maestro qui, non sans une certaine fierté doublée d'ironie, pouvait écrire au même moment à son vieil ami Opprandino Arrivabene : « ... malgré l'actuelle déca-

1. Selon le récit qu'en fait Carlo Gatti, d'après la biographie, assez romancée mais contemporaine, d'Arthur Pougin.

dence découverte par les *Savants* (...), si tu vas aux Indes ou au fin fond de l'Afrique, tu entendras *Le Trouvère.* » Un jeune mouvement artistique s'était formé à Milan, qui réclamait la purification et le renouvellement de l'art italien. Le rayonnement de Wagner n'était pas étranger à ces convulsions, même si Arrigo Boito, le chef de file du mouvement, n'allait pas tarder à en renier l'autorité. De ces *Scapigliati* (« Echevelés »), l'apport réel fut bien maigre, si l'on excepte le rôle qu'ils jouèrent dans le renouveau en Italie de la musique intrumentale et, aux marges du mouvement, l'œuvre de Carlo Dossi, prodigieux destructeur des formes et du langage dont Carlo Emilio Gadda, le Joyce italien, recueillerait au XXe siècle l'héritage. Mais, grâce à Boito, Emilio Praga et Franco Faccio, le mouvement réussit momentanement à secouer la torpeur esthétique des milieux milanais. Farouchement antibourgeois mais non moins reçus dans la bonne société, et notamment protégés par la vieille amie de Verdi, la comtesse Maffei, ces sectateurs d'une esthétique assez baudelairienne, mêlant des revendications réalistes à l'idéalisation de l'Art, préparaient alors, avec l'enthousiasme bouillonnant et aveugle de la jeunesse, la création des *Profughi fiamminghi (Les Exilés flamands)* de Faccio, sur un livret de Praga. Ce dernier devait mourir alcoolique et désenchanté une douzaine d'années plus tard, tandis que Faccio, deviendrait l'un des plus grands chefs d'orchestre italiens avant de mourir lui-même en 1891, terrassé comme autrefois Donizetti, par une démence d'origine syphilitique. En attendant, Boito écrit dans « La Perseveranza » un article dans lequel il critique la « formule » (opposée à la « forme ») où s'est enfermé l'opéra italien depuis Monteverdi jusqu'à Verdi, et donne, dans le « Giornale della Società del Quartetto », une recension passablement délirante à propos de Mendelssohn : « Le Sublime est plus simple que le Beau. Le Beau peut s'incarner dans toutes les variétés de la forme, les plus bizzares, les plus multiples, les plus disparates. Au Sublime ne convient que la grande forme, la forme divine, universelle, éternelle : la forme sphérique. L'horizon est sublime, la mer est sublime, le soleil est sublime. Shakespeare est sphérique, Dante est sphérique, Beethoven est sphérique... » Antonio Ghislanzoni, pourtant proche des *Scapigliati*, manque en mourir de rire : « Je n'ose plus passer devant une courge sans lever mon chapeau, (...) poussé à soupçonner que la courge est plus sublime que le soleil », et Verdi, non moins amusé, s'écrie : « Quelle affaire, si j'avais moi aussi compté parmi les *sphériques* ! (...) Le malheur, c'est qu'avec le ventre que je suis en train de prendre... »

Boito était loin d'être un imbécile, et il était déjà même un technicien hors pair de la métrique italienne (son œuvre poétique la plus étrange et la plus représentative, *Le Roi Ours*, date de l'année suivante). Simplement il avait vingt-deux ans. Et c'est avec l'inconscience de cet âge qu'il avait eu l'impudence de déclamer certain toast lors du banquet qui avait suivi la première des *Profughi fiamminghi :* « A la santé de l'art italien ! / Pour qu'il échappe un instant / au cercle des vieilleries et du crétinisme (...). / Peut-être est-il déjà né celui qui, sur l'autel, / redressera l'art, chaste et pur, / sur cet autel souillé comme le mur / d'un lupanar... » Et cette couleuvre-là, Verdi avait eu du mal à l'avaler. Par coquetterie, il professait une inintelligence conceptuelle et même une inculture que toute son œuvre dément, et, si la gloire grandissante de Wagner ne pouvait que l'agacer, il ne se départait pas pour autant d'une réserve des plus élégantes : « On accuse ces deux jeunes gens [Boito et Faccio] d'être d'ardents admirateurs de Wagner. Rien de mal à cela, pourvu que l'admiration ne dégénère pas en imitation. (...) Wagner n'est pas une bête féroce, comme le veulent les puristes, ni un prophète, comme le veulent ses apôtres. C'est un homme de beaucoup d'esprit qui se plaît dans les voies scabreuses, parce qu'il ne sait pas en trouver de plus faciles et de plus directes. Que les jeunes gens ne s'illusionnent pas : beaucoup font croire qu'ils ont des ailes, parce que en réalité ils n'ont pas de jambes pour tenir debout [1]. »

C'est la première allusion à son grand contemporain dont nous ayons connaissance, et nous ne savons pas ce que Verdi, qui n'avait pas l'habitude de parler de ce qu'il ignorait, connaissait alors de Wagner. Le jour viendra où, plume à la main, il annotera la partition de *Lohengrin*, et, plus tard encore, dira sa tristesse à la mort du compositeur allemand. Pour l'instant, nous n'en sommes pas là, et c'est moins contre ce gamin de Boito que contre l'absurdité de la vie, une vie où il n'a cessé de renouveler ses formes et de prêcher à sa manière la naissance du drame moderne, qu'il s'irrite au fond des solitudes champêtres de Sant'Agata.

1. Lettre à Clarina Maffei du 31 juillet 1863.

CHAPITRE X

Le miroir de la mélancolie

Le 22 octobre 1864, au milieu de ses champs détrempés par un pluvieux automne, Verdi écrivait à Tito Ricordi : « Il pleut, il pleut, il pleut ! Adieu campagne, adieu promenades, adieu beau ciel d'azur, adieu espaces infinis, adieu désirs et espérances de venir à Côme ! Nous aurons quatre murs au lieu de l'infini, le feu au lieu du soleil, les livres et la musique remplaceront l'air et le ciel... L'ennui au lieu du plaisir ! / Soit. Nous ferons de la musique pour... pour faire comme tout le monde : nous ennuyer à périr avec la plus grande part de la musique dite classique, à cela près que, lorsque je m'ennuie, moi, je le dis, quand d'autres feignent des extases pour des beautés qui ne s'y trouvent pas, ou qu'on trouve tout autant dans notre musique. / C'est ainsi : l'époque actuelle bavarde, se démène, se fatigue beaucoup, et produit peu, et tente de se fabriquer une musique nouvelle avec du fard et des os de cadavres. Si jamais s'y trouve un peu de soleil, alors vive la musique nouvelle ! » Tout Verdi est là, avec sa tristesse native, son amertume, sa violence poétique, son honnetêté – et ses roueries. Car dans la même lettre il demandait à son éditeur de lui envoyer un recueil pour piano intitulé

L'Art antique et moderne, dans lequel il appréciera particulièrement une étude de Clementi et regrettera l'absence de la Fugue dite « du chat » de Scarlatti. Malgré ses protestations sur son inculture et son habitude déclarée de ne jamais lire de musique, sa curiosité était toujours en éveil et sa culture musicale vraiment vaste, comme le prouve la bibliothèque de Sant'Agata.

Nous ne croyons pas, comme on le lit trop souvent, que l'ascension de Wagner et les querelles sur la « musique de l'avenir » aient eu une part essentielle dans la relance de la créativité dont Verdi va de nouveau faire preuve – et ce jusqu'à sa mort. Il avait sans cesse renouvelé ses formes et, sous ses laconiques déclarations esthétiques, avait montré depuis longtemps son indépendance et son souci de l'unité du drame. Même si les pointes de la nouvelle école avaient blessé son amour-propre, les remaniements qu'il songeait à opérer sur *La Force du destin* et l'annonce qu'il fait à Ricordi, dans une lettre de peu postérieure à la précédente, de son intention de réviser son *Macbeth* pour le Théâtre-Lyrique de Paris, alors dirigé par l'« honorable » Léon Carvalho (l'épithète est d'Escudier), s'inscrivent même dans la volonté de montrer à la fois la validité des « vieilles » formes et la façon dont il les avait pliées à son dessein dramatique.

A propos de ce *Macbeth* parisien dont Verdi médite alors la révision, citons un mot peu connu que le compositeur écrivit après la mort de Meyerbeer (1864) : « ... Oui, je crois que Meyerbeer a bien fait de refuser l'invitation du roi de Prusse, qui voulait lui faire mettre en musique les *Euménides* d'Eschyle. On ne sait là-dedans si les personnages sont des hommes ou des dieux. Le seul vrai caractère chez Eschyle est Clytemnestre [1]. » Ce qui nous confirme une fois de plus la

1. Cité par F. Abbiati, *Giuseppe Verdi*, II, p. 794.

culture de Verdi, ses positions esthétiques, et la relation à laquelle nous avions fait fugitivement allusion entre l'héroïne grecque et Lady Macbeth.

Macbeth (II)

Outre les pages qu'il se sentit en devoir de récrire ou de remanier, les deux obstacles que rencontrait Verdi dans sa révision de *Macbeth* étaient le finale de l'opéra et le ballet qu'il fallait insérer pour une version française. On sait, depuis notre analyse de l'ouvrage, comment Verdi résolut le premier point par un hymne précédé d'une splendide page descriptive de la bataille (« Vous rirez quand vous entendrez que, pour la bataille, j'ai écrit une *Fugue* ! ! ! Une *Fugue ?* Moi qui déteste tout ce qui empeste l'école – et cela faisait presque trente ans que je n'en avais pas écrit ! ! ! »). Mais il n'est pas inintéressant de se pencher sur le ballet de *Macbeth*, que, contrairement à celui des *Vêpres* ou du *Trouvère*, Verdi n'aurait su concevoir comme une simple concession au goût français qui eût rompu l'unité d'action d'une tragédie à laquelle il tenait si viscéralement. A ses yeux, le ballet fera désormais partie intégrante de *Macbeth* [1]. C'est naturellement au texte de Shakespeare – ou plutôt à un passage apocryphe (ce que le compositeur ne pouvait savoir à l'époque), mais suggéré par quelque vers de la tragédie [2] – que Verdi

1. Pour la première de la nouvelle version à la Scala, il écrivit ainsi à Ricordi : « On devra jouer cette œuvre telle quelle, sans coupure ou addition d'une seule note, et donner le ballet avec soin, car il a de l'importance » (cité par M. J. Phillips-Matz, *Giuseppe Verdi*, p. 595).

2. Sur cette question, voir l'introduction de P. Leyris à sa traduction de *Macbeth*, pp. 13-15, ainsi que G. Baldini, *Manualetto Shakespeariano*, p. 420.

revint. Et c'est là, que, peut-être inspiré par la structure ternaire de sa lecture et le rôle moteur qu'il attribuait aux sorcières, il eut l'idée d'utiliser l'apparition d'Hécate, déesse triforme de la Nuit, pour composer une petite séquence chorégraphique au début du troisième acte, avant que Macbeth ne revienne interroger les sorcières. Verdi, qui rédigea, ou fit rédiger, en français le synopsis de ce ballet, l'assortit, dans une lettre à l'adresse d'Escudier, d'un copieux commentaire destiné aux exécutants : « ... Vous verrez que, dans le Ballet, se trouve une petite action *qui se lie parfaitement au reste du drame* [c'est nous qui soulignons]. L'apparition d'*Hécate*, la déesse de la nuit, convient très bien, parce qu'elle interrompt tous ces *ballabili* infernaux et donne lieu à un adagio calme et sévère. Inutile de vous dire qu'*Hécate* ne doit jamais danser, mais uniquement prendre des poses. Inutile aussi que je vous avertisse que cet adagio doit être exclusivement joué par le *clarone* ou la clarinette basse (comme indiqué), de sorte qu'à l'unisson avec les violoncelles et le basson il forme un son grave, sombre et sévère, comme l'exige la situation... » (lettre du 23 janvier 1865).

L'idée de développer son ballet – ironiquement berliozien dans l'instrumentation, mais non moins poétique et inspiré – en trois mouvements autour de la figure triplice d'Hécate vint-elle à Verdi spontanément ou par le truchement de quelque influence livresque ? Nous n'en saurons jamais rien. Mais une hypothèse se présente au détour des recherches toujours ouvertes sur la culture du compositeur. On n'a pas mesuré encore, nous l'avons dit, toute l'influence qu'eut sur Verdi la fréquentation très précoce d'Alfieri. Plus négligée encore est celle que put avoir sur lui un autre père du *Risorgimento*, Ugo Foscolo, le poète des *Tombeaux*. Mais il suffit de parcourir la correspondance de Verdi pour apprendre que, durant la longue période où il se livra avec passion à une collection d'autographes, il réussit à s'en procurer plusieurs de ce poète grâce à Mariani et Maffei. En novembre 1859, il écrivait à ce dernier : « Je te suis encore reconnaissant, mille fois reconnaissant, des trois importants autographes que tu m'as adressés. Tu peux t'imaginer combien m'a été particulièrement cher celui de Foscolo... » Et, trente ans plus tard, il citait de mémoire à Boito une phrase de Sterne traduite par le poète gréco-vénitien [1]. L'hypothèse est hardie, mais Verdi était si peu sensible à la mise en scène directe du mythe (qu'il ne pouvait réactiver qu'à travers l'humanité de ses personnages) qu'on ne serait guère étonné que, subliminalement au moins, la décision de choisir la figure d'Hécate pour le ballet de *Macbeth*, lui ait été suggérée par un passage d'un ouvrage de Foscolo, *La Chioma di Berenice (La Chevelure de Bérénice),* dont l'érudition mêlée de bouffonnerie ne pouvait que lui plaire. Dans la troisième des « Considérations » qui suivent la traduction du poème de Catulle, Foscolo écrivait en effet à propos de « Diana Trivia », c'est-à-dire Hécate : « ... L'histoire nous montre que les premières adorations de toutes les nations allèrent au Soleil et à la Lune. / (...) Avant Jupiter, il y eut le Soleil ; avant Neptune, il y eut la Mer ; avant Pluton, Hécate ou la Lune. / Le *Numen* de la Lune, ou Diane-Hécate, fut donc antérieur aux autres gardiens et rois de l'Enfer. D'où dérivèrent les enchantements et les horribles évocations auxquelles préside toujours la Lune (...). Cette surnaturelle et stupéfiante horreur des enchantements naît dans les temps de barbarie, *comme on le voit surtout dans les tragédies de Shakespeare* [2]... »

On n'attachera pas une valeur excessive à cette hypothèse, qui nous a du moins donné l'occasion d'enrichir le

1. Lettre du 9 juillet 1889.
2. C'est nous qui soulignons.

tableau de la culture de Verdi. Malgré les télégrammes de Carvalho et d'Escudier chantant le succès du *Macbeth* français au Théâtre-Lyrique (21 avril 1865), Verdi comprit assez vite que la première avait été proche du « fiasco ». Il s'exagérait sans doute la réaction des Parisiens, décontenancés en effet par le mélange de « sublime » et de « trivialité » ; mais le même public se passionnait beaucoup plus pour la prochaine création de l'œuvre posthume de Meyerbeer, *L'Africaine*, en faveur de laquelle la veuve de la « momie » se dépensait sans compter, étalant, comme le disait plaisamment Verdi, « épingles, tabatières, bracelets » et autres « médaillons », en confondant « l'art » et « la banque ». Après toutes ces déceptions parisiennes, on comprend la réaction immédiate qu'eut le compositeur en juin 1865, quand Escudier lui proposa d'écrire une nouvelle œuvre pour l'Opéra : « Vous plaisantez ? ! Ecrire pour l'Opéra (...) après ce qui s'est produit voilà deux ans aux répétitions des *Vêpres* ? » Et, pensait-il probablement, « après le fiasco de mon *Macbeth* ». Mais, dans la même lettre, il poursuivait : « ... Laissons de côté ces petites intrigues [allusion aux manœuvres de Mme Meyerbeer] et ces plaisanteries, car j'aurais le cœur à affronter toutes ces colères et ces malédictions, pourvu que j'eusse de mon côté un Directeur doté d'intelligence et de poigne, comme l'est certainement M. Perrin. (...) *Le Roi Lear* est magnifique, sublime, pathétique, mais n'a pas assez de splendeur scénique pour l'Opéra. De ce point de vue, *Cléopâtre* [probablement une adaptation d'*Antoine et Cléopâtre* que lui proposait Escudier] est meilleure, mais l'amour des protagonistes, leurs caractères, leurs aventures même, excitent peu de sympathie. Du reste, pour en juger, il faudrait en avoir connaissance. A la fin, tout dépend du livret. Un livret, un livret, et l'opéra est fait ! » Il repensa tout de même au *Roi Lear*, écarta le livret de *Cléopâtre* qu'on lui adressa, et reçut le choc inspirateur qu'il attendait quand Escudier lui proposa un sujet qui était pour lui une très vieille connaissance : *Don Carlos*, d'après Schiller.

Si, depuis les *Vêpres*, le rythme des créations s'est considérablement ralenti chez notre compositeur, qui voile sa vie intérieure sous le masque du gentilhomme-paysan se partageant entre travaux agricoles, agrandissements de la maison et siestes quotidiennes, Verdi ne cesse en réalité de manifester une activité multiforme. Lecteur toujours vorace et cosmopolite (c'est à cette époque qu'il se fait adresser *L'Evolution des espèces* de Darwin – en français ou même en anglais, précise-t-il – et une traduction italienne des poèmes de Heine), il n'oublie pas tout à fait qu'il est député et musicien, et se démène en particulier pour faire voter un statut légal des droits d'auteur. Il est vrai qu'à titre individuel il se bat rageusement depuis de longues années contre le laxisme de Ricordi, son éditeur, l'impéritie croissante des théâtres italiens, à commencer par la Scala, et la défense de son œuvre à l'étranger. De plus, et bien qu'on pressente chez lui la souveraine indifférence du grand pessimiste, sa correspondance – tantôt drôlatique, tantôt irascible et impérieuse – laisse voir à quel point il était cerné et irrité, bien malgré lui, par les querelles sur la « nouvelle musique » qui allaient de nouveau flamber à l'occasion de la création à Gênes, sous la baguette de Mariani, de l'*Amleto* de Faccio sur un livret de Boito (31 mai 1865), querelle encouragée par la célébrité journalistique de l'époque, Filippo Filippi, que Piave, Mariani et Verdi appelaient entre eux « la Filippa »... Enfin, le père de notre musicien était sérieusement malade, et, l'oubli étant tombé depuis longtemps sur les vieilles disputes, quand le vieil homme dévot, qu'il avait recueilli au palazzo Cavalli de

Busseto, s'éteindra, Verdi, alors bloqué à Paris par la création de *Don Carlos*, connaîtra une véritable épreuve affective. Il n'est pas interdit de penser, du reste, que l'anticipation de la mort du père ait inconciemment plané sur toute la gestation de *Don Carlos*, œuvre reposant en grande partie, comme on va le voir, sur la double problématique de l'amour œdipien et de la filiation paternelle. A ces charges et sollicitations innombrables qui pesaient sur les épaules du prétendu « paysan » s'ajoutera la nouvelle guerre entre l'Autriche et l'Alliance italo-prussienne, qui mettra une fois de plus en péril les domaines de Sant'Agata et s'achèvera par l'humiliation, moins de la « défaite » de Custozza – qui fut en réalité une demi-victoire italienne malheureusement désamorcée par la retraite insensée du général La Marmora –, que de la rétrocession de Venise à l'Italie *via* l'empereur français.

C'est donc sur cet arrière-plan rien moins que paisible que Verdi s'attacha pendant plus d'un an et demi à la composition de *Don Carlos.* De nombreux documents permettent de reconstituer les étapes de cette genèse. Résumons-les. En juillet 65, Verdi met au point le sujet de son ouvrage sur un scénario que lui a apporté Escudier, expressément venu à Busseto. Et il le fait de façon assez détaillée pour exprimer déjà des vues très précises et des souhaits significatifs : « ... J'aimerais, comme dans Schiller, une petite scène entre Philippe et l'Inquisiteur ; *ce dernier aveugle et très vieux* [c'est nous qui soulignons]... » Au mois d'août, l'Opéra lui envoie un projet de contrat, et Verdi et Giuseppina arrivent à Paris au tout début décembre. Après trois déménagements, le couple s'installe au 67, avenue des Champs-Elysées, où Giuseppina va organiser avec bonheur, après les mois de solitude campagnarde, de petites soirées moins mondaines qu'amicales. On y comptera le grand sculpteur

Dantan (qui offre à Verdi une étonnante caricature du compositeur en Lion), la toute jeune mais déjà merveilleuse Adelina Patti, que le musicien adore et qu'il appelle « le petit diable », le ténor Fraschini, le vieux Ronconi, Léon Escudier, Camille Du Locle, librettiste de *Don Carlos*, Tamberlick [1], etc. Verdi admire les transformations de Paris, va entendre *L'Africaine*, qui ne l'emballe guère, découvre l'ouverture de *Tannhaüser* (« il est fou », écrit-il de Wagner, mais le mot est chez lui presque affectueux), et s'impatiente de la lenteur avec laquelle ses librettistes, Méry, qui va bientôt mourir, et Du Locle, qui finira l'ouvrage, avancent dans la rédaction du texte. Il achève tout de même le premier acte avant le printemps et repart pour Sant'Agata avec le reste du livret, cherchant une inspiration qui le fuit en ville. C'est là, dans un climat « de feu et de flammes », car la guerre a éclaté, qu'il travaille à la composition, tout en surveillant par correspondance l'achèvement du texte : une surveillance étroite, qui impose à Du Locle de reprendre des pans entiers de l'ouvrage. La guerre l'oblige finalement à se réfugier plusieurs semaines à Gênes, où, avant de repartir, il loue l'étage noble d'un beau palais patricien, le palazzo Sauli-Pallavicino, dont il sous-louera bientôt quelques pièces à Mariani. De retour à Paris, il repart presque aussitôt pour soigner ses maux de gorge à Cauterets : il y continue à composer son opéra, mais de mémoire, car il a oublié le livret à Paris. Peut-être un acte manqué, car, durant les moments les plus dramatiques de la guerre, il a tenté de tout plaquer pour rentrer à Sant'Agata. Quoi qu'il en soit, il correspond toujours avec Du Locle, gardant, y

1. En revanche, Adam Mickiewicz, que Verdi avait peut-être connu en 1848 (le grand poète polonais étant venu combattre au côté des Italiens durant la première guerre de libération), ne parut certainement pas à ces dîners, comme le rapporte à tort F. Abbiati (*Giuseppe Verdi*, III, p. 63) : il était mort en 1855 à Istanbul.

compris en français, la haute main sur les situations et la prosodie de l'ouvrage. On retrouvera même dans le livret français des phrases indiquées par Verdi, que Du Locle s'est contenté de polir. Outre qu'il percevait à merveille la cadence musicale de notre langue, Verdi avait beaucoup approfondi ses connaissances linguistiques, et, contrairement à ce qu'on peut lire ici et là, il n'avait plus guère besoin des « coups de lime » de Giuseppina, dont les lettres montrent que, si son talent d'épistolière était bien supérieur à celui de Verdi, son français était parfois aussi incertain. Au total, la composition de *Don Carlos* aura duré du début du printemps à la mi-septembre 1866. De retour dans son appartement des Champs-Elysées, Verdi doit maintenant affronter le plus dur : les répétitions, qui, à Paris, durent des mois. « Je suis immergé dans les répétitions de *Don Carlos* », écrit-il à Opprandino Arrivabene. « On avance, mais, comme toujours à l'Opéra, à pas d'escargot. » Il y aura – on a peine à le croire – deux cent soixante-dix répétitions. Comme il l'écrira quelques mois plus tard à Escudier pour la création italienne de l'opéra à Bologne : « Ici, il y a moins d'un mois que l'on répète, et l'on obtient de grands effets; à l'Opéra, on répète pendant huit mois et l'on finit par obtenir une exécution exsangue et glacée. » Malgré un chef, Georges Hainl, beaucoup plus complaisant que le triste Dietsch, congédié depuis longtemps, il « s'engloutit dans les répétitions », devant subir les rivalités des cantatrices et adapter le rôle de Carlos aux moyens plutôt étroits du ténor Jean Morère. Son humeur se dégrade. A la nouvelle de la mort de son père, Verdi cesse d'aller à l'Opéra et s'enferme dans sa chambre en refusant de voir qui que ce soit. Puis, rassuré sur le sort de sa petite nièce Maria Filomena, qu'il a fait installer à Sant'Agata, et se relevant peu à peu de son deuil, il reprend la dernière phase des répétitions. Bien que le compositeur eût fait interdire à tout journaliste l'entrée de la salle, Jules Claretie, du « Figaro », réussit à se cacher dans une loge et donna un reportage qui, malgré son ton passablement emphatique, peint de façon très vraisemblable Verdi, « assis sur une simple chaise, ses grandes mains blanches posées sur ses genoux, immobile comme quelque dieu assyrien, pensif, écoutant de tout son être », attentif à la moindre erreur et prêt à bondir pour corriger un accent, un tempo, une nuance expressive.

La première eut lieu le 11 mars 1867, dans le cadre de l'Exposition universelle, en présence des souverains et d'une brillante foule de personnalités françaises et étrangères. La distribution comptait Louis-Henri Obin (Philippe II), Jean Morère (Carlos), Jean-Baptise Faure (Posa), Marie Sass (Elisabeth), Pauline Gueymard (la princesse d'Eboli) et la basse David dans le rôle du Grand Inquisiteur. Un détail, qui a son importance si l'on sait les vicissitudes qui attendaient cette partition monumentale, mérite d'être rapporté : à l'Opéra, les représentations ne pouvaient commencer avant sept heures, afin de laisser aux spectateurs le temps de dîner, et devaient impérativement s'achever avant minuit pour que les banlieusards puissent reprendre le dernier train. C'est ainsi qu'avant même la création Verdi dut couper quinze minutes de son œuvre. C'est cette version *princeps*, dont, grâce au patient travail philologique d'Ursula Günther, le Théâtre du Châtelet a récemment et admirablement illustré l'importance historique et la beauté musicale (en coupant cependant le ballet), que nous analyserons ici.

Don Carlos

En France (Ier acte) et en Espagne vers 1560. Ier acte. Dans la forêt de Fontainebleau. Don Carlos (ténor), venu chercher sa fiancée, Elisabeth de Valois, qu'il n'a qu'aperçue, chante l'amour qui règne déjà en lui *(« Fontainebleau ! Forêt immense et solitaire »)*. Arrive Elisabeth (soprano), qui s'est égarée dans la forêt. Sur son ordre, son page la laisse avec cet Espagnol inconnu. Celui-ci se fait reconnaître, et Elisabeth s'éprend aussitôt de lui. Les deux jeunes gens chantent leur amour (duo *« De quels transports... Ne tremble pas, reviens à toi »)*, quand le Page apparaît, suivi d'un cortège, portant une nouvelle fatale : pour sceller la paix, Philippe II a décidé d'épouser, à la place de son fils, la princesse française (duo *« L'heure fatale est sonnée »*). Mais il veut l'accord de cette dernière, qui se résigne à accepter.

IIe acte. Ier tableau. Au couvent de Saint-Just, en Espagne. Devant le tombeau de Charles Quint, des moines prient pour le défunt empereur (qui, ayant renoncé aux pompes de la terre, achève en réalité sa vie incognito parmi eux). Don Carlos cherche en vain dans ce couvent la paix du cœur *(« Au couvent de Saint-Just... »)*. Le Moine, qui n'est autre que Charles Quint (basse), lui déclare qu'elle ne se trouve qu'en Dieu. Frayeur de Carlos, qui croit un instant reconnaître son aïeul. Arrive le seul ami de Carlos, Rodrigue, marquis de Posa (baryton), qui vient intercéder auprès de l'Infant en faveur des Flandres dévastées par la répression espagnole. Carlos lui avoue son douloureux amour pour Elisabeth, sa belle-mère. Posa l'engage à se tourner vers la défense de la noble cause des Flandres. Les deux amis chantent l'amour de la liberté (duo *« Dieu, tu semas dans nos âmes »*), tandis que passent le roi et la reine, laquelle frémit en voyant l'Infant. – IIe tableau. Dans un jardin aux abords du couvent. En attendant la reine, sa suite se repose et la princesse Eboli (mezzo-soprano) chante la *Chanson du voile.* Quand la reine rentre, Posa lui remet une prétendue missive de France : c'est un message de Carlos lui demandant une entrevue *(« L'infant Carlos, notre espérance »).* Tandis qu'Eboli attribue la tristesse de Carlos à un amour dont elle espère qu'il s'adresse à elle, Rodrigue prépare Elisabeth à l'arrivée de Carlos. Ce dernier vient demander à la reine d'intervenir auprès du roi pour qu'il le laisse partir en Flandres (scène et duo *« Je viens solliciter de la reine une grâce... O bien perdu »*). Les deux répriment difficilement leur émotion. Philippe II (basse), retrouvant Elisabeth seule, chasse de la cour sa dame de compagnie (romance d'Elisabeth *« ô ma chère compagne »*) et ordonne à Posa de rester. Avec audace, celui-ci plaide la cause des Flandres et de la liberté (scène et duo *« Restez... O roi ! J'arrive de Flandre »*). Philippe II admire sa hardiesse et lui demande de devenir son confident, car il est seul. Posa accepte, espérant infléchir la politique royale, tandis que le roi le met en garde contre son Inquisiteur.

IIIe acte. Ier tableau. Les jardins de la Reine, où l'on prépare une fête. Elisabeth, voulant prier, remet à Eboli son voile ; celle-ci, sous le masque de la souveraine, se réjouit d'être la vraie reine de la fête et caresse l'espoir de se faire aimer de Carlos, à qui elle a fait mander un billet de rendez-vous. – IIe tableau. *Ballet de la reine (La Peregrina).* – IIIe tableau. Dans les jardins, la nuit. L'Infant, croyant que le billet est d'Elisabeth *(« A minuit, aux jardins de la reine »),* se déclare à Eboli, voilée, mais pâlit en découvrant la vraie identité de la jeune femme (duo). Eboli comprend alors qu'il aime la reine et jure de se venger. Rodrigue, qui arrive sur ces entrefaites, songe à poignarder Eboli (trio *« Redoutez tout de ma furie... Malheur sur toi, fils adultère »*), puis, celle-ci sortie, craignant pour Carlos, se fait remettre les documents qui pourraient compromettre politiquement l'Infant. – IVe tableau. Devant la cathédrale de Valladolid. Tandis qu'on prépare solennellement, en présence du roi et de la reine, un autodafé au cours duquel on doit brûler les condamnés du Saint-Office, les députés flamands, menés par Carlos, se jettent aux pieds du roi (finale).

Devant le refus du roi de lui confier le gouvernement des Flandres, Carlos tire son épée. Le roi le fait désarmer par Posa. Les flammes du bûcher s'élèvent.

IVe acte. Ier tableau. Dans le cabinet du roi. Philippe II, aspirant à la paix du tombeau, médite tristement sur sa solitude et l'indifférence d'Elisabeth qui ne l'a jamais aimé *(« Elle ne m'aime pas »)*. On annonce le Grand Inquisiteur (basse), auquel le roi fait part de ses doutes quant à la conduite qu'il doit tenir envers Carlos. L'Inquisiteur absoudrait le meurtre de l'Infant, et dénonce au roi le libéralisme de Posa, en affirmant qu'un souverain n'a point besoin d'ami : il lui demande la tête de Posa, que le roi lui refuse, mais sans fléchir la pensée du prêtre. Elisabeth survient alors pour dénoncer le vol de son coffret à bijoux – qu'Eboli a fait perfidement remettre aux mains du roi. Philippe II l'ouvre et y découvre le portrait de Carlos. Le roi enrage et, malgré ses protestations, doute de l'innocence de la reine, qui s'évanouit. Paraissent alors Eboli et Posa (quatuor *« Maudit soit le soupçon infâme »*). La première vient se dénoncer à Elisabeth (elle aime Carlos, a volé le coffret, et a séduit le roi) et lui demander pardon. La reine la contraint à choisir entre le cloître et l'exil. Seule, Eboli maudit sa beauté *(« O don fatal »)*. – IIe tableau. Dans la prison de Carlos. Posa, se sachant condamné, car on a surpris chez lui les papiers de Carlos, vient faire ses adieux à l'Infant *(« Oui, Carlos ! C'est mon jour suprême »)*. Durant leur entretien, un coup de fusil l'abat. Il meurt dans les bras de Carlos, le temps de lui transmettre un rendez-vous d'Elisabeth et de lui confier l'avenir de la Flandre *(« Carlos, écoute... Ah, je meurs l'âme joyeuse »)*. Survient le roi, qui, croyant Posa coupable, vient délivrer son fils. Ce dernier refuse ce nom, lui révélant le sacrifice de Posa. Désespoir du roi. Le tocsin sonne : le peuple, soulevé par Eboli, vient réclamer la libération de l'Infant. L'Inquisiteur force la foule à s'incliner.

V^e^ acte. Le cloître de Saint-Just, devant le tombeau de Charles Quint. Elisabeth chante ses illusions perdues *(« Toi qui sus le néant... »)*. Paraît Carlos, qui lui déclare avoir triomphé de son amour et vouloir sauver la Flandre *(« Au revoir dans un monde où la vie est meilleure »)*. Durant ce duo d'adieu paraissent Philippe II et l'Inquisiteur, venus punir les deux coupables. Alors que l'Inquisiteur donne l'ordre de s'emparer de Carlos, promis au Saint-Office, le tombeau de Charles Quint s'ouvre et le Moine-empereur entraîne avec lui son petit-fils.

On a souvent affirmé que, Meyerbeer étant mort, Verdi avait voulu triompher enfin dans le grand-opéra à la française, comme si, en écrivant *Don Carlos*, il avait outrepassé les limites de son génie. Il est vrai que l'histoire de l'ouvrage ne s'arrête pas avec cette version française, loin s'en faut. Mais cette histoire confirme bien plutôt la nature abnorme de l'ouvrage. Car, après de radicales coupures opérées à la faveur des reprises de l'opéra en Angleterre et en Italie, et d'importants remaniements successifs aboutissant à la tardive version en quatre actes créée à Milan en janvier 1884, Verdi ne s'opposa pas en 1886 à une nouvelle version qui rajoutait le prologue aux quatre actes remaniés, confirmant ainsi la conception originelle de son œuvre, qu'il avait à l'origine vigoureusement défendue face à Ricordi et à Cesare De Sanctis. De surcroît, on oublie trop souvent que la grandeur architecturale de *Don Carlos* avait été précédée par un élargissement significatif de l'horizon et des formes de l'opéra verdien. C'est de son propre chef, et sans renoncer à son souci de concision, que Verdi avait en effet amplifié sa vision dramatique en donnant avec *La Force du destin* un opéra d'une durée de trois heures – fait inédit dans sa carrière. Et c'est spontanément qu'il accueillit, à l'inverse de l'expérience tentée dans les *Vêpres*, la démesure du grand-opéra. Faut-il redire qu'il dut couper pour la création de *Don Carlos* un quart d'heure de musique ? Ce qui signifie clairement que sa conception du drame l'avait emporté au-delà de ce qu'exigeaient les nécessités du genre. Même si, après une première un peu froide (à laquelle ne fut pas étrangère l'attitude de l'impératrice, qui se détourna ostensiblement en entendant Philippe II dire à l'Inquisiteur « Tais-toi, prêtre ! »), l'opéra connut un franc succès au cours des quarante-trois représentations qui en furent données, le public et surtout la critique furent déroutés par l'ampleur et l'écriture de cet ouvrage qui transcendait le grand-opéra français (dont il empruntait les formes) et semblait trancher sur l'esthétique verdienne, bien qu'il fût apparemment structuré autour des *pezzi chiusi* de l'opéra traditionnel.

Apparemment, car, à l'exception peut-être de la « Chanson du voile », les *pezzi chiusi* (airs, duos, trios, finales, etc.), loin de se détacher du *continuum* dramatique, s'inscrivent dans la trame du discours musical, qui « se forme et s'accroît par successives additions et agrégations, au point qu'il semble qu'il puisse ne pas avoir de fin » (Eugenio Montale [1]), et peuvent même se trouver remplacés par l'usage d'une « scène » (mot à entendre ici au sens de récitatif dramatique librement mêlé d'ariosos) là où l'on attendrait immanquablement un duo. Tel est le cas du terrible dialogue – une des plus belles pages « politiques » du répertoire lyrique – qui oppose au quatrième acte Philippe II et l'Inquisiteur. C'est dans cette conception dramatico-musicale, qui n'était qu'un prolongement des recherches antérieures de Verdi, et dans les beautés d'une orchestration qui approfondit la couleur obscure et morbide de l'œuvre, qu'il faut chercher les motifs d'une « réception » critique des plus contrastées. Certes, Jules Claretie, Théophile Gautier, même Ernest Reyer (le futur auteur de *Sigurd*) exprimèrent leur admiration, mais

1. *Prime alla Scala*, p. 327.

non sans trouver l'œuvre passablement « germanique ». Bizet, qui, comme parlant de lui-même, avait autrefois écrit : « Quand un tempérament passionné, violent, brutal même, quand un Verdi dote l'art d'une œuvre vivante et forte, pétrie d'or, de boue, de fiel et de sang... », ne put sottement s'empêcher, à la sortie de *Don Carlos*, de parler de « trahison » et de « wagnérisme ». Verdi, de son côté, se contenta de rappeler que, si l'on avait bien voulu l'écouter, on se serait rendu compte que *Don Carlos* n'était rien d'autre que la suite des recherches entreprises dès *Ernani* et *Macbeth.* Pour *Macbeth*, la chose paraît aujourd'hui évidente. Avancer l'exemple d'*Ernani* était en revanche plus audacieux, à moins d'envisager que Verdi ait inconsciemment suggéré une situation fantasmatique à laquelle nous avons fait allusion dans notre analyse de cet ouvrage.

Don Carlos n'est pas un opéra « politique ». C'est un opéra sur la politique, ou mieux : sur le pouvoir. Mais un pouvoir conçu comme une œuvre de mort, où les formes pétrifiées de la puissance l'emportent d'emblée sur les pulsions vitales, réduites à des instants intemporels, des erreurs d'identités, des velléités infantiles. Ainsi en va-t-il de l'union aussitôt brisée des deux amoureux dans la nuit de la forêt, de la méprise de la princesse Eboli sur les sentiments de Carlos, de la générosité condamnée de Posa, des titubants désirs d'amitié du roi lui-même, enfermé dans le « vaste désert d'hommes » de sa cour. C'est pourquoi l'on commettrait un grave contresens en réduisant la figure énorme et glaçante de l'Inquisiteur à la manifestation de l'anticléricalisme de Verdi. On verra que sous les couleurs d'un désenchantement plus radical encore, la même rébellion métaphysique s'exprimera dans *Aida.*

Méditation nocturne [1] sur les liens du pouvoir et de la mort, méditation désenchantée sur le « néant » des vanités humaines, *Don Carlos* est aussi bien autre chose. Mais, pour le comprendre, il est nécessaire de revenir une fois de plus à la juvénile culture de Verdi. Car – c'est là notre hypothèse – *Don Carlos* n'est pas seulement l'adaptation de Schiller (amplifiée par l'acte de Fontainebleau, qui s'inspire d'une pièce française d'Eugène Cormon intitulée *Philippe II, roi d'Espagne*), mais plutôt l'insémination d'un sujet schillérien dans une « matrice » imaginale beaucoup plus ancienne, et par certains aspects beaucoup plus proche du compositeur : le *Filippo* d'Alfieri.

Certes, du point de vue de l'intrigue et des personnages, il ne fait aucun doute que l'opéra vient en droite ligne du modèle allemand, que Verdi connaissait à fond. L'étouffant palais de la tragédie d'Alfieri, d'où sont bannis toute couleur locale, tout personnage secondaire – lieu abstrait qui est, du reste, celui de toutes ses tragédies – est un pur espace offert à la folie sanguinaire de Philippe II. Face à cet effrayant bloc dramaturgique, où le personnage nommé Perez n'est qu'un Posa en réduction, le magnifique *Don Carlos* schillérien offre, non seulement la picturale variété des drames romantiques, à la dynamique efficace et fluide, mais des personnages (y compris Philippe, capable de se révolter avec beaucoup d'ironie contre ses « valets ») complexes et pétris de faiblesse. Mieux encore : chez Schiller, Don Carlos a gardé de l'historique Infant une complexion furieuse, rêveuse, incohérente, qui en fait une sorte de malade émouvant. Nous voici loin du nostalgique mais pur Carlos de Verdi, infiniment plus proche du jeune prince

1. Voir l'analyse de R. Leibowitz : « *Don Carlo* ou les fantômes du clair-obscur », fondamentale dans la redécouverte de l'œuvre, in *Les Fantômes de l'opéra*.

alfiérien. De surcroît, chez le compositeur, la problématique de la menace incestueuse, essentielle chez Alfieri, à peine évoquée chez Schiller, retrouve une place centrale. Donnons un exemple ponctuel au second acte :

> CARLOS
> J'aime d'un amour insensé Elisabeth...
> RODRIGUE
> *Ta mère* ! Dieu puissant !
> (...)
> ÉLISABETH
> Va ! Je suis prête à recevoir *mon fils* !
> (...)
> CARLOS
> L'air d'Espagne me tue (...)
> Comme le lourd penser d'*un crime.*
> (...)
> ÉLISABETH
> *Mon fils* !
> CARLOS
> Pas ce nom-là !...
> (...)
> ÉLISABETH
> Eh bien ! Donc frappez *votre père* !
> Venez, de son meurtre souillé,
> *Traîner à l'autel votre mère* !, etc.

Tout se passe donc comme si, sans en être conscient, Verdi avait opéré, à l'occasion du sujet qui lui était proposé, une médiatisation symbolique entre le drame de Schiller et le souvenir juvénile du *Filippo* d'Alfieri [1], recouvrant lui-même, comme on peut l'imaginer, un fantasme infantile que nous dirions volontiers réactivé par la maladie qui allait emporter peu avant la création de l'œuvre le père du compositeur.

---

1. Du reste, Schiller et Alfieri s'inspirèrent tous deux d'une même source : le *Don Carlos* (1672) de l'abbé de Saint-Réal.

Dans *Don Carlos*, la problématique incestueuse est patente, mais cependant insuffisante. Quittons dès lors Alfieri et Schiller pour revenir à Verdi. Par-delà les simplifications de l'intrigue, nécessaires à la transposition opératique, notons que le livret de *Don Carlos* accroît démesurément l'épaisseur et la fonction de deux personnages, absents chez le dramaturge piémontais, à peine évoqués par le poète allemand : Charles Quint et le Grand Inquisiteur. Au-dessous de l'aïeul et du vieillard, dans l'ordre chronologique et politique, se meut tristement le froid et sanguinaire Philippe II aux « cheveux blancs », qui, souverain lui aussi défaillant, ne rêve déjà plus que du sommeil du tombeau. Enfin vient Carlos, le jeune « prince au cœur sombre » (on pense à Nerval) qui, seul, ose lever l'épée contre le Roi. Ce schéma générationnel, esquissé, comme on l'a dit plus haut, dans *Ernani*, mérite d'être pris en compte, car l'une de ces figures grand-paternelles est à demi fantomatique (Charles Quint) et l'autre symboliquement châtrée (non seulement parce que le Grand Inquisiteur est prêtre, mais parce qu'il est *aveugle* [1]), tandis que le souverain-père mélancolique, le « vieillard », se sent lui-même menacé par son jeune fils, par lequel il redoute d'être, symboliquement et réellement, détrôné : « Tu veux que je te donne, à toi, / le fer qui, tôt ou tard, immolerait le Roi ! » (acte III, scène de l'autodafé.)

Réduit à son épure, ce schéma fait irrésistiblement penser, on l'a compris, à l'archaïque théogonie qui, d'Hésiode au pseudo-Apollodore, relate, sans presque aucune variation, comment Ouranos (le Ciel) fut châtré par son fils Chronos (le Temps), lequel, hanté par la crainte d'être lui-même détrôné par ses enfants, les dévora, jusqu'au jour où Rhéa substitua une pierre à

1. Ce détail « œdipien » se trouve déjà chez Schiller, mais on a vu que, dès la conception de l'œuvre, Verdi le reprend à son compte.

son dernier-né, Zeus. La parenté structurelle des récits est d'autant plus frappante que, d'une part, Chronos fut assimilé au Saturne latin, qui, dans l'histoire de la culture occidentale, était appelé à régner sur la Mélancolie – thème dont le grand monologue de Philippe II est un merveilleux emblème musical – et que, d'autre part, le livret, revu mot à mot par Verdi, ne mesure pas les allusions, non seulement à la « foudre » mais, ce qui est beaucoup moins commun, à la « dévoration ». Ainsi dans le duo entre Carlos et Elisabeth (acte II) :

CARLOS
Que sous mes pieds se déchire la terre !
Que sur mon front éclate le tonnerre...

puis entre Carlos et la princesse d'Eboli (acte III) :

EBOLI
J'entends la foudre qui *dévore*
Sur votre front gronder tout bas...
(...)
CARLOS
J'entends la foudre qui *dévore* [1]..
(...)
EBOLI
Votre père...

Ce détail de la « dévoration » est d'autant plus notable que le « cannibalisme mélancolique » est bien connu de la théorie analytique depuis Freud et Karl Abraham. Bien sûr, ce n'est pas dire que Verdi ait volontairement poussé ses librettistes à accroître cette sorte de décalque mythographique. On se trouve bien plutôt en face d'une sorte d'invariant – disons fantasma-

1. Les italiques sont de notre fait.

tique – qui, dans l'œuvre du compositeur italien, s'inscrit comme le point d'aboutissement d'une définition progressive de la figure du Souverain. En vérité, c'est par retouches successives que Verdi a opéré peu à peu le départ entre le père-souverain aimable et sacrificiel et le Souverain mélancolique et écrasant. De la première série relèvent le Doge des *Due Foscari* (qui, comme on l'a vu, semble devoir quelque chose à l'Agamemnon d'Alfieri), Rigoletto (songeons à son « retournement régalien »), enfin Simon Boccanegra, lui aussi doge et père sacrifié. Dans la seconde série, on trouvera ces Souverains obscurs dont la « mélancolie » – conformément à la tradition philosophique et médicale du terme – peut prendre des couleurs fort diverses : la démence mégalomaniaque (Nabucco), la malignité hallucinée (Attila), l'impuissance (Macbeth), le vide affectif (le Monforte des *Vêpres*), enfin ce sentiment de vieillesse, d'ennui, de vacuité, mêlé au balancement maniaco-dépressif entre « faiblesse » et « fureur », qui caractérise le triste et dévorant Philippe II.

Car, avec Philippe et son monologue du quatrième acte, que nous avons défini comme un véritable emblème de la Mélancolie, Verdi semble avoir soudain exprimé toute sa *pensée*, et pour toujours, sur la figure du Souverain, qui disparaît pour ainsi dire (car n'oublions pas le futur remaniement de *Simon Boccanegra*) de son théâtre intérieur. L'Amonasro d'*Aida* ne sera plus tard qu'une ombre défaite, vainement séductrice ; Otello, un capitaine joué par un coquin ; et Falstaff une sorte de contre-figure rabelaisienne de Don Juan.

Verdi et Giuseppina quittèrent Paris pour Gênes dès le lendemain de la première. Durant leur absence, Mariani, décidément dévoué, avait été chargé de meubler et de décorer les appartements du palais loué par le compositeur. Cette dévotion presque féminine que manifestait le jeune chef (alors en pleine gloire, et qui devait mourir d'un cancer à cinquante-deux ans) ne laisse pas d'intriguer. Voici l'extrait d'une lettre qu'il avait écrite à Verdi en 1865, alors que le compositeur projetait *Don Carlos* : « O mon *Maestro*, lui disait-il, tu ne peux te figurer la douleur que j'ai éprouvée : devoir rester à Gênes sans *toi* et te savoir sans *moi* à Paris sera pour moi une désolation. (...) Oui, tu fais bien d'y aller, mais j'aimerais venir avec toi : n'abandonne donc pas ta *mauvaise tête* et sois assuré que tout ce que tu feras pour moi, je l'accepterai les yeux fermés ». Il serait tout à fait imprudent de réduire à quelques griefs matériels la future déterioration de cette amitié, inégale dans la charge affective mais bien réciproque, entre les deux hommes. Même si Mariani avait parfois des jugements très justes et très méprisants, mais peut-être aussi tactiques, sur la « momie » (« *L'Africaine* (...) est une pauvre chose », écrivait-il à Verdi dans la même lettre), sa participation active au lancement des œuvres de Meyerbeer en Italie, ses directions magistrales où son goût de l'effet l'emportait parfois sur l'exact respect de la partition (Verdi s'en plaignit pour l'ouverture de *La Force du destin*), et le soutien qu'il recevait, sans le solliciter mais sans s'en plaindre, de la part des tenants de la « nouvelle musique » et notamment de Filippi, qui eut l'impudence d'écrire que Mariani avait « recréé » *Don Carlo* lors de la première italienne à Bologne, finirent par irriter Verdi. D'autres frictions, plus secrètes, plus obscures, et notamment l'antipathie qu'éprouvaient l'un pour l'autre Mariani et le vieil ami de Giuseppina Mauro Corticelli, ancien agent musical qui allait devenir le régisseur de Verdi, aggraveront les choses. Plus tard viendra l'amère jalousie qu'éprouvera Mariani, dont la santé s'altérait toujours plus, de voir peu à peu sa créature et ancienne amante, Teresa Stolz, l'abandonner pour se rapprocher du compositeur jusqu'à en devenir sa « sublime » interprète et peut-être son dernier amour.

Mais nous n'en sommes pas là, et le retour du compositeur en Italie fut d'abord marqué par une bonheur imprévu. Au mois de mai, Giuseppina était partie pour Milan et, sur un audacieux coup de tête, sans en avoir averti son époux, elle était allée rendre visite à la comtesse Clarina Maffei, la dernière et la meilleure des amies de Verdi, à laquelle elle n'avait jamais été présentée. Non seulement la délicieuse comtesse la reçut à bras ouverts, mais elle entraîna presque aussitôt Giuseppina chez le grand Manzoni. Quand, de retour de la gare, dans la voiture qui la ramenait à Sant'Agata, Giuseppina raconta tout à trac à Verdi, qui idolâtrait l'auteur des *Fiancés* sans avoir jamais eu l'audace de l'approcher, qu'elle avait rencontré « le Saint » et que ce dernier, qui lui faisait remettre une photographie dédicacée, attendait sa visite, « la bombe fut si forte et si inattendue, raconte Giuseppina à Clarina, que je ne sus plus si je devais ouvrir la portière de la voiture pour lui donner un peu d'air ou la refermer de crainte que, au comble de la suprise et de la joie, il ne se jetât dehors ! Il est devenu rouge, blême, transpirant. Il a arraché son chapeau et l'a chiffonné jusqu'à le réduire presque à l'état d'une fougasse. Mieux encore (et que ceci reste entre nous), les yeux du féroce et sévérissime ours de Busseto se sont emplis de larmes... » Verdi rencontra Manzoni un an plus tard, le 30 juin, et ce fut, à n'en pas douter, une des plus grandes émotions de sa vie. A cinquante-cinq ans, comblé de titres et de gloire, Verdi se sentit comme un enfant devant « le Saint ». L'anecdote, bien connue, pourrait presque être passée sous silence si elle ne venait rappeler le très ancien sentiment d'infériorité que nous avions observé chez le jeune Verdi. Et la complexité d'un homme qui pouvait aussi bien trembler d'émotion devant un « colosse » que dissimuler méchamment sa souffrance de voir son vieux beau-père moribond en infligeant à Giuseppina de petites humiliations et d'atroces silences.

Car, les anciens le savaient, les dieux n'aiment pas le bonheur des hommes. Et la joie enfantine de se savoir aimé et attendu par Manzoni fut aussitôt suivie par l'agonie d'Antonio Barezzi. Quelques jours avant sa mort, Verdi et Giuseppina, qui l'entouraient de leur affection, vinrent même « fixer aux fenêtres un rideau vert pour que l'air circule dans la pièce sans qu'il soit incommodé par la lumière ». Et, le 21 juillet 1867, son « second père » rendait l'âme dans les bras de Verdi.

Tous les liens avec la jeunesse se rompaient. Après la mort de Carlo Verdi et d'Antonio Barezzi, ce fut, le 5 décembre, une attaque qui laissa Piave paralysé et prostré dans une vie végétative qui devait durer huit années. La nouvelle accabla Verdi, qui, toujours imprévisible, adressa aussitôt la somme considérable de dix mille lires à l'épouse du librettiste et s'employa dans les mois suivants à publier un album de six mélodies au bénéfice du malheureux [1], auquel il participa lui-même en donnant le délicieux *Stornello « Tu dici che non m'ami »*. Quelques années plus tard, quand il apprit que Piave avait dû être placé à l'hôpital dans une salle commune, il pourvut aussitôt à ce que le vieil ami jouisse aussi longtemps qu'il serait nécessaire d'une chambre séparée. Mais, malgré son active compassion, il ne réussit jamais à surmonter son angoisse en rendant une seule visite à cette ombre, vivante et morte à la fois, de sa jeunesse.

---

1. Détail curieux : aux côtés de Mercadante, Auber et Thomas, qui participèrent effectivement à l'album, Verdi pensa un instant demander une mélodie à Wagner ! (Voir F. Abbiati, *Giuseppe Verdi*, III, pp. 313-314.)

CHAPITRE XI

Un opéra cathare et une messe

Le printemps dissipa les chagrins de Giuseppina et rendit sa bonne humeur à Verdi. Déjà monté avec un grand succès à Londres et à Bologne, *Don Carlos*, dont le compositeur suivit de loin mais pointilleusement l'exécution, fut repris dans l'enthousiasme à la Scala. Le succès fut d'autant plus appréciable que, quelques semaines plus tôt, le *Méphistophélès* de Boito – beau livret mais, hormis quelques pages, piètre et interminable musique – avait lamentablement échoué aux milieu des ricanements et des sifflets. Au crédit de Verdi, portons le refus constant de juger d'une œuvre – fût-elle d'un ennemi (ce que n'était déjà plus Boito) – avant sa réception publique. Et même après, il gardait le plus grand tact. A la fin de l'année précédente, il avait écrit à Vincenzo Torelli, critique de « L'Omnibus » : « Le critique fait son métier : il juge et doit juger selon des normes et des formes établies. L'artiste doit scruter dans le futur, voir dans le *chaos* de nouveaux mondes ; et si, sur cette nouvelle route, il aperçoit tout au fond une *lueur*, que l'obscurité qui l'entoure ne l'effraie pas : qu'il marche, et, si parfois il trébuche et tombe, qu'il se relève et vise toujours droit. Il y a parfois de la beauté jusque dans la chute d'un chef d'école... » Se rappelant certains fiascos, peut-être était-ce à lui-même qu'il pensait, ou à Wagner, ou à Boito. Sans doute mesurait-il vraiment, après ce *Don Carlos* dont il était presque le seul à voir l'évidente filiation avec les œuvres de sa jeunesse, le chemin qu'il avait parcouru et la rénovation totale qu'il avait fait subir au mélodrame italien. Aussi ne s'étonnera-t-on pas d'un petit scandale politique dont il s'offrit le luxe en cette même année 1868.

Emilio Broglio, ministre de l'Instruction publique, avait écrit à Rossini pour lui offrir la présidence d'une société visant « à la restauration et au progrès de l'art musical » en aidant les jeunes compositeurs. Dans sa lettre, le ministre, qui se disait « aussi passionné (...) qu'ignorant en musique », poursuivait avec ces mots pour le moins malheureux : « Après Rossini, que signifie ce que nous connaissons depuis quarante ans ? Quatre œuvres de Meyerbeer et... Comment peut-on remédier à une telle stérilité ? » Verdi, qui venait de recevoir la croix de commandeur de l'Ordre de la Couronne d'Italie, nouvellement institué, répondit quelques jours plus tard au ministre : « J'ai reçu le diplôme qui me nomme commandeur de la Couronne d'Italie. Cet ordre a été institué pour honorer ceux qui ont été utiles à l'Italie dans les armes, les lettres ou les arts. Une lettre que Votre Excellence, bien qu'ignorante en musique (comme Votre Excellence l'affirme et comme je le crois), a adressée à Rossini déclare que depuis quarante ans on n'a plus composé d'opéras en Italie. Pourquoi donc m'envoie-t-on cette décoration ? Il y a certainement une erreur sur le destinataire, et je la renvoie. » L'affaire, que nous ramenons à l'essentiel, se teintait aussi de la distance politique que Verdi prenait avec un gouvernement qui accablait la paysannerie. Mais elle provoqua surtout un scandale dans les salons, les ministères et les journaux. Le ministre imbécile, déjà mouché par le geste de Verdi, dut subir les salves désopilantes d'une *Lettre en quatre paragraphes*, publiée dans le « Pungolo », où, entre autres insolences, assaisonnées de toscanismes vigoureux raillant la politique linguistique du ministère, Boito rappelait à l'homme politique la chute qu'il avait faite lors d'une promenade à dos d'âne quelques années plus tôt, coiffé d'un ridicule chapeau de liège, et lui apprenait – s'il en était besoin – que « Verdi est vivant, se porte bien et compose toujours ». Sans oublier d'évoquer la jeune génération à laquelle il appartenait lui-même, ce qui ne manquait pas de culot après le gigantesque four de *Mefistofele*.

En juillet (un mois après la création des *Maîtres Chanteurs de Nuremberg* à Munich), Verdi et Giuseppina faillirent se noyer dans le lac artificiel de la villa de Sant'Agata. Une lettre de Giuseppina raconte comment elle fut sauvée par ce grand terrien de Verdi, qui eut le réflexe de repousser la barque qui menaçait déjà de leur servir de sépulcre marin. Ils quittèrent peu après Busseto pour éviter d'être présents à l'inauguration du théâtre que la bourgade avait fait bâtir (épuisé par la guerre de tranchées que lui menait la municipalité, Verdi avait accepté que le monument portât son nom, mais s'était refusé à y mettre les pieds), et ils ne rentrèrent qu'en août. Trois mois plus tard, exactement le 13 novembre, à Passy, s'éteignait Rossini, qui, du fond de sa retraite parisienne n'avait guère aidé le ministre qu'en lui suggérant la création d'un petit théâtre expérimental pour les jeunes compositeurs. La nouvelle de la mort du « Napoléon de la musique », qui avait pourtant cessé d'écrire depuis quarante ans (si l'on excepte la *Petite Messe solennelle* et les étonnants *Péchés de vieillesse*), émut le monde entier, et Verdi, se posant inconsciemment en héritier, suggéra la composition d'un *Requiem* dont chaque partie serait écrite par un musicien italien, les auteurs devant être désignés par une commission *ad hoc.* Selon l'étrange idée de Verdi, la Messe, une fois exécutée à Bologne, serait mise sous scellés. Parmi les noms que la commission tira au sort (Nini, Coccia, Ricci, Cagnoni, Petrella...), on peut observer qu'aucun représentant de la jeune école n'avait été retenu. Après quelques hésitations, car il fut un instant question qu'il composât le *Dies irae*, dont il jeta probablement sur le papier une esquisse, c'est le *Libera me Domine* qui échut à Verdi : « Autrefois, confessa-t-il, quand je jouais de l'orgue et que j'accompagnais fréquemment ces messes, j'avais une grande prédilection pour le *Libera me.* » Un an plus tard, alors qu'approchait l'anniversaire de la mort de Rossini, le projet n'avait toujours pas abouti. Il devait finalement se perdre dans les sables. L'histoire de cet échec n'est pas claire aujourd'hui encore, et l'on ne sait si, comme l'exprimera aigrement Verdi, Mariani, peu enthousiasmé à l'idée de diriger cette messe composite, fut responsable de la faillite du projet. L'affaire mit en tout cas un terme à l'amitié des deux hommes. Pour finir, la commission renvoya à chaque compositeur sa partition et Verdi remisa dans un tiroir son *Libera me.* Entretemps, il avait préparé la première de *La Force du destin* à Milan, avec Teresa Stolz dans le rôle de Leonora, recréation qui eut lieu le 27 février 1869 et marqua les vraies retrouvailles de Verdi avec Milan. L'ouvrage, doté de sa tempêtueuse ouverture et du nouveau finale écrit avec l'aide de Ghislanzoni, fut, selon la presse, un « succès colossal », et l'on sait que Verdi fut rappelé vingt-sept fois sur scène. Le compositeur, plutôt avare en matière de compliments, déclara que l'orchestre et les chœurs avaient travaillé « divinement » et que la Stolz avait été « superbe ». Dans ces deux mots, il n'est pas interdit de percevoir comme un léger glissement dans la psychologie de notre héros. Ce n'est plus le badinage des années de jeunesse, ce n'est plus le laconisme de la maturité, c'est, chez un homme qui commence à se plaindre de la fuite du temps, la touche superficielle mais notable d'un langage fin de siècle, et, peut-être, d'un réveil amoureux. Une certaine mauvaise foi et la rancune agressive dont Verdi fera désormais preuve à l'égard de Mariani, qui tentait humblement, patiemment, de raccommoder la belle amitié rompue (n'oublions pas que les deux hommes partageaient alors le même étage du palais génois, et que la cantatrice avaient un moment loué un appartement dans un palais voisin), pourrait bien dissimuler une culpabilité amoureuse. Mais nous sommes là dans le domaine des conjectures. Un regard plus superficiel découvre au moins que Verdi avait un sens chatouilleux de la justice : lorsqu'il se sentait trahi et laissait tomber un arrêt, il ne revenait pas en arrière. Ajoutons que Giuseppina, que l'âge rendait de plus en plus pieuse mais aussi de plus en plus amère, aiguisa la rancœur de son époux et finit par déverser sur Mariani ou sur son entourage des épîtres venimeuses qui s'adressaient probablement moins à l'ancien ami qu'à la femme que ce dernier avait, bien involontairement, introduite dans le monde affectif de son époux. Quels que soient les torts de Mariani, faible, vaniteux, infidèle avec la Stolz qu'il s'apprêtait pourtant à épouser (ils ne rompront définitivement qu'en 1871 sur un quai de gare), le biographe, amoureux de son héros, ne peut que s'attrister de cet épisode qui jette une ombre déplaisante sur le beau portrait moral de Verdi. Lequel, pour anticiper de beaucoup notre récit, voulut un moment que le chef déménage du palais Sauli, puis, ayant renoncé, laissa l'ancien ami s'enfoncer dans sa passion pour Wagner – probable revanche contre

Verdi – et s'isoler peu à peu, victime d'un cancer dévorant (longtemps masqué par sa belle prestance, au point qu'on le raillait de souffrir de maux imaginaires), qui, au milieu d'hémorragies et d'atroces souffrances, le conduisit à la mort « abandonné comme un chien » en 1872. Des allusions fugitives, quelques mots rapportés laissent entendre que Verdi ne fut pas insensible à cette mort, mais il ne prononcera plus jamais le nom de Mariani.

Teresa Stolz était née en 1834 dans la bourgade d'Elbekosteletz (aujourd'hui Kostelec), à quarante kilomètres de Prague. On ne sait presque rien de ses parents, mais cinq de ses frères et sœurs avaient fréquenté le Conservatoire de Prague, et deux de ses sœurs chantèrent en Italie sous la houlette du compositeur Luigi Ricci. Le mot de houlette est à entendre à double sens, car Ricci, vieux maître bon vivant, et les deux jeunes filles formèrent un ménage à trois, avant que Ricci ne se décide tardivement à épouser l'une d'elles. Teresa rejoignit ses sœurs à Trieste en 1855, et, après un rapide approfondissement du chant italien, fut engagée en Géorgie, puis à Odessa, Constantinople, Londres et Nice. De retour en Italie, elle fut lancée par Mariani à Bologne, où elle chanta *Guillaume Tell, Ernani* et *Faust.* En 1865, elle interpréta *Giovanna d'Arco* à la Scala. Deux ans plus tard, elle chantait l'Elisabeth du *Don Carlo* italien à Bologne (toujours sous la baguette de Mariani), puis, l'année suivante, à Milan. C'est ainsi qu'elle entra dans la vie de Verdi. « Soprano très pur, d'une immense étendue et de la qualité la plus parfaitement splendide qu'on ait jamais entendue », selon l'Américaine Blanche Roosevelt (« Chicago Times », juin 1875), elle-même médiocre chanteuse mais journaliste de talent, la Stolz, qui restera comme le modèle du grand soprano verdien, était une beauté plutôt sculpturale, dont la majesté un peu froide que lui attribue un pastel conservé au Musée de la Scala est corrigée par le léger sourire et le regard presque langoureux d'une photo qui la représente en Aïda [1]. Qu'entre 1869 et 1875 l'amitié du compositeur et de la chanteuse se soit peu à peu transformée en amour passionné ne fait guère de doute [2]. On sait par une lettre de Giuseppina que le couple de Sant'Agata était depuis longtemps un compagnonnage platonique ; et, après une période de vie à quatre, puis à trois (Mariani ayant été *éliminé*), Giuseppina ne put plus nourrir aucun doute sur les relations que le compositeur entretenait avec Teresina Stolz – qui songea même un moment à acheter des terres non loin de Sant'Agata. Mieux, prise entre son amour pour Verdi et sa dignité bafouée, entre la résignation et un désespoir qui alla jusqu'à lui faire perdre la foi, Giuseppina accepta, organisa même, une vie « à trois », aussi douloureuse à assumer au milieu du personnel de Sant'Agata que dans les hôtels de Paris ou de Vienne, où Verdi, glacial avec son épouse, ne cessait de témoigner son assiduité auprès de Teresa Stolz. Du reste, la rumeur enflait, à l'instar des paquets de lettres que Teresa expédiait à Verdi quand elle était au loin (« Quelle activité ! » notait acrimonieusement Giuseppina), et certains journalistes en firent leurs choux gras. C'est ainsi qu'en 1875 un article très scabreux de la « Rivista indipendente » de Florence étalait en quatre livraisons la liaison du Maestro et de la cantatrice et racontait en termes passablement grossiers comment Verdi avait un jour perdu, dans certaine « mêlée » sur un canapé de l'appartement qu'occupait la Stolz, un portefeuille contenant cinquante mille lires. Il faudra

1. Coll. Roger-Viollet.
2. On trouvera l'étude la plus claire et la plus à jour de l'affaire Stolz dans le *Giuseppe Verdi* de M. J. Phillips-Matz.

attendre 1877 pour que, le temps ayant fait son œuvre, Giuseppina n'ait plus à considérer Teresa Stolz comme une rivale et qu'une sorte d'amitié réellement affectueuse, marquée par des cadeaux et de menus services, renaisse même entre la vieille dame grisonnante et la cantatrice qui, entre-temps, avait quitté la scène.

Cependant, les reprises en Italie de ses dernières œuvres, qui permettent à Verdi de s'éloigner un peu de Giuseppina pour retrouver sa liberté à Milan ou sa solitude à Sant'Agata, et l'admiration empressée dont il commence à entourer la belle Stolz ne le distraient pas, comme il voudrait le faire croire, de son destin de compositeur. D'ailleurs, Du Locle et Escudier le pressent d'écrire de nouveau pour Paris (où il se rend par deux fois durant cette période) et lui mandent sujets sur sujets. Il écarte assez vite *Frou-Frou*, une comédie de Meilhac et Halévy, et *Patrie !*[1] de Victorien Sardou, pour lequel il manifeste pourtant une certaine estime, s'intéresse un moment au *Néron* de Boito (que, plus tard, ce dernier mettra lui-même en musique sans pouvoir l'achever), mais le laisse tomber par crainte de l'esthétique *scapigliata* et des fantaisies prosodiques du poète. Il caresse plutôt les rêves d'un *Roméo et Juliette* (dont Gounod a donné sa version en 1867) ou d'un *Tartuffe* que lui soufflent les Parisiens. Mais il prend son temps, et commence à s'informer sérieusement sur Wagner. Il se fait adresser la partition de *Tannhaüser*, lit celle des *Maîtres Chanteurs*, demande à Du Locle de lui expédier les écrits théoriques du Saxon, qu'il désire connaître « aussi sous cet aspect-là ». Le librettiste ne pourra le satisfaire faute de traductions françaises, et

1. Qu'on ne confondra pas avec *Patria*, titre d'une adaptation française de *La Battaglia di Legnano* dont le livret était dû à M. Drack (« Théâtre de l'Opéra Populaire », Choudens, Paris, s. d.). C'est à l'amitié de M. André Berne-Joffroy que je dois d'avoir pu consulter cette partition.

finira « par faire écrire à M. Wagner lui-même, sans lui dire, bien entendu, qui désirait ces traductions ». Contrairement à ce qu'on pourrait imaginer, on prenait Wagner plus au sérieux à Sant'Agata qu'à Paris. Même en faisant la part de la flagornerie (« Si vous ne prenez pas la plume, adieu la musique dramatique »), mesurons-le à ces mots, d'ailleurs très amusants, qu'Escudier écrivait à Verdi au lendemain de la mort de Rossini : « Dimanche dernier, j'ai voulu me passer la curiosité d'entendre au concert Pasdeloup l'ouverture du *Vaisseau fantôme* de Wagner, que l'on siffle périodiquement. Je suis sorti malade ; il me semblait que j'étais poursuivi par un régiment de chats. » Quelques mois plus tard, Giuseppina, souvent porte-parole de son mari, lui répondait : « Ne me parlez pas de Wagner avec ce mépris et cette aversion. Ecoutez-moi bien, mon cher ami. Je vous prédis que les Parisiens d'ici à quelques années ne jureront que par Wagner... » Trois ans plus tard, pour la reprise d'*Aida* à Milan, Verdi conseillera à Ricordi de « rendre invisible l'orchestre », en ajoutant : « Cette idée n'est pas de moi, elle est de Wagner ; et elle est excellente... » Le 19 novembre 1871, donc à peine plus d'un mois avant la création d'*Aida* au Caire, le compositeur se dissimula au fond d'une loge du Théâtre communal de Bologne pour entendre, partition en main, *Lohengrin*, traduit par Boito et dirigé par Mariani. Mais la présence de Verdi fut découverte et, bien qu'il ait refusé de répondre aux saluts, il semble, selon la relation du chef d'orchestre, que cette ombre encombrante ait jeté un certain trouble dans l'exécution, qui, d'après le témoignage de Hans von Bülow, avait été excellente lors de la première. On possède la partition annotée de la main de Verdi [1], et, si on

1. F. Abbiati reproduit intégralement ces annotations dans son *Giuseppe Verdi*, III, pp. 508-511.

l'expurge, autant qu'il est possible, des remarques concernant l'exécution, qui, on le répète, dut souffrir de la présence du grand maestro, ces notes prennent la forme d'un extraordinaire document, d'une franchise absolue, où les nombreuses marques d'admiration (« beau », « belle instrumentation », « finale beau et mystérieux », « splendide », etc.) sont presque systématiquement balancés par des « trop lent », « devient pesant par suite des continuelles notes aiguës des violons », « laid », « mauvais », « devient froid », « inutile », etc. Le tout ainsi résumé : « Impression médiocre. Musique belle quand elle est claire [et] qu'il y a de la pensée. L'action est lente, comme la parole. D'où ennui. Beaux effets d'instrumentation. Abus de notes tenues, ce qui devient pesant. Exécution médiocre. Beaucoup de *verve*, mais sans poésie ni finesse. Dans les passages difficiles, toujours mauvaise. » Le document nous paraît suffisamment éclairer l'opposition entre les deux esthétiques pour que nous ne prenions pas la peine d'entrer dans la querelle, d'ailleurs obsolète, de l'influence de Wagner sur Verdi. Si influence il y eut, elle ne fut jamais que fugitive, circonscrite même dans quelques mesures d'*Aida* (les violons divisés du prélude), et surtout si bien pliée aux desseins naturels du compositeur qu'un des plus grands musicologues allemands, Alfred Einstein, bien peu sensible au romantisme transalpin, a pu écrire que « nulle part la notion d'opéra italien ne semble réalisée de manière plus accomplie qu'en cette œuvre [1] », qu'il tenait du reste pour une des plus grandes de Verdi.

En mars 1870, Verdi s'était rendu un mois à Paris, où il avait revu ses amis, entendu Adelina Patti au Théâtre des Italiens (elle y chantait *La Traviata* et *Rigoletto*) et retrouvé Muzio, qui, après avoir écumé les Amériques, avait été engagé une saison au Caire. Pour l'inaugura-

1. A. Einstein, *La Musique romantique*, p. 334.

tion du Théâtre du Khédive et l'ouverture du canal de Suez, il y avait dirigé *Rigoletto*. Grâce à ses informations, Muzio prépara le terrain sur lequel Du Locle allait inséminer l'idée d'*Aida*. Deux mois plus tard, ce dernier adresse en effet à Verdi un synopsis en prose de quatre pages. Le document est anonyme, mais Du Locle laisse entendre qu'un grand personnage l'a inspiré et joint astucieusement une lettre de l'égyptologue Auguste Mariette – dit Mariette Bey par suite du titre que le souverain égyptien lui a concédé – qui annonce clairement que, si Verdi se refuse à créer une œuvre pour Le Caire, le khédive pourrait bien faire appel à Gounod ou Wagner. L'astuce de Du Locle est habile, mais elle tombe d'autant mieux que Verdi *voit* tout de suite le parti dramatico-musical qu'il peut tirer du synopsis, qui, en réalité, vient d'une idée que Mariette avait précédemment développée dans une petite nouvelle *(La Fiancée du Nil)*. On s'est beaucoup interrogé sur la provenance de cette intrigue égyptienne, qu'on a parfois rapprochée, mais très abusivement, de la *Nitteti* de Métastase. La source que M. J. Phillips-Matz suggère de chercher dans les *Ethiopiques* d'Héliodore paraît beaucoup plus pertinente. Quoi qu'il en soit, la somme considérable que demande Verdi (cent cinquante mille francs qui seront déposés auprès de la banque Rothschild à Paris) étant acceptée, Du Locle développe en détail le scénario sous la haute main du musicien, qui propose ensuite à Antonio Ghislanzoni de le mettre en vers italiens, car il ne s'agit plus que de cela. La correspondance très détaillée qui s'établit entre le compositeur et le poète montre clairement la part prépondérante de Verdi dans la rédaction du texte, pour laquelle, sans parler des indications extrêmement fines et précises fournies par ce dernier en matière de prosodie, Ghislanzoni renonça de bonne grâce aux formes recherchées du décadentisme pour adopter une simplicité assez proche du langage biblique, et conserva tels quels un bon nombre de vers où de formules suggérés par Verdi. Qui est, on peut le dire, le véritable librettiste d'*Aida*.

Cependant que Mariette Bey est envoyé, dès juillet, à Paris pour diriger la réalisation des décors et costumes, Verdi travaille dans un premier temps sur le cadre, les mœurs et même la musique de l'antique Egypte. On ne peut s'empêcher ici de penser à la *Salammbô* de Flaubert, que Verdi avait un moment songé à mettre en musique (ce fut Reyer qui s'en chargea en 1890), et dont le destin avait été assez proche de celui qui attendait *Aida* : immédiat succès public et controverses critiques. La place nous manque pour évoquer ces recherches érudites, auxquelles, cependant (c'est sa différence avec Flaubert), Verdi renoncera vite, mais il faut signaler à cette occasion qu'entre autres enquêtes le musicien consulte notamment Hérodote et un certain *Monde secret*, dont nous ne savons rien sinon qu'à sa lecture le musicien laisse échapper une exclamation d'enthousiasme en évoquant les mystères d'Isis. Intéressant détail qui tendrait à illustrer que, souterrainement (c'est le cas de le dire), il n'était pas insensible à l'ésotérisme. Mais, en même temps, la guerre franco-allemande a éclaté et, le 2 septembre, la terrible défaite de Sedan consomme la chute du second Empire et menace Paris. Verdi est accablé. Il pense rageusement que l'Italie aurait dû se battre aux côtés de la France (« j'aurais préféré qu'on signe, une paix vaincus aux côtés des Français, plutôt que cette inertie qui nous fera mépriser un jour »), demande à Du Locle de prélever deux mille francs sur l'avance de son cachet pour venir en aide aux blessés français, et nourrira sa vision du triomphe égyptien sur l'Ethiopie de l'arrogance fanatique des nouveaux Goths, qu'il juge « d'un orgueil démesuré, durs, intolérants, contempteurs de tout ce qui n'est pas germanique, et d'une rapacité sans limites. Hommes de tête, mais sans cœur; race forte, mais non civile [1] ». Verdi aura même des mots prophétiques sur l'avenir de l'Europe : « La guerre européenne, nous ne l'éviterons pas, et nous serons *dévorés*. Ce ne sera pas demain, mais cela sera [2]. »

La partition d'*Aida* est achevée à la mi-novembre 1870. Le blocage des décors, retenus dans Paris assiégé, va retarder la création et permettre à Verdi de peaufiner son ouvrage. Enfin, le 24 décembre 1871, l'œuvre est donnée au Caire sous la baguette de Giovanni Bottesini (contrebassiste et compositeur de qualité), que Verdi, qui n'a pas voulu se rendre en Egypte, a choisi à défaut de Muzio, engagé ailleurs, et de Mariani, dont les prétentions financières sont vraiment trop élevées. La distribution comprend, avec l'aval du compositeur, Antonietta Anastasi-Pozzoni (Aida), Eleonora Grossi (Amneris), Pietro Mongini (Radames) et Francesco Steller (Amonasro). Pour la reprise de l'ouvrage à la Scala, Verdi remplacera le chœur introductif à quatre voix du troisième acte, écrit en imitation dans le style de Palestrina, par un chœur à l'unisson, et ajoutera la romance d'Aida qui lui fait suite. Il composa aussi une ouverture, mais y renoncera finalement en faveur du prélude initial. L'analyse que voici tient naturellement compte de l'ajout de la romance d'Aïda.

1. « *Civile* » a en italien un sens plus fort et plus large qu'en français : civilisé, humain.
2. Lettre à Clarina Maffei du 30 septembre 1870.

Aida

A Memphis et à Thèbes, dans l'Egypte ancienne

Ier acte. Ier tableau. Au palais royal de Memphis, Ramfis, le Grand Prêtre (basse), porte au roi le nom du général désigné par Isis pour repousser les Ethiopiens. Le jeune capitaine Radames (ténor) exprime ses vœux d'être ce chef et de retourner vainqueur auprès de celle qu'il aime, Aida, esclave éthiopienne (romance « *Celeste Aida* »). Paraît Amneris, fille du roi (mezzo-soprano), qui aime secrètement Radames (duo « *Qual insolita gioia* »), suivie d'Aida (soprano). La princesse remarque le trouble des deux jeunes gens et réprime mal sa jalousie (trio « *Trema ! o rea schiava* »). Entre le roi, accompagné de la cour, des prêtres et d'un messager qui annonce qu'Amonasro, roi d'Ethiopie (baryton), marche sur Thèbes. Radames est désigné pour conduire l'armée égyptienne. Ensemble guerrier auquel Aida mêle sa douleur d'aimer celui même qui doit combattre les siens. Demeurée seule, elle exprime le déchirement de ses sentiments et finit par prier (scène « *Ritorna vincitor...* »). – IIe tableau. Dans le temple de Vulcain (Ptah) à Memphis. Après l'invocation des prêtres et prêtresses, suivie d'une *Danse sacrée*, Ramfis remet à Radames l'épée consacrée.

IIe acte. Ier tableau. Dans les appartements d'Amneris à Thèbes. Au milieu du chœur de ses servantes, Amneris invoque l'amour. Après une *Danse de petits esclaves maures*, la jeune femme, feignant la tendresse, pousse Aida à dévoiler son amour en lui annonçant la fausse nouvelle de la mort de Radames : Aida se trahit, et Amneris laisse éclater son courroux, déterminée à humilier sa rivale, qu'elle entraîne au triomphe de Radames (scène et duo « *Fu la sorte dell'armi... Ah, pietà ti prenda* »). – IIe tableau. Aux portes de Thèbes, près du temple d'Amon. Le roi et la cour assemblée chantent un hymne à l'Egypte et à Isis, avant que ne défile l'armée, conduite par Radames *(Marche triom-*

phale et *Ballet).* Couronné par Amneris, Radames demande que les prisonniers soient amenés. Aida se précipite vers son père, Amonasro, lequel feint d'être un simple chef éthiopien et demande pitié pour sa nation *(« Anch'io pugnai... »).* Les prêtres réclament sa mort, mais Radames intervient et demande la grâce des Ethiopiens, que le roi accorde à la condition, suggérée par le Grand Prêtre, qu'Aida et son père restent leurs otages : le roi offre alors la main d'Amneris à Radames. Joie de la princesse et accablement du jeune général.

IIIe acte. Sur les rives du Nil, près du temple d'Isis. Tandis qu'Amneris et Ramfis entrent dans le temple prier la déesse, Aida attend Radames, dont elle craint qu'il ne vienne lui dire un dernier adieu. Désespérée, elle chante une romance nostalgique évoquant sa patrie perdue *(« O cieli azzuri »).* Surgit Amonasro, qui, après avoir évoqué les malheurs de leur peuple et la revanche déjà prête (duo *« Rivedrai le foreste imbalsamate »*), lui demande de faire avouer à Radames l'itinéraire choisi par les troupes égyptiennes. Aida résiste, mais, insultée par son père, se voit contrainte d'accepter. Arrive Radames, qui croit pouvoir défendre les Ethiopiens contre la fureur des Egyptiens. Aida le rappelle à la réalité et lui propose de fuir (duo *« Pur ti riveggo... Fuggiam »*). Puis elle lui demande le chemin des troupes. Naïvement, Radames répond. Surgit alors Amonasro, qui dévoile son identité royale et propose au jeune général de se joindre aux Ethiopiens. Radames, traître involontaire, croit devenir fou. Amneris sort du temple, et Radames, qui a juste le temps d'empêcher Amonasro de la poignarder, se livre aux prêtres.

IVe acte. 1er tableau. Dans le palais du roi. Amneris, désespérée par le sort de Radames, veut tenter de le sauver et le fait venir (duo *« Già i sacerdoti »).* Radames, apprenant qu'Amonasro est mort et qu'Aida a pu s'enfuir, refuse de se disculper : la vie lui est en horreur. On l'emmène. Désespoir d'Amneris, qui se reproche d'avoir livré elle-même aux prêtres l'homme qu'elle aime *(« Ohimè! morir mi sento »).* Du fond du souterrain, l'on entend le jugement de Radames, condamné à être enterré vivant. – IIe tableau. Au-dessus, l'intérieur du temple de Vulcain ; au-dessous, le caveau où Radames doit mourir. Alors que le jeune homme médite en formant des vœux pour le salut d'Aida, celle-ci paraît : elle a réussi à pénétrer dans le tombeau pour mourir avec lui (duo *« Morir sì pura e bella »*). Tandis que dans le temple les prêtres invoquent Ptah et qu'Amneris, sur la dalle, implore la paix d'Isis pour le jeune homme, Radames et Aida chantent leur adieu à la terre (*« O terra, addio »*).

Un opéra, comme un rêve, est surdéterminé. Aussi laisserons-nous les copieuses analyses musicologiques (indispensables, mais insuffisantes) de ce chef-d'œuvre, pour nous interroger sur un aspect à peu près occulté jusqu'à présent : le « dualisme » métaphysique d'*Aida* [1]. Nous le ferons d'autant plus volontiers que le terme de « dualisme » est le titre d'un célèbre poème de Boito, et qu'il nous sera ainsi donné de répondre à tous ceux qui ont cru voir dans la collaboration à venir de Verdi avec le poète italo-polonais une sorte de sénile assujettissement du musicien à un librettiste qui lui aurait imposé, dans *Otello*, un monde qui n'était pas le sien. En vérité, s'il est second dans une œuvre profondément intimiste, le pompiérisme d'*Aida*, dont on s'est tant gaussé, n'est nullement secondaire, nullement risible, et tire son existence et son sens du drame secret et métaphysique qu'il tente d'étouffer. Verdi, qui ne fut jamais dupe des modes, n'exploite pas ici le « spectaculaire » bourgeois pour satisfaire les goûts de son époque, mais il en perçoit d'emblée l'usage dans l'architecture dramatique de son sujet, dont la scène finale, avec ses deux plans superposés ne sera que l'exemplification visuelle. Ainsi

1. Nous reprenons ici l'essentiel d'une analyse que nous avons donnée, en collaboration avec Rita de Letteriis, dans « L'Avant-Scène Opéra », n° *Aida*, nouvelle édition, Paris, 1993.

la gigantesque loupe que le compositeur applique sur le Triomphe – qui coagule le souvenir des fastes du grand-opéra parisien et des marches militaires que le fanatisme allemand entonne au nom de Dieu – n'est-elle destinée qu'à mieux mettre en évidence l'écrasement de l'intimité, du sentiment, de l'idéal, sous l'atroce poids de la machine politique, religieuse et même cosmique. Qui en douterait pourra juger du mépris avec lequel Verdi parlait lui-même à Ghislanzoni de « tout le *bataclan* » de la marche triomphale [1]. Au point qu'on serait tenté de dire que le musicien en rajoute dans les éclats de fanfare et la décoration, comme pour tendre un miroir à la société bourgeoise, vulgaire et criminelle sous son prétendu « bon goût [2] ». Toute la composition d'*Aida* repose sur cette dualité des plans : la sémantique musicale, la scénographie et, naturellement, la distribution dramaturgique des personnages, qui se rangent soit du côté de la matière, du pouvoir, du réel, soit du côté de l'aspiration, du rêve, du désir, en un mot : de cette *Sehnsucht* (nostalgie) qui avait été le cœur du romantisme originel. Thomas Mann ne se méprit pas sur *Aida* en évoquant, dans *La Montagne magique,* « la haute et irréfutable sublimation que [la musique, l'art et le cœur humain] faisaient subir à la vulgaire laideur de la réalité [3] ».

Pour s'en tenir à la distribution des personnages, une telle analyse conduit à ranger paradoxalement Amonasro, père d'Aïda, du côté des prêtres égyptiens. Par-delà les conflits de l'intrigue et sa condition de vaincu, le

---

1. Lettre du 8 septembre 1870. « Bataclan » est en français dans le texte. Dans une lettre à Giuseppe Piroli du 13 mai 1868, Verdi utilisait le même mot pour peindre le monde courtisan et politique : « Vous êtes député, conseiller, et puis avec sur les épaules cette bagatelle de princes, ducs, princesses, ministres, ministresses, Rois, Reines et tout le *bataclan*... »
2. Lettre à C. Du Locle en date du 7 décembre 1869.
3. Chapitre VII.

baryton, le père – fait notable pour l'exploration de l'imaginaire verdien – se meut lui aussi dans l'ordre de la matière, du pouvoir, de la stratégie, et même, nous le verrons plus loin, de la manipulation. Face à cet ensemble, les héros de l'aspiration – Aïda, Radamès et Amnéris – ne forment pas un groupe compact. Amnéris (la scène finale en imposera l'image scénographique et musicale) se trouve à la frontière des deux univers; elle sera même condamnée à demeurer dans la sphère écrasante des apparences, malgré l'immensité de son aspiration amoureuse et onirique. On pense au désir qui gonfle sa phrase tournoyante : *« Ah! Vieni, amor mio, m'inebria... / Fammi beato il cor! »*, au début du deuxième acte. A l'opposé, Aïda, vaincue dès le départ, est consciente de l'impossible résolution terrestre de son conflit. La terre est pour elle une « nuit sombre » à laquelle s'oppose le « rayon » de l'amour interdit. Derrière son déchirement entre l'amour et le devoir, entre le père et l'amant, entre les patries réelles, Aïda est porteuse d'un savoir métaphysique : la *négativité du monde matériel*, savoir dont Radamès ne prendra conscience que progressivement, au-delà de son idéalité héroïque : c'est cet héroïsme à la fois supérieur et fragile qu'il faut entendre dans le *si bémol* aigu de sa romance, marqué *pp* et *morendo* (indications que les ténors ont tant de mal à respecter), et, plus explicitement, dans les mots qu'il adresse à Amnéris tentant de le retenir dans la vie : « La mort est un bien suprême... »

Dès sa première lecture du scénario, Verdi avait été conscient que, pour être « belles », les situations du sujet n'étaient pas pour autant vraiment « neuves ». *Aida* est, justement, la résultante de cette double force qui s'exerce productivement, chez le créateur, entre des formes conventionnelles, des situations consacrées, et un langage de l'âme qui, par rapport aux opéras précédents, est musicalement plus subtil (on pense autant aux climats harmoniques souvent troublants qu'au fréquent recours à l'écriture contrapuntique) et littérairement plus essentiel. C'est ainsi que le retour en force du ténor au détriment du baryton, les fastes du grand-opéra, les « romances » de Radamès et d'Aïda, qui semblent tirer la partition en arrière, vers le goût meyerbeerien, deviennent des éléments constitutifs d'une œuvre où le *non hic* du romantisme se trouve exalté par l'insupportable poids de la convention bourgeoise, qui apparaît alors comme la pétrification symbolique de la Vie même. Verdi – tout issu qu'il est du monde patriarcal et romantique du début du siècle – baigne alors, bon gré mal gré, dans l'atmosphère crépusculaire de la *Scapigliatura*, qui, sous une certaine forme, et malgré sa pudeur, répond au fond fort bien à son pessimisme natif.

Le compositeur ne se méfie pas moins, comme on l'a dit, de la propension des *Scapigliati* aux excentricités rythmiques, au langage précieux et étouffant, auquel il cédera, non sans raison, dans *Otello* : l'image du « *Mistico serto di luce e fior* » (« Couronne mystique de lumière et de fleurs ») de la romance de Radamès, si caractéristique d'une certaine sensibilité préraphaélite ou symboliste, ne se retrouve guère dans *Aida*, Verdi ayant étroitement guidé son librettiste vers la quête d'une essentialité, dont la vigueur novatrice reste étonnante : « Mais moi, quand l'action le demande, j'abandonnerais aussitôt rythme, rime, strophe ; je ferais des vers blancs pour pouvoir dire clair et net tout ce qu'exige l'action. Malheureusement, au théâtre, il est parfois nécessaire que poètes et compositeurs aient le talent de ne faire ni poésie ni musique [1]. » Du monde et du lexique symbolistes, Verdi ne retient que ce qui sert

1. Lettre à A. Ghislanzoni du 16 août 1870.

son projet dramatique, en particulier l'évocation de la lumière – mais une lumière qui, pour être encore solaire et glorieuse du côté de Radamès, est, chez Aïda (dont on a déjà dit qu'elle était en avance sur son amant dans la sphère du savoir métaphysique), résolument transcendante, liée à l'aube, aux étoiles, à l'Orient. Un Orient qui n'a plus rien d'historique, un Orient de l'âme.

Au fond, du point de vue du texte, Verdi ne cesse de tirer Ghislanzoni vers le répertoire biblique de son enfance et l'essentialité tragique d'Alfieri, formateur secret de sa jeunesse. C'est ainsi que, pour la première scène du deuxième acte, où les esclaves d'Amnéris doivent chanter le vainqueur, il mande à son librettiste une prose rythmique, tout imprégnée de réminiscences des Ecritures : *« Chi è colui, chi è colui che arriva splendente di gloria e bello come il Dio delle battaglie*[1] *?* » (« Qui est, qui est celui qui arrive resplendissant de gloire et beau comme le Dieu des batailles ? »), Ghislanzoni s'exécute avec bonne grâce, et va du coup prévenir le goût de Verdi. Pour la rédaction du duo final, alors que le compositeur lui suggère : *« O vita, addio; addio, terrestri amori »*, le librettiste proposera : *« O terra, addio; addio, valle di pianti...* » (« O vie, adieu; adieu, vallée de larmes. ») Une proposition biblique qui ne peut qu'enchanter le compositeur.

Mais Verdi ne se contente pas de requérir de Ghislanzoni des vers essentiels, déjà mesurés et accentués : il veut la « parole scénique », « la parole qui sculpte et rend évidente et nette la situation[2] ». Entendons une parole au service d'un certain « effet » dramatico-musical. Sa vie durant, Verdi n'a cessé d'insister auprès de ses librettistes et de ses interprètes sur l'*effet* :

1. *Ibidem.*
2. Lettre à A. Ghislanzoni du 17 août 1870.

« Parle-moi du chant et de l'orchestre, toujours du point de vue de l'*effet* », « [Dis-moi] l'*effet* du dernier morceau. Fais bien attention que je ne te parle pas de la valeur, mais uniquement de l'*effet* [1] », écrit-il à Bottesini, qui dirige la création. Il ne s'agit plus, bien sûr, d'un « effet » mélodramatique, encore sensible dans les œuvres de jeunesse, mais de quelque chose qui est très proche de ce que cherchaient les créateurs florentins de l'opéra à la fin du XVIe siècle : *« muovere veramente gli affetti* [2] ». A cela près que, chez Verdi, tout le livret n'est pas « parole scénique ». Le terme définit en effet des îlots dramaturgiques savamment préparés, qui sont comme des zones chargées d'énergie : les toucher, c'est faire résonner – à travers les émotions – des situations archétypales, d'autant plus vives qu'elles sont élémentaires.

L'opposition entre le fardeau du collectif et le langage de l'âme, entre les triomphes accablants de l'ordre et l'impossible satisfaction de l'intimité amoureuse, peut aussi se lire dans la construction dramaturgique. Comment ne pas être sensible à la quasi-pauvreté des formes dramatiques d'*Aida* : une longue suite de duos (Verdi ne se proposait déjà rien d'autre dans *Rigoletto)*, mais une suite brisée, sans cesse interrompue par le formalisme social. Opposition significative dans l'histoire de l'œuvre verdien, si l'on se rappelle la fonction positive du chœur dans les opéras de jeunesse. Dans *Nabucco* – opéra biblique dont *Aida* semble être en quelque sorte

1. Pour analyser ce terme, il faut désormais tenir compte du précieux article de D. Goldin Folena *Lessico melodrammatico verdiano*. La première de nos citations verdiennes est extraite de la lettre du 27 décembre 1871 à G. Bottesini, qui avait dirigé la première d'*Aida* au Caire le 24 décembre ; la deuxième est tirée de la célèbre lettre adressée au même correspondant le 10 décembre, où le compositeur définissait le duo final comme relevant du genre « vaporeux ».

2. Le mot est du comte Bardi, hôte de la fameuse Camerata florentine dont les membres, croyant ressusciter le drame chanté des Anciens, conçurent le *« recitar cantando »* et l'opéra.

le revers –, l'individu se trouve positivement absorbé dans le corps social, et du même coup le duo amoureux n'occupe qu'un rang très secondaire. Dans *Aida*, Verdi a renoncé à toute illusion collective et appréhende même le monde sous les espèces d'un pessimisme radical.

La noirceur, voire la négativité, qu'assument dans *Aida* les images du monde religieux – qui s'exprime essentiellement de façon chorale –, Verdi l'a voulue et soigneusement étudiée : la qualité et l'originalité des matériaux musicaux utilisés pour le rôle des prêtres consonnent avec la masse de notes et de réflexions que nous possédons de la main du musicien sur la scène de la Consécration. Rien d'étonnant, par exemple, à ce qu'on se trouve, selon l'indication même de Mariette, dans le temple de Vulcain, dieu assimilé dès l'Antiquité à Ptah, le Forgeron qui a trempé l'arme d'Horus : Ptah (ou Héphaïstos, ou Vulcain) n'est pas le Dieu primordial ; il est le Démiurge, le Potier, l'Organisateur. Malgré l'image syncrétique qu'en donne Ghislanzoni dans les « litanies » de la fameuse scène, Verdi, sur la trace des théologies gnostiques, modèle franchement Ptah et ses prêtres comme les représentants d'une religion qui, peu ou prou, se trouve du côté de la matière et du mal :

... Oh! gl'infami!
Né di sangue son paghi giammai...
E si chiaman ministri del ciel!

... Oh, les infâmes !
Jamais ils ne sont rassasiés de sang...
Et ils se disent ministres du Ciel !

chantera Amnéris. Au point que le compositeur détourne l'expression musicale la plus naturelle et la plus épurée de la spiritualité occidentale, le grégorien, pour en faire la manifestation de ce pouvoir mortifère : voyez le plain-chant serein et caverneux des prêtres invoquant, au dernier acte, la sentence funeste du dieu contre Radamès.

Le duo perpétuel des âmes aimantes ne peut donc se déployer que hors de ce monde, et dans une « patrie » qui n'est plus la patrie réelle des opéras politiques de jeunesse. La patrie en danger que défend Radamès relève du leurre, de l'illusion du vouloir-vivre : au moment même où l'Italie risorgimentale s'achève par la conquête de Rome, Verdi entonne la plainte nostalgique d'une autre patrie. L'« idylle » *« O patria mia... »*, qu'il rajoute en 1871, dit assez la langueur presque abstraite du « souvenir ». Et Amonasro a beau jeu de manipuler sa fille en évoquant à ses yeux des fantasmes ou des lambeaux séduisants de la patrie réelle (les « forêts embaumées », les « vallées fraîches », les « temples d'or »), dans l'esprit d'Aïda, l'Ethiopie n'est une patrie désirable que parce qu'elle est lointaine, désormais perdue. C'est là peut-être la borne de l'*ingénuité* de Verdi, telle que l'a analysée Isaiah Berlin en usant de l'opposition schillérienne entre « poésie naïve » et « poésie sentimentale [1] ». Le glissement sémantique de la terre des pères à la terre rêvée est parfaitement localisé dans la première section du grand duo du troisième acte. Pour entraîner son amant, Aïda révèle son vrai désir :

Una novella patria
Al nostro amor si schiude...
(...)
In estasi beate
La terra scorderem...

1. I. Berlin, « The *Naïveté* of Verdi », in *Against the current.*

Une patrie nouvelle
S'ouvre pour notre amour...
(...)
Nous oublierons la terre
Dans un bonheur divin...

Il s'agit bien d'« oublier la terre » dans une « patrie nouvelle » qui – on n'insistera jamais assez sur ce leitmotiv lexical du livret – *« si schiude »*, c'est-à-dire « se descelle », « s'ouvre », comme s'ouvrira la tombe au finale de l'œuvre (*« A te vivo fia* schiuso *l'avel »*, chanteront les prêtres), comme s'ouvrira le ciel dans l'ultime duo que Verdi définissait comme appartenant au genre « vaporeux » : *« Già veggo il cielo* dischiudersi *(...) / A noi si* schiude *il ciel... »*

Mots libérateurs qui réalisent enfin le désir inscrit dès la romance de Radamès, au tout début de l'œuvre. Dans le chiasme qui lie *« Celeste Aida, forma divina... »* et le bref monologue du ténor dans la tombe : *« ... Forma umana è questa... / Cielo ! Aida ! »*, on peut sans effort percevoir la trace d'une métaphysique du retour. Et, dans le dualisme de tout l'ouvrage, une sorte de manichéisme. D'où notre définition un peu provocante d'*Aida* comme opéra « cathare ». On ne saurait en tout cas rester insensible à ce croisement des signes : tandis que, dédaigneuses des limites terrestres, les deux voix amoureuses, annonçant un autre monde, s'enlacent dans l'air du caveau, Amnéris fait lentement descendre sur les amants l'immense oiseau d'« Isis apaisée ». Le ciel, semble nous dire *Aida*, ne peut s'entrouvrir que par la clôture matricielle du tombeau, le renoncement au monde, et, peut-être, la condamnation de la matière.

Aida fut magnifiquement accueilli au Caire, où, pour l'occasion, s'étaient notamment déplacés Filippi et Reyer. Toute cette « réclame » déplaisait fort à Verdi, qui affirmait (et on peut le croire) : « Je me rappelle toujours avec joie mes débuts, où, presque sans amis, sans que quelqu'un parlât de moi, sans préparations, sans influence d'aucune sorte, je me présentais au public avec mes opéras prêt à me faire fusiller, et fou de bonheur si je réussissais à éveiller quelque impression favorable. – Aujourd'hui, quels préparatifs pour un opéra ! » Et encore : « Pour l'amour du ciel, pas de *réclame*, pas de préparatifs, qui sont pour moi la plus humiliante des humiliations. (...) Je ne veux pas de *Lohengrinades*... Plutôt le feu [1] ! » L'« intelligence » des interprètes et de la mise en scène, c'est tout ce qu'il demandait, et ce à quoi il s'emploiera pour la création italienne à la Scala, le 2 février 1872, sous la baguette de Franco Faccio, avec Teresa Stolz en Aïda et Maria Waldmann en Amnéris. Malgré l'accueil délirant qu'il y reçut, et le don d'une baguette en or et ivoire, Verdi fut irrité par les conditions psychologiques de la création et déçu par la presse : « Critiques stupides, et éloges plus stupides encore : pas une idée élevée, pas une idée artistique; pas un seul qui ait su relever mes intentions... » Aveu d'un contenu secret de l'opéra, mais aussi amertume d'un grand naïf, orgueil infantile d'un désenchanté, qui aurait voulu ne devoir son succès qu'à lui-même. Cependant, toujours sous l'œil du compositeur, *Aida* se mit à tourner triomphalement en Italie. On ne résiste pas au plaisir de rapporter une anecdote qui suivit la première à Parme : un quidam, qui s'était spécialement déplacé de Reggio Emilia, fut déçu par l'opéra et écrivit à Verdi en lui demandant le remboursement de ses frais. Verdi, très amusé, lui fit tenir cette petite somme – mais en soustrayant le prix de son repas (« Il aurait pu déjeuner chez lui ! » déclara-t-il) et en lui demandant un reçu

1. Lettres à F. Filippi et G. Ricordi, citées par F. Abbiati, *Giuseppe Verdi,* III, p. 518.

par lequel l'auditeur mécontent s'engagerait également à ne plus jamais se déplacer pour entendre une de ses œuvres...

Au début de 1873, durant les répétitions d'*Aida* au San Carlo de Naples, la Stolz tomba malade quelques jours. Verdi en profita pour écrire, sans prétention, mais non sans arrière-pensées sans doute, un *Quatuor à cordes en mi mineur*, qu'il fit jouer lors d'une petite soirée privée le 1er avril, à l'hôtel delle Crocelle. Fait inouï pour un musicien qui interdisait rigoureusement qu'on joue sa musique en sa présence. Une œuvre écrite sans prétention, avons-nous dit. De fait, Verdi refusa un peu plus tard la partition à la Société du Quatuor de Naples, puis à celle de Milan, et déclara de sa composition : « Je ne sais si ce quatuor est bon ou mauvais ; je sais seulement que c'est un quatuor. » Mais c'était tout de même une façon de (se) rappeler que, bien qu'il se considérât comme le moins « érudit », le moins « savant » de tous les compositeurs, il avait fait « de longues et sévères études » et se trouvait tout à fait préparé à composer dans un genre qu'il considérait (à tort, bien entendu) comme typiquement germanique. Et, de fait, si son mélodisme inscrit cette très belle œuvre de chambre dans une tradition italienne, sa forme – d'ailleurs archaïque, car c'est celle des derniers quatuors de Mozart et des premiers de Beethoven – et sa parfaite écriture contrapuntique rappellent à qui l'aurait oublié les études de jeunesse de Verdi (et celles qu'il avait imposées au jeune Muzio : Marcello, Corelli, Tartini, Mozart, Haydn, Beethoven, Schubert) et que sa totale maîtrise du contrepoint n'était pas une acquisition récente. Profitons-en pour énumérer quelques noms qu'on découvre aujourd'hui dans la secrète mais riche bibliothèque musicale de Sant'Agata : outre les auteurs déjà cités, on y trouvera Palestrina, Bach, Haendel,

Scarlatti, Mozart, Wagner, Berlioz, Bizet, Dvořák, Liszt, Smetana, Massenet... Quant au séjour à Naples, il fut aussi l'occasion pour Verdi de retrouver ses chaleureux amis napolitains, lesquels lui amenèrent un jour un jeune sculpteur désargenté, Vincenzo Gemito, qui cherchait des subsides pour se dégager de ses obligations militaires. Verdi lui commanda son buste, dont on peut encore voir le splendide original en terre cuite et sa réplique en bronze à Sant'Agata.

Sant'Agata. Le compositeur y rentra quelques jours après le triomphe d'*Aida*, chèrement acquis à force de volonté déployée contre l'« inertie » du San Carlo. Il ne s'y reposa guère, saisi, comme il l'était depuis quelques mois d'une agitation qui devait certainement beaucoup à ses sentiments pour la Stolz et au réveil de sa libido. Mais c'est à Sant'Agata qu'un funèbre télégramme de Clarina Maffei le rejoignit le 22 mai 1873 : Manzoni était mort. Une fois de plus, Verdi s'enferma dans sa douleur. Il refusa d'assister aux funérailles et, le 2 juin, vint se recueillir sans un mot sur la tombe, en compagnie de Clarina Maffei. Le lendemain, il écrivait à Giulio Ricordi sa décision de composer un *Requiem* à la mémoire de Manzoni. Significativement, quelque temps plus tôt, lorsqu'on avait appris que le vieil écrivain, bouleversé par la mort de son fils, avait commencé à perdre l'esprit, il avait écrit à Clarina : « Pauvre Manzoni ! La mort de son fils, le soutien de la famille, et ce sublime esprit qui s'éteint ! Cela est terrible ! *L'esprit de Manzoni qui s'éteint !* Et la Providence ? Oh, s'il y avait une Providence, croyez-vous qu'elle déchaînerait tant de malheurs sur la tête de ce Saint ? » Car, immanquablement, parler du *Requiem* de Verdi entraîne le biographe ou le musicologue à ouvrir le dossier des croyances religieuses du musicien. Pour nous, rappelant l'ambiguïté d'un créateur profondément pessimiste, mais nécessairement ouvert à la dimension transcendante de la condition humaine et à son « spasme vers l'infini », comme l'avait défini Leopardi, qui refusait lui-même toute existence d'un référent réel à cette soif inextinguible inscrite au cœur de l'homme, nous nous garderons bien, comme beaucoup l'ont fait, de tirer le musicien vers un christianisme secret. Verdi, comme tout artiste, était sensible à la dimension mystérique du drame humain. Il n'en était pas croyant pour autant, pas même interrogateur, mais plutôt envahi – nous l'avons montré à travers *Aida* – par le sentiment de la négativité du monde matériel et le désir (l'aspiration, l'inspiration) de cet *« any where out of the world*[1] *»* qui ne rachète l'homme de la catastrophe de la vie qu'aux travers des formes sublimées de l'art. Comment interpréter autrement cet aveu de Giuseppina, qui aurait tant souhaité voir Verdi prier dans l'oratoire que, si étrange que cela paraisse, le musicien avait fait construire à Sant'Agata : « C'est une perle d'honnête homme : il comprend et ressent tout sentiment délicat ou élevé, et avec tout ça ce brigand se permet d'être, je ne dirai pas athée, mais certes bien peu croyant, et cela avec une obstination et un calme à lui faire donner du bâton. J'ai beau lui parler des merveilles du ciel, de la terre, de la mer, etc., il me rit au nez et me glace au beau milieu de mes enthousiasmes divins en me disant : “ Vous êtes fous ! ”, et, par malheur, il le dit de bonne foi » (lettre au Dr Cesare Vigna, 9 mai 1872).

C'est pourquoi, loin d'être le chant tourmenté mais confiant d'une âme apaisée dans la foi d'un *sens*, le *Requiem* de Verdi, s'il n'est pas, comme aussitôt Hans von Bülow lui en fit stupidement grief, une sorte d'« opéra en costumes ecclésiastiques », est à coup sûr un surgeon inattendu de cette dramaturgie de la mort

1. On fait ici allusion au titre de l'un des *Petits Poèmes en prose* de Baudelaire.

le compositeur italien n'avait cessé d'explorer depuis sa jeunesse – à cela près que le *livret* lui était, pour la première fois de sa vie, imposé. Mais c'était un texte qu'il connaissait depuis son enfance, et dont il pesa chaque mot.

Messa da Requiem

On se rappelle que Verdi avait déjà écrit un *Libera me* en vue de la messe collective prévue pour la mort de Rossini. Et qu'à la même occasion il avait sans doute ébauché le *Dies irae*. Mais un document enrichit notre connaissance sur la genèse de cette Messe des morts. Lorsque Alberto Mazzucato, excellent musicien et membre de la Commission pour la messe en l'honneur de Rossini, avait reçu le *Libera me* de Verdi, il avait aussitôt félicité le compositeur en termes si chaleureux que celui-ci lui avait répondu : « Vos paroles ont fait naître en moi le désir de composer plus tard toute la *Messe*. D'autant plus qu'il me suffirait de quelques développements pour me trouver avoir fait le *Requiem* et le *Dies irae*, dont la reprise se trouve dans le *Libera* déjà composé... » Dans son bel et très intuitif essai [1] – malheureusement gâté par son ignorance en matière de psychanalyse [2] et sa volonté de ramener à tout prix la religiosité de Verdi à la spiritualité catholique –, Marcel Moré reconstruit l'histoire de la genèse du *Requiem*

1. M. Moré, *La Foudre de Dieu*, pp. 114-198.

2. Assez naïvement, cet auteur interprète tout l'œuvre de Verdi (du moins jusqu'au *Requiem*) à partir de l'épisode enfantin de la malédiction jetée par le futur compositeur sur le prêtre qui l'avait châtié et la réalisation de ce « sort », sans voir que, pour éclairant qu'il soit, cet événement est trop tardif pour être fondateur de la psyché. Pour rendre cette anecdote opératoire, il faut supposer un fantasme ou un trauma bien antérieur.

à partir du service funèbre que Verdi fit exécuter à Busseto à la mort de Cavour en 1861 et observe la suite que forment l'allusion fugitive au *Requiem* dans le *Macbeth* de 1865, l'Office des morts psalmodié par les moines dans *Don Carlos* (1867), la proposition de *Requiem* collectif pour la mort de Rossini et enfin la lettre à Alberto Mazzucato que nous venons de citer. (A cette liste, on pourrait ajouter le *« Requiescat »* qu'Amnéris chante au-dessus du tombeau de Radamès et Aïda.) On peut adhérer ou non à cette reconstruction, mais, à coup sûr, la mort de Manzoni fut le catalyseur d'un projet longuement ruminé, que Verdi réalisa finalement entre 1873 et 1874, entre Paris (où il se rendit avec Giuseppina un mois après la mort de Manzoni), Gênes et Sant'Agata.

Le *Requiem* – écrit pour soprano, mezzo-soprano, ténor, basse, chœur mixte et orchestre – suit le texte canonique, qu'il ordonne en sept morceaux d'inégale longueur : 1. *Requiem* et *Kyrie*. – 2. *Dies irae* (séquence articulée en onze parties). – 3. Offertoire. – 4. *Sanctus*. – 5. *Agnus Dei*. – 6. *Lux aeterna*. – 7. *Libera me*. Notre ouvrage n'ayant pas une visée musicologique, nous nous passerons d'une analyse technique de chacun de ces morceaux pour n'en faire saillir que quelques éléments « dramaturgiques ». Du point de vue musical, disons seulement que, dans le sillage de la longue et illustre histoire de la musique sacrée en Italie (de Palestrina jusqu'à Cherubini), Verdi utilise, dans une extraordinaire et flamboyante unité d'inspiration, toutes les ressources qui sont à sa disposition : de l'harmonie classique (où prédomine le ton mineur) à l'écriture modalisante, de la monodie à la polyphonie, de l'*a cappella* aux développements orchestraux les plus impressionnants (avec les terrifiantes percussions à contretemps du *Dies irae* et un rappel des trompettes berlioziennes pour le *Tuba mirum*), en passant par toutes les combinaisons du quatuor vocal et de la choralité, mais en excluant tout résidu de l'hédonisme vocal d'un Rossini et l'usage de formes proprement opératiques, comme avait pu le faire Donizetti.

Ce *Requiem*, dont Brahms, mouchant Bülow (qui d'ailleurs fera plus tard amende honorable), saluera le « génie », exige, selon nous, d'être avant tout replacé dans le sillage du drame métaphysique d'*Aida*, dont il est une sorte d'immense coda. Ne dirait-on pas que l'andante « vaporeux » (marqué *« il più piano possibile »*) de la première phrase liturgique : *« Requiem aeternum dona eis, Domine, / et lux perpetua luceat eis »* (« Donne-leur le repos éternel, Seigneur, / et que la lumière sans fin brille pour eux »), est comme une imploration sur la mort des deux amants ? La terreur du *Dies irae* ne serait alors que le retour du refoulé de l'opéra : l'horreur, le non-représentable de la mort – et, peut-être, une dénonciation de ce dieu mauvais qui hante les théologies gnostiques. Le journaliste anonyme qui, au lendemain de la première exécution de la Messe, écrivit : « Le Dieu de Verdi est méchant et cruel » n'était pas tout à fait stupide. Car ce n'est pas sans raison que, malgré la brève illumination du *Sanctus*, traité en fugue pour double chœur, le *Requiem* se développe tout entier entre les deux tonalités de l'imploration et de la terreur. Une autre dimension, presque autobiographique, se fait, du reste, jour à travers la distribution des parties dans le quatuor vocal. On a vu en effet que la figure du baryton-père, si souvent enveloppée par la tendresse de Verdi, a été évacuée avec *Don Carlos* pour ne laisser place qu'à l'antipathique fantoche d'Amonasro, et que, concurremment, le ténor a fait un retour en force à travers l'idéalité de Radamès. Le décryptage est sommaire, mais on peut entrevoir, dans l'amour condamné d'Aïda et Radamès face à l'amour jaloux et légal d'Amnéris, un calque sublimé de l'impossible lien de Verdi et Teresa Stolz face à l'amour officiel de Giuseppina. Nous avons aussi suggéré le très probable sentiment de culpabilité que Verdi éprouva au regard de Mariani, duquel il avait contribué à détacher la Stolz. Une identification de Verdi au ténor du *Requiem* est donc d'autant plus imaginable que, face à la terreur, l'imploration repose essentiellement sur cette voix, qui est non seulement la première à lancer le *« Kyrie eleison »*, mais se voit confier le lyrique et suppliant *« Ingemisco »* : « Je gémis comme un coupable ; / la faute fait rougir ma face... », longue page solo, la seule d'où le chœur soit absent, où l'on notera encore le rappel à l'absolution de Marie-Madeleine (le sujet même de *Stiffelio*) et l'allusion presque paradisiaque au troupeau de la parabole : *« Inter oves locum praesta »* (« Fais-moi une place parmi tes brebis... »), qui consonne si bien avec l'âme profondément « rustique » du musicien.

Peut-être est-ce pour cette raison que, lors des exécutions parisiennes de sa Messe en 74, Verdi souffrira plus intensément de la tendance de son ténor à chanter un quart de ton trop bas (« un vrai supplice ») que des « hurlements » et des « notes épouvantables » de la basse. Et, l'année suivante, pour sa deuxième série de concerts parisiens (au cours de laquelle il fut nommé commandeur de la Légion d'honneur), il écrira non moins significativement à Piroli : « Le quatuor de voix est meilleur cette année, car nous avons un ténor dont la voix est superbe. »

Mais, avant les sept premiers concerts à l'Opéra-Comique, qui, malgré les souffrances de Verdi, allaient susciter un magnifique enthousiasme, le *Requiem* avait été créé – avec Teresa Stolz, Maria Waldmann, Giuseppe Capponi et Ormondo Maini – à l'église Saint-Marc de Milan le 22 mai 1874, jour anniversaire de la mort de Manzoni, et aussitôt repris trois fois à la Scala. L'année suivante, toujours avec la Stolz et la Waldmann, la Messe déchaîna de nouveau l'enthousiasme à Paris, avant de connaître à la fois le succès public et quelques critiques à l'Albert Hall de Londres. Malgré le désir que Verdi avait caressé d'aller diriger le *Requiem* jusqu'à Berlin et Weimar, la tournée allemande dut être annulée, et ce fut au Hofoperntheater de Vienne, où une fois de plus Verdi fut ébloui par la qualité musicale des Viennois, qu'il remporta les derniers lauriers de cette tournée européenne. Fêté par les autorités musicales autrichiennes, Verdi put consulter avec émotion les autographes de Beethoven conservés à la bibliothèque du Conservatoire [1]. Et, ironie qu'il dut goûter : il fut reçu et décoré par l'empereur de ce pays qu'il avait tant détesté. Décidément, il était devenu un « homme sérieux », il n'était plus « le bouffon du public, qui avec son tambour et sa grosse caisse crie : *Entrez, entrez, etc.* », comme, avec son ambiguïté naturelle entre autodérision et provocation, il l'avait écrit à Escudier au moment où il finissait la composition de sa Messe. « Vous comprendrez, avait-il ajouté, qu'en entendant aujourd'hui parler d'opéras, j'aie la conscience scandalisée, et que je fasse aussitôt le signe de la Croix ! Qu'en dites-vous ? Ne suis-je pas édifiant ? »

1. Voir les précieux témoignages recueillis par M. Conati in *Interviste e incontri con Verdi*, pp. 110-115.

CHAPITRE XII

Chefs-d'œuvre d'un long couchant

On ne mesurera peut-être jamais la jouissance que Verdi éprouvait à « se taire », comme il l'exprimait lui-même lors de son retour à Sant'Agata, lassé des bavardages mondains et des conversations inutiles, après une épuisante tournée de concerts. Mais « se taire », c'était aussi voiler une pensée qui eût été, par pudeur ou par impuissance, incapable de s'exprimer, sinon par lambeaux, hors du travail de l'œuvre. De même qu'on a fait justice de l'image de Verdi en paysan inculte, qui, paradoxalement, flattait à la fois le narcissisme tortueux du musicien et le mépris de ses détracteurs, il faudra bien admettre un jour que la *pensée* esthétique de Verdi est d'autant plus excitante qu'elle se développe, sans jamais se trahir, dans une perpétuelle expérimentation, dans un refus du système qui, au total, la rend infiniment plus actuelle que celle de son grand contemporain allemand.

Ne minimisons pas pour autant la *menace* narcissique que dut représenter pour le compositeur italien l'apparition de Wagner dans l'Europe musicale. Verdi n'avait rien eu à craindre de Meyerbeer, ou de Berlioz, ou de Gounod. Mais l'effraction du wagnérisme dans le pays du mélodrame, avec lequel il s'était peu à peu identifié, conjointe à la passion de la jeune Italie pour la musique instrumentale, dut être vécue par lui comme une sorte de drame intime, une blessure quasi physique, qui, d'un point de vue artistique, fut surmontée par *Don Carlos* et *Aida*, mais ne dut pas moins être réparée par d'autres moyens, d'autres compensations. Au nombre desquels on comptera sans doute l'amour pour Teresa Stolz, Tchèque de langue allemande, et l'affectueuse admiration pour l'Autrichienne Maria Waldmann, ses deux créatrices du *Requiem*, qu'il emmena dans ses tournées européennes, mais, plus encore, le désir qu'éprouva le compositeur de conquérir l'Allemagne, sa déception de devoir renoncer à donner le *Requiem* à Berlin en 1874, et le bonheur presque enfantin de son triomphe à Cologne en 1877, quand, invité par le compositeur et pianiste Ferdinand Hiller, il y vint diriger sa Messe. Et c'est à la même source qu'on ramènera sa prédication assez folle en faveur d'un art italien, purement vocal, se réclamant de Palestrina, contre l'invasion du quatuor instrumental et du symphonisme.

Avec *Don Carlos*, puis *Aida* et le *Requiem*, Verdi avait atteint, si l'on ose cette affirmation un peu provocante, les limites de son antiwagnérisme – ou du moins de sa *résistance* à Wagner. Quels avaient été les instruments de ce renouvellement ? Un usage de plus en plus raffiné de l'orchestre, le développement (n'excluant pas le recours aux vieilles « formes ») de son très personnel *« recitar cantando »*, enfin l'intense réactivation du contrepoint, le tout fondé sur la croyance absolue dans l'« inspiration », dans l'« enthousiasme ». (On n'insistera jamais assez sur cet aspect de la création verdienne, toujours enracinée, comme on l'a vu, dans un choc d'ordre affectif.) Tous ces éléments sont parfaitement illustrés dans la fameuse lettre que Verdi écrivit en 1871 à Francesco Florimo pour décliner le poste de directeur du

Conservatoire de Naples, laissé vacant par la mort de Mercadante : « Imaginez si je n'aurais pas été fier d'occuper ce poste où siégèrent, fondateurs d'une école, Alessandro Scarlatti et après lui Durante et Leo. Je me serais fait une gloire d'exercer les élèves aux études graves et sévères, mais claires en même temps, de ces premiers pères. J'aurais voulu, pour ainsi dire, mettre un pied dans le passé et l'autre dans le présent et l'avenir (car la *musique de l'avenir* [1] ne me fait pas peur) ; j'aurais dit aux jeunes étudiants : " Exercez-vous dans la *Fugue*, constamment, tenacement, jusqu'à la satiété, jusqu'à ce que la main soit devenue assez libre et forte pour plier la note à votre vouloir. Vous apprendrez ainsi à composer avec assurance, à bien disposer les parties et à moduler sans affectation. Etudiez Palestrina et un petit nombre de ses contemporains ; puis sautez à Marcello et arrêtez spécialement votre attention sur les récitatifs. Assistez à *peu de représentations* d'opéras modernes, sans vous laisser fasciner ni par les beautés harmoniques et instrumentales ni par l'accord de *septième diminuée* (...). " / Après ces études, jointes à une large culture littéraire, je dirais enfin aux jeunes gens : " Maintenant, mettez la main sur votre cœur, et écrivez (...). " / Les libertés et les erreurs de contrepoint sont admissibles et parfois belles au théâtre ; mais pas au Conservatoire. Revenons à l'antique, ce sera un progrès. »

Cette dernière phrase, frappée comme une maxime, a souvent été interprétée comme une déclaration esthétique, un signal d'impuissance, un réflexe conservateur. Ce n'était qu'un programme d'études. La vraie devise de Verdi, mais de Verdi compositeur, c'était « inventer le vrai [2] ». Mais il est clair que la stase apparente de

1. Les italiques sont dans le texte.
2. Lettre à Clarina Maffei du 20 octobre 1876.

près de treize ans que connut la créativité verdienne entre le *Requiem* et la création d'*Otello* – apparente, disons-nous, car le remaniement de *Simon Boccanegra* est une véritable étape – témoigne qu'en 1875 le compositeur, âgé de soixante-deux ans, avait atteint un seuil alors infranchissable.

Un obstacle qu'il dut mesurer avec irritation si l'on en juge par la hargne qu'il mit d'abord à défendre ses œuvres (Escudier « prostitue » *Aida*; d'autres en Italie donnent l'opéra dans une « arène » ou transcrivent la partie d'orchestre pour quatre pianos : Verdi étouffe de rage) et ses droits d'auteur. C'est l'époque des grands règlements de comptes avec Ricordi, et même avec Escudier, qui fera bientôt faillite au Théâtre-Italien (Verdi le lui avait prédit). Puis, la rage éteinte, et les grandes crises conjugales désormais conjurées, c'est le repliement sur soi, sur Sant'Agata, sur les affections domestiques et la misère sociale. Piave meurt le 5 mars 1876 (et une fois de plus, bien qu'il accuse le coup, Verdi esquive les obsèques). L'année suivante, ce sera le tour du sculpteur romain Vincenzo Luccardi, ami de jeunesse. Par bonheur, la jeune Filomena Maria, dite Maria, et surnommée Fifao, qui a achevé ses études à Turin, est revenue à Sant'Agata se fiancer à Alberto Carrara, le fils du notaire. Un beau jour d'octobre 1878, dans l'oratoire de Sant'Agata, elle s'avancera vers l'autel au bras de Verdi pour recevoir la bénédiction nuptiale de Don Avanzi, vieil ami du compositeur et de son épouse. Et, un an plus tard, elle mettra au monde une petite fille, Giuseppina Carrara, que Verdi, grand-père adoptif, surnommera Pepèn. Cependant, la misère règne dans le nouveau royaume. Verdi, qui est resté presque indifférent lorsque l'armée italienne s'est enfin emparée de Rome en 1870, et se moque bien d'avoir été nommé sénateur en 1874 (il a mis un an avant de se décider à prêter serment), plaide auprès de Piroli, son ami député, la cause des paysans et des ouvriers : « ... Les préfets ont envoyé des renforts de carabiniers à cheval, de bersagliers, etc. pour prévenir toute manifestation. Et les pauvres gens disent : *Nous demandons du travail et du pain, et ils nous envoient des soldats et des menottes.* » En 1879, des crues désastreuses affligent la Lombardie. Verdi, qui rivalise de générosité avec Giuseppina pour aider le petit peuple, organisera un concert de bienfaisance à Milan au bénéfice des victimes. Le jour est proche où il se vantera avec une merveilleuse naïveté de fournir du travail à deux cents personnes dans ses seuls domaines, tandis que le chômage sévit dans tout le pays. Cette attention constante à la misère est d'autant plus émouvante que Verdi vit alors, selon le mot de Giuseppina, en « grand seigneur ». Quand il n'est pas à Sant'Agata, il réside au palais Doria-Pamphili, à Gênes, où il a emménagé en 1874. Face à la mer, le magnifique palais est une demeure historique où séjournèrent non seulement le grand amiral Andrea Doria, mais Charles Quint, Philippe II d'Espagne et Napoléon. Entre ses champs et son palais, une certaine monotonie, un farniente sans gaieté s'installe. Verdi voit autour de lui mourir les figures, illustres ou obscures, aimées ou détestées, de sa jeunesse et de son âge mûr : le roi Victor-Emmanuel, le pape Pie IX, Temistocle Solera, la comtesse Gina della Somaglia, dont il avait sans doute été l'amant. « Ils meurent tous, tous ! » écrit-il à Clarina Maffei.

Durant ces années de silence, Verdi a seulement composé un *Pater noster* et un *Ave Maria* sur des traductions de Dante – le premier d'une belle écriture polyphonique, le second pour soprano et cordes –, qui seront exécutés en concert à Milan en 1880. De tous côtés, Clarina Maffei en tête, on le presse de reprendre la plume, mais en vain. Ricordi monte alors un subtil traquenard. Lors d'un dîner amical à Milan, il lance *incidemment* la conversation sur un livret que Boito – qui, en 1875, a donné avec succès à Bologne une version abrégée de son *Méphistophélès* – est en train de tirer de l'*Othello* de Shakespeare. Selon l'éditeur, les yeux du musicien laissèrent alors passer un éclair de passion. Mais il en fallait d'autres pour impressionner notre prétendu paysan, qui accepta négligemment de jeter un œil sur l'ébauche. Quand, trois jours plus tard, Boito la lui apporta en personne, Verdi le poussa à finir son travail, mais sans s'engager davantage : « Il servira toujours, lui dit-il, à vous, à moi, ou à quelqu'un d'autre... » Et, de peur de se trouver engagé, le maestro refusa même que le librettiste et l'éditeur lui rendissent visite à Sant'Agata ; mais, après un sérieux échange épistolaire avec Boito, il reçut tout de même le livret achevé en novembre 1880. Entre-temps, Ricordi avait eu des sueurs froides. La « Gazzetta musicale », qui lui appartenait, venait de publier un article rappelant que Rossini avait dénié à Verdi le sens de la musique comique. Verdi lui répondit : « ... Pendant vingt ans, j'ai cherché un livret d'opéra bouffe, et, maintenant que je l'ai presque trouvé, avec votre article vous donnez au public une envie folle de siffler mon œuvre (...). Ne craignez rien. (...) Je ruinerai un autre éditeur !... » Il ne s'agissait pas, comme on l'a longtemps pensé, de *Tartuffe*, mais probablement d'une adaptation de *La Locandiera* de Goldoni. Toutefois, malgré son esquive tactique, Verdi avait été touché par l'idée d'*Othello*. Et le « projet chocolat » commença dès lors à le préoccuper. Au point que, dès le début de l'année 1880, il demandait (mais en vain) à son ami napolitain Domenico Morelli de lui adresser des esquisses mettant en scène Othello et Iago. Car, notons-le dès à présent, c'est à ce dernier personnage que s'intéressait alors Verdi, et, dans son esprit, l'opéra s'intitulera longtemps *Jago*, avant de retrouver dans les années 1885-1886 le titre original de la tragédie shakespearienne.

Ricordi, éditeur toujours avisé, comprit sans doute qu'il ne serait pas si simple de faire croître la belle plante vénéneuse dont il avait semé la graine. Non moins habilement, il proposa donc à Verdi de remanier *Simon Boccanegra*, une œuvre au destin malheureux à laquelle tenait le compositeur. Et, naturellement, il proposa Boito pour opérer la révision du livret. Bien qu'il fût inconsciemment attaché à cet ouvrage (« chien méchamment battu à Venise ») à proportion même de la tristesse qu'il exhalait, Verdi le trouvait vraiment « trop désolant ». Au début, il ne pense guère qu'à récrire le second acte de la version vénitienne. Parmi les propositions qu'il écarte au fur et à mesure qu'il les énumère à Ricordi, il se souvient de deux lettres de Pétrarque aux doges de Venise et de Gênes. Et c'est de cette « idée mère », comme la nomme Giulio Ricordi, que Verdi fait tirer à Boito le magnificent tableau du Sénat, inexistant dans la version précédente, où l'on entrevoit déjà les violentes diaprures d'*Otello*. Une œuvre quasiment nouvelle se développera ainsi, grâce à une collaboration intense entre le compositeur et le librettiste, qui vont, à partir de cette scène, retoucher en de multiples endroits le livret de Piave. Boito, plus intellectuel que créateur, mais doué d'un profond sens dramaturgique et d'une technique littéraire raffinée, est aussi un être émotif, probablement conscient des limites de son inspiration musicale (et en partie littéraire) et prêt à se dévouer à Verdi dont il mesure désormais le génie depuis longtemps. C'est donc lui qui va réussir à redresser la « table boiteuse » de *Simon Boccanegra*, mais en suivant les idées de Verdi, lequel va reprendre alors son œuvre sur de nouveaux frais : « Je voudrais tout écrire de suite, écrit-il à Boito, comme s'il s'agissait d'un nouvel opéra. » Une phrase qu'il faut éclairer à la lumière de la déclaration qu'il avait jadis faite à Du Locle : « ... Si l'œuvre est [composée] d'un jet, l'idée est une, et tout doit concourir à former cet *Un*. » C'est avant tout de ce souci d'unité que témoigne étrangement *Simon Boccanegra*, qui, bien que Verdi s'inquiétât de la rapidité avec laquelle il avait dû achever sa révision et d'une distribution en laquelle il n'avait pas tout à fait confiance, fut recréé dans l'enthousiasme général à la Scala le 24 mars 1881. Sous la direction de Franco Faccio, et aux côtés d'Anna D'Angeri (Amelia), Federico Salvati (Paolo) et Edouard de Reszké (Fiesco), se trouvaient deux des plus grands chanteurs de l'époque : Francesco Tamagno (Gabriele) et le Marseillais Victor Maurel (Boccanegra), dont on dit qu'il impressionna si fort Verdi que celui-ci lui aurait dit à l'issue de la première : « Si Dieu le permet, c'est pour vous que j'écrirai Jago. »

Simon Boccanegra (II)

A Gênes en 1339 (prologue), puis en 1363. Prologue. De nuit, devant le palais des Fieschi. Paolo (baryton), plébéien qui déteste les patriciens et a soif de pouvoir, propose à Pietro (basse), autre homme du peuple, de faire élire comme Doge le valeureux corsaire Simon Boccanegra (baryton). Ce dernier, sans ambition, accepte d'être élu pour pouvoir épouser Maria, fille de Jacopo Fieschi, qu'il aime et qu'il a rendue mère. Paolo convainc les siens de voter pour Boccanegra et tous se dispersent. Jacopo Fiesco (basse) sort de son palais, pleurant Maria, qui vient de mourir, et maudissant

Simon *(« A te l'estremo addio... Il lacerato spirito »)*. Celui-ci paraît, implorant le pardon de sa faute (duo *« Qual cieco fato »*). Fiesco s'y refuse à moins que Boccanegra ne lui confie l'enfant de Maria. Mais Simon lui avoue que l'enfant a été enlevée *(« Del mar sul lido »)* : Fiesco se refuse alors à pardonner. Simon entre dans le palais des Fieschi et découvre avec horreur la mort de Maria. Au même moment, on acclame le nouveau Doge.

Ier acte. Ier tableau. Dans les jardins du palais Grimaldi. Devant la mer, Amelia (soprano) – de son vrai nom Maria, fille de Simon, qui a été élevée par les Grimaldi –, évoque sa condition d'orpheline et l'humble toit de son enfance, en attendant son amoureux (air *« Come in quest'ora bruna »*). Gabriele Adorno (ténor) s'approche (sérénade *« Cielo di stelle orbato »*) et les deux amants se retrouvent. Amelia s'inquiète pour Gabriele, qui complote contre le Doge avec Fiesco (lequel a pris le nom d'Andrea) et d'autres Génois. Les deux chantent leur amour (duo *« Vieni a mirar la cerula »*). Cependant, on annonce le Doge. Amelia rentre dans le palais (cabalette *« Sì, sì, dell'ara il giubilo »*). Gabriele rencontre Fiesco et lui demande la main d'Amelia. Il ne renonce pas à son amour, même quand il apprend de Fiesco que la jeune fille est une enfant trouvée. Fiesco consent à sa demande (duo *« Vieni a me, ti benedico »*). Quand ils sortent, arrive Simon, suivi de Paolo, qui aime lui aussi Amelia. Simon, venu plaider la cause de ce dernier, fait d'abord part à la jeune fille de sa clémence envers les Grimaldi, qui s'étaient rebellés contre lui. Puis, comme il évoque la solitude d'Amelia, celle-ci lui apprend qu'elle aime et lui dévoile ce qu'elle sait de ses origines *(« Orfanella il tetto umile »)*. Simon comprend peu à peu qu'elle n'est autre que sa propre fille, autrefois enlevée. Père et fille se retrouvent avec bonheur (duo *« Figlia, a tal nome io palpito »*). Quand Amelia s'en va, Simon apprend à Paolo qu'il doit renoncer à la main d'Amelia. Paolo demande alors à Pietro de faire enlever la jeune fille par un certain Lorenzino. – IIe tableau. Salle du Conseil dans le palais ducal. Le Doge transmet aux représentants de la noblesse et du peuple un message de Pétrarque prêchant la paix entre Gênes et Venise, cependant qu'éclate une émeute : Gabriele a tué Lorenzino qui tentait d'enlever Amelia, et, laissant entendre que Simon était l'inspirateur du rapt, s'apprête à le frapper : les gardes l'entourent, quand Amelia intervient. A la demande de Simon, elle raconte qu'elle a réussi à se sauver des mains de Lorenzino, et, sans le nommer, accuse Paolo (récit *« Nell'ora soave »*). Peuple et patriciens s'affrontent. Le Doge s'interpose et prêche la concorde *(« Plebe ! Patrizi ! »)* : il réussit à apaiser l'émeute, tandis que Paolo médite vengeance (sextuor avec chœur). Simon, ayant compris que ce dernier était le coupable désigné par Amelia, le contraint à se maudire lui-même.

IIe acte. Les appartements du Doge. Paolo a pénétré dans le palais pour se venger *(« Me stesso ho maledetto »)*. Il verse quelques gouttes d'un lent poison dans la coupe du Doge tout en pensant le faire assassiner par le fer. Fiesco, qui vient d'entrer avec Gabriele, se refuse à cette infamie, et Paolo tente d'exciter Gabriele en insinuant qu'Amelia est la maîtresse de Simon. Ce dernier, resté seul, balance entre la fureur et le désespoir *(« O Inferno ! Sento avvampar »)*. Entre Amelia, qui, tout en le rassurant sur la pureté de son amour, ne veut pas lui révéler son secret (duo *« Parla, in tuo cor virgineo »*). Entendant venir Simon, Gabriele se dissimule. A son père, Amelia avoue que celui qu'elle aime est Gabriele Adorno. Simon frémit, car ce dernier complote contre lui, mais promet de pardonner s'il se repent. Amelia se retire. Simon, lassé, boit dans la coupe empoisonnée et s'endort. Gabriele sort de sa cachette et s'apprête à le frapper quand surgit Amelia, jurant que l'existence de Simon ne s'oppose pas à leur amour. Simon se réveille, et les deux hommes s'affrontent, quand le Doge laisse échapper qu'Amelia est sa fille. Gabriele s'incline devant Simon, qui lui pardonne (trio *« Perdon, Amelia »*). Une nouvelle émeute éclate. Simon charge Gabriele de calmer la foule en lui promettant la main d'Amelia.

IIIe acte. Dans une salle du palais ducal donnant sur la mer. L'émeute guelfe a été conjurée, et, tandis qu'on célèbre le mariage d'Amelia et Gabriele, Paolo, qu'on traîne à la mort, n'a que le temps d'apprendre à Fiesco qu'il a empoisonné Simon. Fiesco, horrifié, voit arriver le Doge, rongé par le poison et cherchant un soulagement dans l'air de la mer qu'il a tant aimée *(« M'ardon le tempia... »)*. Fiesco lui découvre sa vraie identité *(« Delle faci festante al barlume »)*. Simon lui rappelle alors la promesse de pardon que le patricien lui avait faite vingt-cinq ans plus tôt si lui, Simon, lui rendait sa petite-fille : il le peut désormais, car c'est Amelia. Fiesco, ému (duo *« Piango... »*), apprend alors au Doge qu'on l'a empoisonné. Quand Amelia arrive, suivie de Gabriele, Simon lui révèle qu'elle est la petite-fille de Fiesco. La haine entre les clans peut s'apaiser. Mais Simon va mourir et il bénit le couple : Maria et Gabriele chantent leur douleur, Fiesco sa tristesse devant la vie humaine (quintette avec chœur). Le Doge n'a que le temps de faire accepter Gabriele pour successeur avant d'expirer.

Exhumé par Franz Werfel dans les années 30 (exhumation qui relève d'un mouvement plus vaste qu'on est convenu d'appeler la « Verdi-Renaissance »), mais vraiment redécouvert grâce à la production de Claudio Abbado et Giorgio Strehler à la Scala en 1971, *Simon Boccanegra*, œuvre majeure de Verdi, ne laisse pas de confondre par la sombre majesté d'une partition où les complexités et les invraisemblances du vieux drame de García Guttiérez s'évanouissent littéralement dans l'unité du flux musical. Du point de vue de la « réception » esthétique du théâtre musical, il n'est même rien de plus troublant que cette dissipation des minuscules événements de l'intrigue au profit des grands reliefs affectifs et symboliques de l'œuvre. Cerné par la présence de la mer (Verdi avait beau déclarer qu'il détestait l'eau, il vivait la moitié de l'année à Gênes depuis vingt-trois ans et l'on sait qu'il aimait à rêver longuement sur la terrasse du palais Doria), l'opéra, qui s'ouvre sur la houle mystérieuse des cordes et s'achève, comme un corps qui sombre, sur un glas pianissimo, suggère invinciblement l'image d'une immense et obscure nappe où brillent ici et là quelques rares reflets lumineux. Ces vagues lumières sont les traces, *volontairement* laissées par Verdi, de l'ancienne découpe formelle et mélodique de l'œuvre, qui datait, comme on se le rappelle, de 1857 (et cela concerne essentiellement le premier acte de la nouvelle version), ou de brèves séquences *cantabile* qui semblent aussitôt naître et mourir à la surface mobile du discours. Aussi est-ce de façon un peu artificielle que nous nous sommes efforcé, dans notre résumé, de signaler des pages qui, hormis l'air d'Amelia et la sérénade de Gabriele, ne sont plus à proprement parler des *pezzi*, mais plutôt des îlots mélodiques ou dramatiques émergeant d'un tissu essentiellement déclamatif. Mais soulignons que ce rôle conducteur de la déclamation mélodique était présent dans la version orginelle de *Boccanegra*, où, sans cesser de peser de bout en bout sur le drame, le Doge était déjà privé de toute *aria*. Pour amateur qu'on puisse être du Verdi de la « Trilogie populaire », on ne saurait donc faire grief au compositeur d'avoir déployé son effort vers l'unité dramaturgique, tant au moyen de l'écriture vocale que de l'extrême raffinement harmonique et orchestral – comme, avec l'humour qui n'appartient qu'à lui, le fit autrefois Savinio, reprochant à Verdi d'avoir par exemple substitué une harpe à l'accordéon qui accompagnait la sérénade de Gabriele au premier acte [1].

Trois révisions sont exemplaires dans la parabole que dessine l'œuvre verdien. *Macbeth*, dont la version parisienne, pour être plus raffinée, n'affecte en rien la struc-

1. Nous nous fions à l'écrivain, n'ayant pu consulter la partition instrumentale de la version vénitienne.

ture et l'esprit originels de l'ouvrage ; *Aroldo*, dont le dernier acte tranche trop brutalement sur le style de *Stiffelio*, qu'il prétend remanier ; enfin *Simon Boccanegra*, où Verdi ne fait que porter à ses extrêmes conséquences les potentialités inscrites dans la version originelle. En usant, il est vrai, d'une telle modernité d'écriture qu'il préfigure parfois l'impressionnisme de Debussy, comme dans le prélude du premier acte, ou peut faire ailleurs penser à Moussorgsky (qu'il ne pouvait qu'ignorer, alors qu'à l'inverse *La Force du destin* n'était pas restée sans influence sur le jeune opéra russe).

Ces rapides observations sur la « forme » seraient incomplètes si nous ne rappelions pas que *Simon Boccanegra* est un opéra reposant sur des voix d'hommes – baryton du Doge, basses de Fiesco et de Paolo – qui ne contribuent pas peu à la sombre *tinta* d'un drame dont l'enjeu est autant affectif que politique. Dans le parcours verdien, *Simon Boccanegra* se révèle à la fois comme une ultime variation sur le thème de l'amour entre père-souverain et fille, mais un amour qui, par une suite d'épreuves, se transforme en un détachement positif vis-à-vis de l'objet incestuel. Détachement d'autant plus sensible si l'on admet, avec nombre de commentateurs, qu'une certaine identification s'est exercée entre Verdi et le personnage de Fiesco, incarnation simultanée de la Loi familiale et du désenchantement :

Ogni letizia in terra
E' menzognero incanto;
D'interminato pianto
Fonte è l'umano cor.

Toute joie sur la terre
Est un charme trompeur :
Le cœur de l'homme est source
D'interminables pleurs.

(Vers qu'on ne sait trop pourquoi Massimo Mila juge « *rozzi* », tandis qu'Alberto Savinio – avec qui nous nous accordons pleinement – juge ce quatrain « digne de Métastase ».)

Il n'est pas indifférent, en effet, que Boccanegra remette le sort d'Amelia entre les mains de Fiesco, le grand-père de la jeune fille, et bénisse son union avec Gabriele. Bien que nous nourrissions toujours une certaine réserve face aux décalques psycho-critiques, on ne peut s'empêcher de se rappeler que, trois ans plus tôt, Verdi avait conduit à l'autel sa fille adoptive Maria et que, l'année suivante, il était en quelque sorte devenu grand-père. Ces événements, qui ne furent sans doute pas étrangers au remaniement de l'œuvre, sont toutefois secondaires, et il importe surtout de constater qu'avec *Simon Boccanegra* Verdi met un point final à la question lancinante du lien entre père et fille, si cruellement manifestée dans *Rigoletto*. Ce qui accroît la crédibilité et la profondeur signifiante de cette petite déclaration que le compositeur aurait faite dans sa vieillesse : « J'ai aimé *[Boccanegra]* comme on aime un fils bossu [1]. » N'oublions pas pour autant la dimension civile de l'ouvrage. *Don Carlos* était un opéra sur le pouvoir. *Boccanegra* est un opéra politique – et la version milanaise accentuera même considérablement cet aspect –, mais une politique conçue comme l'effort surhumain, et même fatal pour qui s'y emploie, de lier et surmonter les facteurs de désagrégation du corps social. Facteurs représentés en surface par les factions égoïstes (plébéiens contre patriciens, Gênes contre Venise), mais agies plus profondément par les forces d'un Mal qui s'incarne en la personne de Paolo. Le pressentiment d'*Otello*, déjà sensible au plan dramatico-musical, comme on l'a dit, dans le grand tableau du Sénat, où

1. Voir F. Abbiati, *Giuseppe Verdi*, IV, p. 149.

Gabriele semble même anticiper vocalement le More (voyez son cri *« Pel cielo ! / uom possente sei tu ! »*), est surtout perceptible dans la figure maléfique de Paolo, véritable préfiguration de Jago.

Lorsque Verdi avait demandé à Domenico Morelli des esquisses d'*Otello*, il avait bondi de joie à l'idée que lui suggérait le peintre de donner à Jago « la tête d'un honnête homme », et précisément celle d'un prêtre qu'il avait croisé et qui « ressemblait exactement à [Jago] ». « Bien, très bien, magnifique ! Jago avec une tête d'honnête homme ! Tu as frappé dans le mille ! Ah, je le savais bien, j'en étais sûr. Je crois voir ce prêtre, c'est-à-dire ce Jago avec sa face d'homme juste ! (...) Ce Jago, c'est Shakespeare, c'est l'humanité, c'est-à-dire une part de l'humanité : la laideur. » Et l'année suivante, il précisera même au peintre : « ... Si j'étais acteur et que j'eusse à représenter Jago, j'aimerais plutôt avoir une silhouette maigre et longue, des lèvres fines, des yeux petits et proches du nez comme les singes, le front haut et fuyant, la tête développée à l'arrière ; une allure distraite, *nonchalante* [1], indifférente à tout, piquante, disant le bien et le mal d'une façon légère et avec l'air de ne pas y penser ; de sorte que, si quelqu'un s'écrie en manière de reproche : “ Tu dis une infamie ! ”, il puisse répondre : “ Vraiment ? Je ne pensais pas... N'en parlons plus ! ” » On retiendra ce cri originel, d'une joie ambiguë et presque nietzschéenne devant le mal, et surtout cette identification au personnage de Jago (Verdi n'écrit pas en effet : « Si j'étais metteur en scène, etc. », mais : « Si j'étais acteur (...), j'aimerais avoir... »). Malgré la prégnance de ce choix initial, on se gardera cependant de passer sur les six années qui séparent la

1. En français dans le texte, mais, chez Verdi, l'adjectif est au masculin pour s'accorder avec le verbe substantivé « fare ».

conception d'*Otello* de sa création. Bien qu'il soit à peu près certain, d'après les témoignages de Muzio, que Verdi ait dès 1880 jeté sur le papier quelques esquisses de son futur chef-d'œuvre, les années à venir vont témoigner, non seulement d'une volonté de dissimuler au public, de plus en plus friand de révélations sur le Maestro, l'obscure gestation du nouvel opéra, mais aussi d'hésitations, de doutes, et même de probables moments de renoncement à redescendre dans l'arène. Les discussions avec Boito, déjà très précises durant l'année 1880, s'estompent vite (à la faveur du remaniement de *Simon Boccanegra*), reprennent un moment à l'été 1881, puis s'évanouissent jusqu'aux années 84-86, au cours desquelles le projet va prendre forme et naître enfin. Entre-temps, que s'est-il passé ?

Malgré les pressions affecteuses mais non moins intéressées de Ricordi, qui, à chaque nouvel an, lui adresse un *panettone* orné d'un petit nègre en chocolat, Verdi, qu'on sollicite déjà de vendre les droits d'un opéra dont il soutient qu'il n'existe pas, s'est replié sur lui-même et sur d'autres travaux, d'autres tristesses aussi. Certes, il est de plus en plus aimé, admiré, entouré. En 1880, Giuseppina, qui a oublié les jalousies et les désespoirs (ses relations épistolaires avec Teresa Stolz ont même pris un tour vraiment affectueux), lui adresse une merveilleuse lettre d'amour. Au milieu des crises dépressives qui le pousseront à écrire quelques mois avant son soixante-dixième anniversaire : « La vie n'est qu'ennui, quand elle n'est pas douleur » ou plus tard : « ... La vie est la chose la plus stupide, ou pire : la plus inutile qui soit. Que fait-on ? Qu'avons-nous fait ? Que ferons-nous ? Au bout du compte, la réponse est humiliante et désespérée : RIEN », les rares visites que Verdi accepte le délassent et l'égaient tout de même. Ainsi d'une érudite à laquelle il peut parler en patois de Busseto, ou d'Edmondo De Amicis, neveu d'un de ses vieux amis génois, qui passera justement à la postérité pour son talent romanesque (on pense moins à *Cuore*, qui fut un *best-seller* de l'Italie petite-bourgeoise, qu'au subtil et très amusant récit *Amour et gymnastique*). Mais c'est aussi la liquidation des affaires parisiennes après le décès de Léon Escudier, l'épuisante révision de *Don Carlo,* recréé à Milan en 1884, que Verdi paie d'une petite attaque cardiaque, et les morts qui s'accumulent autour de lui. Le 2 juin 1882, Garibaldi était mort à Caprera. Et le 13 février 1883, au palais Vendramin, à Venise, s'éteint le grand Adversaire, dont D'Annunzio évoquera follement les funérailles dans les dernières pages du *Feu.* Verdi écrit : « Tristesse. Tristesse. Tristesse ! Wagner est mort ! En lisant hier la dépêche, j'en fus, pour ainsi dire, atterré. – Ne discutons pas. C'est une grande individualité qui disparaît. Un homme qui laisse une empreinte des plus puissantes dans l'Histoire de l'Art. » Même si, à propos d'un article nécrologique de Filippi paru dans « La Perseveranza », il précise dans une lettre à Ricordi : « Wagner subversif et rebelle, je le comprends, et c'est même beau ; mais Wagner théoricien me tombe des mains. » Et Giuseppina, toujours plus loquace et plus épisolière, commente : « Cette grande individualité, à présent disparue, ne fut jamais affligée du petit prurit de la vanité, mais dévorée par un orgueil incandescent, démesuré, comme Satan, ou Lucifer, le plus beau des Anges déchus du Ciel ! » Plus tard, durant la composition d'*Otello,* mourront Giulio Carcano, l'ami shakespearien, Andrea Maffei et, peu de temps après lui, Clarina, la plus ancienne amie de Verdi, qui ne verra donc pas la création de l'opéra pour lequel, parallèlement à Giuseppina, elle avait tant œuvré. Lorsqu'il apprit à Montecatini, où il prenait régulièrement les eaux, que Clarina se trouvait au plus mal,

Verdi sauta dans un train, mais ne put arriver à temps. L'amie de Clarina, qui l'avait prévenu, le vit s'appuyer au chambranle de la porte, « sa belle tête inclinée sous le chagrin » et réprimant à grand-peine ses sanglots.

Ces deuils, de plus en plus proches, de plus en plus blessants, n'affectent pourtant pas la vitalité de notre héros. Grand seigneur dans son palais de Gênes, Verdi, à Sant'Agata, se refait maçon, jardinier, cultivateur. Et se révèle toujours curieux, courant les expositions de Milan ou de Turin, passionné d'art, érudit même, ainsi que le décrit l'orientaliste Italo Pizzi qui, le guidant dans la Bibliothèque laurentienne de Florence le 14 juillet 1883, le vit s'attarder sur les enluminures médiévales, les manuscrits de Pétrarque, de Cellini, d'Alfieri, sur un codex virgilien du IIe siècle ou encore une édition rarissime d'Aristote : « J'ignore le grec, lui dit Verdi, mais cela doit être l'Histoire des animaux. » « Chaque fois que j'eus l'occasion de me trouver avec lui, commentait Pizzi, j'ai pu vérifier qu'il possédait une culture peu commune, à la fois littéraire et artistique. » En forçant un peu le trait, on dirait que la « mélancolie » presque pathologique de la jeunesse s'était transformée avec l'âge en une sorte de pessimisme humaniste.

La dernière étape de la genèse d'*Otello* commença par un incident. Les journaux ayant (fallacieusement) rapporté qu'au cours d'un banquet Boito avait exprimé son regret de ne pas mettre lui-même en musique le livret d'*Otello*, Verdi prit la mouche et proposa au poète de lui rendre son ouvrage. Par bonheur, Boito sut aussitôt rétablir la vérité, et retrouver la confiance du Maître. L'incident avait eu lieu en mars 1884. En mai, pour remplacer une scène écrite en doubles pentamètres que Verdi désirait « plus rompue, moins lyrique », le poète envoya le fameux « *Credo* scélérat » de Jago. Le compositeur le trouva « splendide et très puissant », vraiment

« shakespearien ». Mais il fallut attendre novembre pour que Verdi se remette à la tâche, et ce sans plus de pause jusqu'en 1886. Cette année-là, du reste, au printemps, il se rendit à Paris pour aller juger par lui-même de la voix de Maurel, dont on lui avait dit qu'elle baissait. Il partit avec Giuseppina et Muzio, qui, de loin, n'avait jamais cessé de veiller sur les œuvres du compositeur, descendit, comme il le faisait désormais, à l'hôtel de Bade, courut l'opéra et les theâtres, et retrouva le grand peintre mondain Giovanni Boldini, lequel, dans son atelier de Pigalle, donna de lui deux portraits et diverses esquisses. Il rentra quelques jours plus tard en Italie pour achever l'instrumentation d'*Otello*.

Une étude plus ample que celle que nous permettent ces pages devrait prendre en compte toutes les pièces qui conduisent de la rédaction initiale du livret de Boito à son état final [1]. On verrait alors que cette collaboration s'est développée à travers la minutie d'un travail piloté par Verdi [2], qui n'hésita pas, comme il le faisait autrefois, non seulement à discuter mot à mot les situations, mais à suggérer des paroles, des phrases, à couper des vers ou à anticiper musicalement un passage dont il n'était pas encore littérairement satisfait. Il ne s'agit certes pas de diminuer la beauté littéraire du texte (à laquelle on peut cependant préférer la pétulance et la fraîcheur de *Falstaff*) ni les talents dramaturgiques de Boito : ils sont sensibles dès la première version du livret, et éclatants dans la lettre du 18 octobre 1880 où le poète écarte, en développant les objections mêmes du compositeur, l'idée de rompre par un coup de thêatre, à la fin du troisième acte, après qu'Othello a insulté Desdémone, « l'atmosphère de mort si soigneusement cons-

1. Voir le *Carteggio Verdi-Boito*.

2. M. Mila a insisté sur cet aspect de la collaboration entre le musicien et le poète, in *L'Arte di Verdi*, p. 231.

truite par Shakespeare » : « Cette attaque des Turcs me fait l'impression d'un coup de poing qui viendrait briser la fenêtre d'une pièce où deux personnes étaient en train de mourir asphyxiées. » Sans aucunement déprécier Boito, il s'agit de réévaluer la part active du compositeur, que, selon certains, le librettiste aurait entraîné malgré lui dans les méandres d'un monde crépusculaire qui n'était pas le sien. On voit mal comment Verdi, si rétif à toute contrainte, si exigeant avec lui-même comme avec les autres, et qui fit preuve, dans ses deux derniers chefs-d'œuvre, d'une incroyable vigueur créative, aurait pu céder à des sirènes dont il n'eût pas entendu l'appel au fond de lui-même. Il ne serait pas malvenu de rappeler d'abord que Verdi s'était à peu près moqué jusque-là du niveau linguistique adopté par ses librettistes pourvu que la situation scénique lui convînt. Il n'attendait que des phonèmes assez sonores et/ou signifiants pour qu'il pût en exploiter les potentialités musicales à travers les rythmes qu'il désirait. C'est exactement ce qu'il fit, par exemple, en demandant à Boito de briser la régularité métrique du texte pour laisser ainsi place au *Credo* de Jago. Et c'est très consciemment qu'il put même insister sur l'abolition sporadique du sens, comme il s'en expliquera à Ricordi en 1888 à propos de la traduction allemande d'*Otello* dans une lettre qui mérite d'être longuement citée : « Et maintenant parlons allemand ! J'ignore cette langue, mais, dans la traduction de l'*Otello,* me sont cependant tombées sous les yeux des choses qui ne sont pas belles – et même pire ! Dans la chanson du Saule, la répétition du mot n'a pas, ne doit pas avoir de sens : c'est un mot vague qui n'est ni de Desdémone ni de Barbara : c'est un son qu'on entend, mais, si je puis dire, qui ne s'explique pas... Il ne faut donc pas dire à ce moment-là “ vert saule ” : que vient faire ici le vert ou le jaune ?

Faites qu'on dise simplement *Weide, Weide, Weide.* Plus grave encore, à la fin, quand Otello dit " *Desdemona, Desdemona... ah morta morta morta!* " Exclamation déchirante et vraie! Le traducteur en a fait une phrase qui n'est ni belle ni vraie... " *Douce chère morte* " ou quelque chose de ce genre. A cet endroit, on ne doit pas trouver une phrase, qu'elle soit poétique ou musicale : moi-même, oui, moi-même, j'ai eu le bon sens de ne faire que des sons qui n'ont presque pas de tonalité [1] ! » Mais, naturellement, cet « asémantisme » linguistique n'avait d'autre fin que d'augmenter la densité signifiante du moment théâtral.

Si l'on considère la bibliothèque idéale de Verdi, on observera que la poésie lyrique, la poésie « pure », tient beaucoup moins de place que le théâtre antique et moderne, l'histoire, l'épopée, le roman, la philosophie même. Verdi ne fut certainement pas insensible aux beautés de la langue de Boito, mais il sut surtout tirer parti de ses raffinements psychologiques et de ses audaces techniciennes : plasticité du vers, mots rares ou archaïques, déplacements d'accents, etc. De surcroît, et c'est ce qui semble avoir essentiellement échappé aux commentateurs, le monde *étouffant* qu'à travers la beauté un peu précieuse de son langage Boito proposait au musicien répondait on ne peut mieux à cette histoire de double *étouffement* que raconte *Otello*, où le More ne tue par suffocation la douce Desdémone que parce qu'il a d'abord été pris et asphyxié lui-même dans le filet de Jago.

Après deux ans de composition, de retouches infinies, d'élaboration scénique et de recherches d'interprètes (si Maurel s'imposait en Jago, Verdi redoutait que Tamagno fût incapable d'interpréter les demi-teintes vocales d'Otello, cette voix par instants « presque éteinte, voi-

1. Cité par G. Marchesi, *Verdi*, p. 484.

lée », et ne redoutait pas moins l'artiste « passionnée, ardente, violente » que Romilda Pantaleoni révélait dans la *Marion Delorme* de Ponchielli), le 1er novembre 1886 exactement, Verdi pouvait annoncer triomphalement à Ricordi qu'*Otello* était « vraiment fini » et jeter ce mot à Boito : « C'est fini ! Gloire à Nous... (et aussi à *Lui !!*) »

Lui, c'était Shakespeare.

Otello

A Chypre à la fin du XVe siècle. Ier acte. En pleine tempête, au milieu des prières du peuple, le navire d'Otello (ténor dramatique) entre au port. Débarquant, le général au service de Venise annonce triomphalement sa victoire sur les musulmans *(« Esultate »)*. Son enseigne, Jago (baryton), jaloux de Cassio (ténor *di grazia* ou lyrique) qu'Otello a nommé capitaine, encourage Roderigo (ténor), amoureux de Desdemona (soprano). Tandis que les soldats se divertissent autour du feu (chœur *« Fuoco di gioia »*), Jago pousse Cassio à s'enivrer (chanson à boire) et provoque une rixe entre celui-ci et Roderigo, qui troublera ainsi la première nuit d'amour d'Otello. Tandis que la querelle fait rage, Jago envoie chercher Otello, qui calme impérieusement les esprits *(« Abasso le spade... »)* et, en présence de Desdemona, dégrade Cassio et renvoie chacun chez soi. Restés seuls, les deux époux évoquent la naissance de leur amour et la plénitude de l'instant, dont Otello redoute qu'il ne revienne plus (duo *« Già nella notte densa »)*. Haletant d'émotion, il donne trois baisers à Desdemona avant de l'entraîner vers le château.

IIe acte. Une salle dans le château. Jago suggère perfidement à Cassio de demander à Desdemona d'intercéder auprès d'Otello pour retrouver son grade. Quand il s'est éloigné, l'enseigne chante son *Credo* en un Dieu cruel qui a créé l'homme à son image. Tandis qu'on voit au loin Cassio s'entretenir avec Desdemona, Otello survient. Jago, feignant de ne vouloir exprimer sa pensée, instille chez Otello, qui a aperçu l'entretien, l'idée que son épouse le trompe avec Cassio et lui conseille de veiller *(« Ciò m'accora... »)*. Après avoir reçu des fleurs et des présents de la foule (chœur *« Dove guardi splendono »*), Desdemona s'approche de son époux pour lui demander la grâce de Cassio *(« D'un uom che geme »)*. Otello refuse sèchement. Comme la tête lui brûle, Desdemona veut le panser avec son mouchoir, que le More jette brutalement à terre. Desdemona lui demande alors de lui pardonner si elle a commis quelque faute involontaire, tandis qu'Otello cherche des raisons (sa couleur, son âge) à son malheur, et que Jago arrache des mains d'Emilia (mezzo-soprano), sa femme et suivante de Desdemona, le mouchoir qu'elle a ramassé par terre (quatuor). Desdemona et Emilia sorties, Otello se laisse aller à l'atroce tourment de la jalousie et dit adieu aux purs souvenirs de sa gloire guerrière *(« Ora e per sempre addio... »)*. A Jago, qui fait mine de s'éloigner, il demande une preuve de la trahison de Desdemona. Jago lui raconte alors un prétendu rêve durant lequel Cassio aurait laissé échapper l'aveu de cette liaison *(« Era la notte... »)* et ajoute qu'il a vu dans les mains de Cassio un mouchoir appartenant à Desdemona. Otello jure alors solennellement de se venger ; Jago se joint à lui dans ce serment *(« Sì, pel cielo marmoreo... »)*.

IIIe acte. Grande salle du château. Tandis qu'on annonce une galère vénitienne, Jago propose à Otello de se dissimuler tandis qu'il poussera Cassio à parler. Mais entre Desdemona, venue de nouveau plaider la cause de Cassio *(« Dio ti giocondi... »)*. Prétextant un nouveau mal de tête, Otello lui demande son mouchoir. Incapable de le lui donner, Desdemona croit que la colère de son époux est feinte et revient à Cassio. Otello la menace et lui demande de jurer qu'elle est chaste. Malgré ses serments *(« Esterrefatta, fisso... »)*, qui le font douter, Otello l'insulte et la chasse. Seul, il avoue qu'il aurait supporté tous les maux, mais non de perdre la lumière de l'amour *(« Dio! mi potevi scagliar... »)*. Jago rentre, suivi de Cassio, tandis qu'Otello se dissimule *(« Vieni : l'aula è deserta »)*. Habilement, Jago fait parler et rire Cassio de telle sorte qu'Otello croie qu'ils parlent de Desdemona et qu'on le raille. Jago fait alors montrer à Cassio le mouchoir qu'il a trouvé chez lui sans savoir quelle femme le lui adressé. A la vue du mouchoir, Otello, horrifié, est convaincu. Cassio sort et Jago conseille à Otello d'étouffer Desdemona dans le lit même où elle a péché; lui-même se chargera de Cassio. Paraissent l'ambassadeur Lodovico (basse), Desdemona, des dignitaires, des gentilshommes et des dames. Tandis qu'Otello lit le message du Doge, Desdemona évoque Cassio, dont l'ambassadeur a demandé des nouvelles. Devant tous, Otello la traite de démon. Horreur générale. Otello communique alors les ordres qu'il a reçus : il est rappelé à Venise et Cassio doit lui succéder à Chypre. Otello donne ses ordres et jette brutalement à terre son épouse. Dans la salle, les sentiments se mêlent : désespoir de Desdemona *(« A terra! »)*, pitié d'Emilia et de Lodovico, dépit de Roderigo qui voit partir celle qu'il aime, et joie de Cassio devant le tour que prend son destin (sextuor). Tandis que Jago suggère à Roderigo de tuer Cassio pour empêcher le départ d'Otello et de Desdemona, Otello maudit son épouse. Tous s'enfuient horrifiés, tandis qu'Otello étouffe et s'évanouit. Jago, méprisant, le presse du talon.

IVe acte. Chambre de Desdemona. Alors qu'Emilia l'aide à se déshabiller, Desdemona, pressentant son destin, chante tristement la *Chanson du Saule*. Puis, renvoyant Emilia, elle fait sa prière *(« Ave Maria »)* et s'endort. Dans son sommeil, Otello entre, la regarde et lui donne trois baisers. Desdemona s'éveille. Otello lui demande si elle a dit ses prières, car il va la tuer. Desdemona jure qu'elle est restée pure, implore grâce, mais en vain : Otello l'étouffe. On entend frapper à la porte. C'est Emilia qui annonce que Cassio a tué Roderigo. Desdemona, expirante, proclame encore son innocence. Otello avoue qu'il l'a tuée parce qu'elle était la maîtresse de Cassio. Emilia lui apprend alors le vol du mouchoir et la machination de Jago. Aux cris d'Emilia, celui-ci entre avec Lodovico, Cassio et des hommes d'armes. Cassio confirme qu'il a trouvé le mouchoir que Jago a placé dans sa chambre. Jago refuse de se disculper et s'enfuit. Otello, refusant de rendre son épée *(« Niun mi tema... »)*, se suicide et, mourant, embrasse trois fois le corps de Desdemona.

Si tout le monde s'accorde (jusque chez les Anglais) à reconnaître que l'*Otello* de Verdi et Boito peut dignement rivaliser avec son modèle shakespearien, et même qu'il le surpasse, une étrange querelle continue à empoisonner la question de la place stylistique qu'il faut accorder à *Otello* et *Falstaff* dans l'œuvre verdien. Trahison ou renouvellement ? On se demande comment une telle question a pu se poser, et aussi longtemps, jusque chez les esprits les plus fins [1] – ne serait-ce que par respect pour les intentions du compositeur, qui n'était alors rien moins que sénile. Par pure idiosyncrasie, on est certes en droit de préférer le Verdi du *Trouvère*, voire celui des « années de galère », ou, au contraire, ne goûter que le raffinement des derniers chefs-d'œuvre. Mais pouvoir douter de l'authenticité du geste verdien semble incompréhensible. Le silence où s'enferme Verdi entre le *Requiem* et *Otello* a pu tromper. Le remaniement de *Simon Boccanegra* suffit pourtant à montrer qu'après *Aida*, Verdi, qui avouait ne pas s'opposer aux « modes », puisque aussi bien, ajoutait-il, « il faut être de son temps », poursuit une évolution engagée depuis quarante ans. *Otello* n'est en vérité que l'extrême fruit des audacieuses expérimentations lancées avec le *Macbeth* de 1847. Simplement, et quelles

1. On se permet de s'opposer ici à l'allégation contenue dans le remarquable ouvrage de Luigi Baldacci *Libretti d'opera*, p. 175 : « Mais, à l'époque d'Otello (1887), Verdi ne domine plus sa propre dramaturgie : il en a cédé l'adjudication à Boito, et se limite, quant à lui, au rôle de musicien. »

qu'en soient les causes (angoisse, tantôt paralysante, tantôt stimulante, de devoir rivaliser avec Wagner ; lenteur de maturation chez un vieillard cependant doté d'une exceptionnelle force créatrice), l'audace stylistique d'*Otello* est telle, sa vigueur si étroitement liée à une confondante science musicale, que l'œuvre continue de dérouter. Imaginons un instant que Verdi ait écrit un ou deux opéras entre la version milanaise de *Boccanegra* et *Otello* : la nouveauté de ce dernier ouvrage eût été mieux préparée dans les esprits, et la question de la « trahison » ne se serait sans doute jamais posée.

Malgré un usage de l'orchestre inouï jusque-là dans l'opéra italien, qu'il s'agisse de la dynamique, de l'incertitude tonale, de la dissonance même – conduites, selon Massimo Mila « aux limites du bruit » dans l'éclatante tempête qui ouvre l'œuvre, page dans laquelle Roman Vlad entrevoit, par ailleurs, des anticipations de *Wozzeck*[1] – ou de l'originalité de l'instrumentation, illustrée, pour ne prendre qu'un exemple, par la mélodie confiée aux contrebasses seules qui souligne l'entrée d'Otello dans la chambre de Desdemona au quatrième acte, *Otello* reste un opéra essentiellement vocal, que Verdi, profitons-en pour le signaler, avait un moment songé à écrire sans chœurs pour mieux marquer le caractère de tragédie intime, d'étouffant huis clos, de son projet. Il est en revanche un peu trompeur d'évoquer le retour aux anciennes « formes closes » à travers notamment le *Brindisi*, le chœur d'hommage à Desdemona (qui, dans la situation et dans la saveur naïve des mandolines, est comme un souvenir du Mozart des *Noces*), l'*« Ora e per sempre addio »* et le serment qui lui fait suite, la Chanson du Saule et l'*Ave Maria*, sans parler du quatuor du deuxième acte et du sextuor du troisième. Car ces formes, d'ailleurs traitées de façon

1. Voir M. Mila, *L'Arte di Verdi*, pp. 201 et suivantes.

tout à fait libre (voyez, par exemple, la mutabilité musicale des strophes du *Brindisi*, l'insertion d'incises en récitatif dans la Chanson du Saule, ou le *concertato* du troisième acte – la page la plus contestée de l'œuvre –, que Verdi définissait lui-même comme une *« baraonda »*, un « tohu-bohu »), n'émergent dans l'instable et continue plasticité du discours que pour mieux marquer, semble-t-il, les « funérailles de luxe » du mélodrame romantique italien. Mais pas de l'italianité. Car, au fond, toutes les définitions que l'on a données du discours musical d'*Otello* : « déclamation dramatique » (terme d'un critique de l'époque), « mélodie déclamée » (Victor Maurel), « déclamation enveloppée » (Camille Bellaigue), « dialogue mélodique » (Charles Osborne), n'aboutissent qu'à confirmer l'objectif déclaré que Verdi s'était imposé depuis longtemps : *l'unité vocale du drame*. C'est pourquoi il n'est pas interdit d'évoquer l'ombre du *« recitar cantando »* florentin et le nom de Monteverdi – même si, par suite de l'oubli dans lequel était tombé le maître de Crémone et de la carence en partitions philologuement fiables, Verdi excluait ce dernier de ses programmes d'études « parce qu'il disposait mal les parties [1] ».

Ce n'était pas pour autant un « retour à l'antique ». Plutôt des retouvailles imprévues mais logiques, sinon inéluctables. Et qui n'advinrent que parce que, devant *Othello*, Verdi sut passer d'une dramaturgie fondée sur les « positions » à la fluidité d'un discours qui pût adhérer aux plus fins mouvements de l'âme. La tragédie n'était plus dans le choc, mais dans l'insinuation et dans la désagrégation psychique – phénomènes que Verdi avait commencé d'explorer dès *Macbeth*. On s'explique alors que le mélodisme de Desdemona, personnage qui, malgré ses blessures, reste inchangé, « clos » dans son

1. Lettre à A. Boito du 5 octobre 1887.

innocence, puisse s'épanouir dans la double auréole de ses airs (« Desdemona, disait Verdi, est un rôle où le fil, la ligne mélodique ne cesse pas de la première à la dernière note »). Tandis que l'effondrement mélodique d'Otello passe par le sursaut héroïque de l'*« Ora e per sempre addio »* – presque une cabalette – , et que Jago se meut, quand il n'est pas dans la parodie du « serment », dans la seule sphère d'une déclamation qui n'emprunte des tournures *cantabile* que pour mieux piéger ses victimes. « Quelle curieuse chose ! » écrivait Verdi à Boito à la fin de leur travail, « le rôle de Jago, à l'exception de quelques *éclats* [1] pourrait être entièrement chanté à mezza-voce. » Et, là, on ne peut s'empêcher de penser à l'emblème le plus pur de ce chant à mi-voix : le merveilleux *« Vigilate... »* que, sur la suavité du chœur qui s'avance, Jago susurre d'autant plus malignement que seule la syllabe *« la »* (« vigi*la*te ») échappe en hauteur et en durée au *recto tono* du récitatif.

Comme l'a montré Massimo Mila, qui est décidément le commentateur le plus lucide de l'ouvrage, la jalousie n'est que le prétexte d'*Otello*. Elle ne saurait justifier à elle seule ni la perfidie de Jago ni l'effondrement du More. « Le drame d'Otello est ce qu'on appellerait aujourd'hui une crise d'identité [2]. » Et certes, en deçà de la déconstruction ontologique à laquelle procède la pensée fin de siècle, il fallut, à coup sûr, un prodigieux effet d'identification pour que Verdi puisse représenter de façon si saisissante le délitement du Héros, mieux : son retour à l'état d'*exclu* (catégorie maîtresse du théâtre verdien, on le sait), qu'Otello fantasme en cherchant des raisons à la prétendue trahison de Desdemona : son ingénuité de guerrier, son âge, sa négri-

1. En français dans le texte.
2. M. Mila, *L'Arte di Verdi*, p. 234.

tude – ces raisons mêmes qui avaient fondé la « pitié » amoureuse de la jeune fille. Et dont, par une analyse attentive, il faudrait étudier toutes les couleurs : de la force impérieuse à l'émotion presque enfantine, de la violence sauvage jusqu'à l'évanouissement. Et plus prodigieuse encore fut l'identification qui s'opéra, comme nous l'a révélé la lettre à Domenico Morelli que nous avons citée plus haut, entre Verdi et Jago. Mais on s'interdirait de comprendre la *pensée* même de l'œuvre en réduisant la crise d'identité d'Otello à celle du compositeur, ou la perfidie de Jago à la mise en scène de sa culpabilité. Car Jago, entre les mains duquel Otello n'est qu'une marionnette torturée, n'est pas seulement le moteur du drame ; il est la figure d'un mal métaphysique, qui n'avait pas attendu l'intervention de Boito pour se profiler dans l'œuvre verdien : depuis Lady Macbeth jusqu'au Paolo de *Simon Boccanegra*, en passant par le Wurm de *Luisa Miller*, dont, significativement, le compositeur avait – mais en vain – demandé à Cammarano que la « froideur infernale » fût colorée par « un je ne sais quoi de comique qui servira à donner plus de relief à ses finesses et à ses scélératesses ». On comprend alors que Verdi, si attaché à la lettre de Shakespeare, n'ait pu que se réjouir de l'invention du « *Credo* scélérat » de son librettiste, qui venait soudain fonder l'œuvre maléfique de Jago et éclairer à rebours tout le pessimisme de sa propre pensée. Car, avec le *Credo*, nous ne sommes même plus dans le « manichéisme » d'*Aida* ou dans le « dualisme » du *Libro dei versi* de Boito. C'est bien d'un dieu du mal qu'il s'agit :

> Je crois en un Dieu cruel qui m'a créé
> Semblable à lui (...).
> D'un germe vil, ou d'un atome,
> Je suis né vil.
> Je suis un scélérat

Parce que je suis un homme;
Je sens en moi la fange originelle.
(...)
Je crois l'homme jouet d'un sort impie
Du germe du berceau
Jusqu'aux vers du tombeau.
Après pareille dérision s'en vient la Mort.
Et quoi? – La Mort, c'est le Néant.
Le Ciel n'est qu'une vieille fable.

Verdi et Boito ne pouvaient alors connaître l'ébauche d'hymne *A Ahriman*, « Roi du réel, auteur du monde, secrète / Malveillance (...) / éternel / donneur des maux... », que Leopardi avait jetée sur le papier vers 1833, et qui ne sera publiée par Giosuè Carducci qu'en 1898. Mais ni l'un ni l'autre n'ignoraient le nihilisme du grand poète ni la brève pièce, si « brisée », si peu « lyrique », intitulée *A soi-même*, où s'exprime le même concept d'une divinité du mal :

... Le monde n'est que fange.
... Le Sort, à notre genre,
N'a donné que la mort. Méprise désormais
Toi-même, la nature, et la puissance
Brute inconnue qui commande au mal commun,
Et l'infinie vanité du Tout.

Et l'on peut imaginer sans nulle audace qu'en faisant rimer *« culla »* (« berceau ») et *« nulla »* (« néant ») Boito se souvint de deux vers de la canzone *A Angelo Mai* du même poète : *« ... A noi le fasce / cinse il fastidio; a noi presso la* culla / *immoto siede, e sulla tomba, il nulla »* : « Nous, / l'ennui nous a langés : c'est lui sur nos berceaux / qui veille immobile, et le néant sur nos tombeaux. »

Blasés par les manifestations grégaires qu'organisent avec tant de maestria les médias modernes, nous aurons quelque peine à nous représenter ce que fut la création d'*Otello* le 5 février 1887. Un reportage de Blanche Roosevelt [1] permet tout de même de mesurer la folie qui s'empara de Milan le jour de la première. Des rues, fermées à la circulation dès le matin, jusqu'à la loge royale, en passant par les baignoires où se pressait l'élite française et italienne de la musique, de la littérature et de la critique (notons, pour les Français, Massenet, Reyer, Bellaigue, Clemenceau). Nommé quelques jours plus tôt grand-croix de l'ordre de Saint-Maurice et Saint-Lazare, Verdi, âgé de soixante-quatorze ans, avait, depuis un mois, tué à force de répétitions orchestre, chanteurs, chœurs et machinistes, sans que son sommeil ou son appétit en souffre le moins du monde. Il ne s'était même jamais mieux porté. Acclamé ce soir-là comme nul compositeur ne le sera plus jamais dans l'histoire de la musique, il voulut que Boito l'accompagnât sur scène. Dans les loges, il embrassa les chanteurs, à l'exception de Tamagno, maquillé en Maure, qui, dit-il sur le ton de la plaisanterie, lui aurait teint la barbe. Au sortir du théâtre, on lui arracha presque ses vêtements, Avec Giuseppina et Boito, il eut le plus grand mal à pénétrer dans la voiture qui devait le ramener au Grand-Hôtel de Milan. La foule détacha d'ailleurs les chevaux et tira elle-même le véhicule. Le trio n'eut pas moins de mal à sortir de la voiture qu'il n'en avait eu à y entrer. Quand Verdi apparut à son balcon, ce fut le délire. Tamagno, à côté de lui, entonna l'« *Esultate* ». La foule continua à chanter et crier « *Viva Verdi* » jusqu'à cinq heures du matin. Après la troisième représentation, le compositeur repartit pour Gênes le cœur serré. Les adieux au théâtre avaient été pudiques, mais émou-

1. In *Verdi : Milan and Otello*, Londres, 1887, cité par Ch. Osborne, *The Complete Operas of Verdi.*

vants. Tout le monde, à commencer par lui-même, pensait qu'il venait de livrer son testament artistique.

Mais peut-être qu'en lançant le solennel blasphème du *Credo* Verdi s'était libéré d'une malédiction contre la vie qu'il n'avait jamais osé exprimer aussi solennellement. D'où cet amusant échange épistolaire entre le compositeur et son librettiste deux ans plus tard, lorsque, s'emparant d'une « gamme énigmatique » *(do, ré bémol, mi, fa dièse, sol dièse, la dièse, si, do)* proposée par un certain Crescentini dans la « Gazzetta » de Ricordi, Verdi décida de s'en servir pour base d'un *Ave Maria* : « ... Ce sera le quatrième ! Je pourrais ainsi espérer être béatifié après ma mort », écrit-il à Boito. Et quand celui lui répond : « Il faudrait beaucoup d'*Ave Maria* pour que Sa Sainteté vous pardonne le *Credo* de Jago », Verdi réplique : « Mais c'est vous, vous, le principal coupable, qui devez vous faire pardonner ce *Credo* ! » Nous verrons que cette libération ne fut peut-être pas étrangère au vrai testament à venir de Verdi.

Croulant sous un « déluge » de lettres de félicitations, de vœux, de compliments, de livres et de brochures, le musicien continue, en attendant, à veiller sur son *Otello* comme il ne l'avait jamais fait pour une autre œuvre : il opère des retouches de détails, cherche attentivement une autre Desdémone, car la Pantaleoni ne l'a pas satisfait, surveille autant qu'il peut les productions à venir (Venise, Parme, Turin, puis les deux années suivantes Prague, Naples, Munich, Vienne, Berlin...), sans pouvoir empêcher, cependant, qu'on en donne des versions pirates à Mexico, Amsterdam ou Constantinople, orchestrées sur la base de la partition piano-chant ; et, pensant à l'Opéra de Paris, qui lui a demandé l'ouvrage avant même qu'il ne fût composé, il confie la traduction française du livret à Du Locle et Boito, tout en pestant contre l'obligation où il sera d'écrire pour cette version un ballet – une « *lâcheté* [1] » morale, une « monstruosité » artistique, selon ses propres mots. Cette création française n'aura lieu qu'en 1894. Mais, entre Gênes et Sant'Agata, Verdi se livre surtout à toutes sortes d'œuvres caritatives, et finance notamment sur ses seuls fonds la construction d'un petit hôpital dans la commune de Villanova, voisine de Sant'Agata, qui est inauguré en 1888. Il frémit à l'idée d'un « jubilé » que Ricordi et ses amis veulent organiser pour le cinquantenaire de la création d'*Oberto* (1839) ; conçoit le projet d'une maison de repos pour musiciens et chanteurs dont il charge l'architecte Camillo Boito, frère d'Arrigo et auteur du célèbre *Senso* [2], de dessiner les plans ; suit de près la vie musicale italienne – avec, face au vérisme de Mascagni, une préférence pour le jeune Puccini, qui, après avoir donné *Le Villi*, crée en 1889 *Edgar* (dédié à Boito) et se charge, sur ordre de Ricordi, d'abréger les *Maîtres Chanteurs de Nuremberg* pour la prochaine création italienne. Si l'on en croit le récit tardif d'un ami de Boito, Verdi rêve aussi peut-être de mettre en musique un épisode des *Promessi sposi* de Manzoni (autour du personnage de *l'Innominato*), et continue à voir la maladie et la mort creuser autour de lui des vides de plus en plus proches : alors que Faccio est en train de sombrer dans une démence qui le conduira bientôt dans la tombe, en l'espace d'un mois meurent le sénateur Piroli, que ses origines modestes et sa droiture avaient depuis longtemps attaché à Verdi, et Emanuele Muzio, l'élève aimé, le défenseur le plus dévoué, qui s'éteint seul à Paris, en ayant pris soin de brûler toutes les lettres de Verdi, de crainte qu'on n'en fît plus

1. En français sous la plume de Verdi.
2. Dont Lucchino Visconti a tiré son film homonyme, qui s'ouvre, comme on se le rappelle, sur une représentation du *Trouvère* à Venise en 1866.

tard commerce, et en laissant dans son testament une dernière lettre d'affection pour le Maître et Giuseppina.

Mais, au début de l'été de cette année 1889, Boito, qui va devenir pour lui le grand ami de sa grande vieillesse, propose à Verdi d'écrire un *Falstaff.* Alors que le musicien prend les eaux à Montecatini, comme il le fait chaque été, le poète lui en adresse le synopsis. Verdi, qui a soixante-seize ans, saute de joie : *« Benissimo! Benissimo! »*, et s'empresse de relire *Les Joyeuses Commères de Windsor, Henri IV* et *Henri V* (un peu plus tard, il dira qu'il appréciait *Les Joyeuses Commères* depuis l'époque du terrible fiasco d'*Un giorno di regno*); mais, par affection, par honnêteté, il met en garde Boito : l'âge, la fatigue, la maladie pourraient bien ruiner ce grand projet, et Boito aurait alors perdu beaucoup de temps pour son *Néron.* (En vérité, le malheureux artiste publiera plus tard le livret, mais ne pourra jamais achever sa partition.) Le librettiste balaie d'un revers de main toutes ces réserves, et se met à son ouvrage, autant du moins que le lui permettent ses multiples tâches et ses amours agitées avec la grande tragédienne Eleonora Duse. Un ouvrage d'emblée si bien construit, si bellement écrit, si rondement mené, que les interventions de Verdi seront cette fois-ci infimes. C'est ainsi, dans le plus grand secret (mais « Peppina le savait, je crois, avant nous », note Verdi), que le *Pancione* va prendre corps et, malgré des périodes durant lesquelles la « paresse » ou les deuils – Piroli, Muzio, Faccio – font « maigrir » le Pansu, le personnage et sa joyeuse bande vont peu à peu hanter l'esprit du compositeur comme de véritables compagnons : « Le Pansu est sur le chemin qui conduit à la folie. Il y a des jours où il ne bouge pas, où il dort, où il est de mauvaise humeur; et d'autres où il crie, court, saute, et fait les quatre cents coups... Je lui laisse passer ses caprices, mais, s'il continue, je lui mettrai une muselière et une camisole de force [1]. »

Cet étrange phénomène, qui fait physiquement vivre avec lui, en lui, ses personnages, Verdi en avait déjà témoigné avec le More : « Pauvre Otello, écrivait-il à Boito trois jours après la remise définitive de l'orchestration, il ne reviendra plus jamais ici ! » ; mais il l'avoue plus franchement, plus ingénument encore, avec Falstaff, dont il sait bien qu'une fois envolé sur les scènes du monde aucun autre ne le suivra. La partition est achevée en octobre 1892 : pour la première fois, le musicien s'était attaqué à l'instrumentation avant même l'achèvement des parties vocales, de crainte que quelques idées, quelques combinaisons, ne lui échappent. Verdi l'adresse à Ricordi. Dans le paquet est resté un mot de vœu, un mot d'adieu à son héros : « Les dernières notes de *Falstaff*. Tout est fini ! Va, va, vieux John... Marche sur ton chemin [2], tant que tu peux... Divertissant coquin, éternellement vrai sous des masques divers, en tout temps, en tout lieu ! Va... Va... Marche, marche... Adieu ! ! ! »

La création de *Falstaff* n'est pas pour autant gagnée, et la recherche des voix occupe aussi Boito et Verdi, lequel s'enflamme quand il apprend les prétentions de Maurel. Malgré ses singulières qualités – diplômé des Arts et Métiers et doué d'une solide formation picturale, il accumule un savoir encyclopédique avant d'aborder un rôle et sera même un des théoriciens de la mise en scène moderne –, l'immense chanteur reste un chanteur... Et, en l'occurrence, il voudrait non seulement s'assurer l'exclusivité du rôle-titre dans un certain nombre de capitales, mais exige aussi des sommes astronomiques.

1. Lettre à Boito du 12 juin 1891.

2. Verdi s'inspire ici du monologue de Falstaff du IIIe acte : « *Va, vecchio John, va, va per la tua via; cammina / finchè tu muoia...* », qui reprend lui-même un motif du IIe acte (« *Alice è mia ! Va, vecchio John...* »).

Comme autrefois, Verdi enrage, et, comme autrefois, il impose sa volonté. Le grand baryton cède. L'opéra est prêt.

Falstaff

A Windsor, sous le règne d'Henri IV d'Angleterre. Ier acte. Ier tableau. A l'Auberge de la Jarretière. Tandis que Sir John Falstaff (baryton) est en train de boire, le Dr Cajus (ténor) vient lui reprocher d'avoir saccagé sa maison – ce que Fastaff reconnaît – et accuse ses serviteurs Bardolfo (ténor) et Pistola (basse) de l'avoir fait boire pour le voler. Les deux nient, et Cajus s'en va en jurant de ne plus boire qu'avec des gens honnêtes. Une fois Cajus parti, Falstaff examine sa note et se désole à l'idée qu'au train où vont ses dépenses il risque de maigrir *(« So che se andiam, la notte... »).* Mais il a repéré deux riches bourgeoises auxquelles il est persuadé d'avoir plu *(« E' quella ! O amor ! »).* Il demande donc à Bardolfo et Pistola de porter une lettre à chacune des dames. Les deux s'y refusent, prétextant que leur honneur leur interdit de servir de messagers. Falstaff donne alors les lettres à un page, et se lance dans une diatribe contre l'honneur, qui n'est, au fond, qu'un mot *(« L'Onore ! »).* Il chasse ses serviteurs. – IIe tableau. Le jardin de la maison de Ford. En présence de Nannetta, sa fille (soprano), Alice Ford (soprano) et Meg (mezzo-soprano) racontent à Mrs Quickly (contralto) qu'elles ont reçu toutes deux une lettre d'amour de Falstaff : en la lisant, elles s'aperçoivent que les lettres sont identiques, à l'exception du nom de la destinataire *(« Fulgida Alice ! »).* Les femmes décident de se venger du balourd (quatuor), puis se retirent, tandis qu'arrivent Cajus, le jaloux Ford (baryton), Fenton (ténor), amoureux de Nannetta, Bardolfo et Pistola. Cajus se plaint de sa mésaventure, Bardolfo et Pistola dévoilent à Ford les projets amoureux de Falstaff, et Fenton propose de corriger ce dernier (quintette). En se voyant, les deux groupes – femmes et hommes – sortent chacun de son côté, à l'exception de Fenton et Nannetta. Tandis que les deux amoureux échangent quelques baisers *(« Labbra di foco... Torno all'assalto ! »)*, les femmes reviennent, ayant mis au point leur plan, puis c'est le tour des hommes autour de Ford, qui a lui aussi décidé de se venger (ensemble à neuf voix).

IIe acte. Ier tableau. L'Auberge de la Jarretière. Bardolfo et Pistola font mine de revenir, contrits, au service de Falstaff, puis annoncent l'arrivée de Mrs Quickly qui demande audience à Falstaff. Celui-ci la reçoit et Quickly *(« Reverenza ! »)* lui annonce qu'Alice, ravie de sa lettre, lui donne rendez-vous entre deux et trois heures chez elle. Quant à Meg, ajoute-t-elle, elle est aussi éprise de lui, mais elle est trop jalousement gardée par son mari. Falstaff exulte *(« Alice è mia ! Va, vecchio John... »)*, quand Bardolfo annonce un certain Maître Fontaine, qui n'est autre que Ford. Ce dernier offre à Falstaff du vin et un sac d'or, et s'explique : il est amoureux d'Alice, mais sa belle est de glace *(« C'è a Windsor una dama... »* et madrigal à deux *« L'amor... »)*. Aussi propose-t-il à Falstaff de la séduire pour lui ouvrir la voie, car la faute entraîne la faute. Falstaff accepte d'autant plus superbement que, dit-il, il a déjà rendez-vous avec Alice. Seul, Ford laisse éclater sa fureur contre son épouse (qu'il croit infidèle, n'étant pas au courant de la trame ourdie par les femmes), sa peur du cocuage, et chante des louanges à la jalousie *(« E' sogno ? o realtà ? »)*. Falstaff réapparaît, paré pour son rendez-vous. Les deux sortent. – IIe tableau. Une pièce dans la maison de Ford. Quickly raconte à ses amies sa rencontre avec Falstaff *(« Giunto all'Albergo della Giarrettiera »)*, lequel est sur le point d'arriver. Les femmes mettent tout en place avec gaieté ; seule Nannetta pleure, car Ford, son père, veut la marier à Cajus. Les autres protestent et Alice jure qu'elle s'opposera à ce mariage. Les femmes se cachent, et Alice reste seule, jouant du luth, tandis qu'entre Falstaff *(« Alfin t'ho colto... »)*, qui lui fait une cour très pressante et évoque la minceur de sa jeunesse *(« Quando ero paggio »)*. Au moment où il saisit Alice,

Quickly annonce Meg, qui entre annonçant l'arrivée de Ford, en pleine crise de fureur. On cache Falstaff derrière un paravent, Ford entre et fouille de partout, et notamment dans un grand panier de linge. Ne trouvant rien, il sort avec ses gens pour visiter le reste de la maison. On enfourne alors Falstaff dans la corbeille à linge, tandis que Fenton et Nannetta se cachent pour flirter derrière le paravent *(« Quanti schiamazzi! »)*. Ford rentre avec ses gens et, cependant que Falstaff étouffe dans son panier, il entend des baisers derrière le paravent (ensemble). Découvrant avec une double fureur Nannetta et Fenton, il repart fouiller dans la maison, tandis que les femmes font jeter par la fenêtre le panier de linge où se trouve Falstaff, qui choit dans la Tamise. Quand Ford rentre, Alice découvre à son mari la déconfiture de Falstaff.

IIIe acte. Ier tableau. Devant l'Auberge de la Jarretière. Falstaff, assis, médite sur la vilenie du monde, l'absence de vertu, le déclin des choses et de lui-même *(« Mondo ladro! »)* – et se console en buvant. Quand Quickly survient, il veut la chasser, mais celle-ci impute la faute aux valets et lui transmet un autre message d'Alice, qui lui donne rendez-vous à minuit, travesti, dans le parc royal, sous le chêne où la légende veut que se soit pendu le Chasseur noir *(« Amor ama il mistero »)*. Tandis que Quickly entraîne Falstaff pour lui préciser les choses, Alice, qui poursuit à l'intention des autres son récit *(« Quando il rintocco... »)*, Ford, Nannetta et Meg règlent la mascarade générale qui doit conclure la farce aux dépens de Falstaff; mais, les autres sortis, Ford – dont Quickly saisit les propos – recommande à Cajus de repérer Nannetta travestie en Reine des fées, car il veut en profiter pour bénir leurs noces. – IIe tableau. Dans le parc de Windsor, autour du chêne de Herne, à minuit. Fenton chante son amour dans un Sonnet *(« Dal labbro, il canto... »)*. Arrivent, déguisées ou prêtes à se costumer, Nannetta, Alice, Quickly et Meg. Alice jette sur les épaules de Fenton une cape noire. Des enfants costumés en lutins et en fées sont cachés dans le fossé. Tout le monde disparaît quand arrive Falstaff, travesti et coiffé d'une paire de cornes de cerf. Enflammé par l'amour, il compte les coups de minuit. Alice le rejoint, en annonçant que Meg la suit. Falstaff s'en réjouit, quand Meg crie à l'aide. Alice fait mine de disparaître. Nannetta invoque les esprits *(« Ninfe ! Sul fil d'un soffio... »)*, qui se font entendre, et Falstaff, craignant de mourir en les voyant, se jette face contre terre. Nannetta, les femmes déguisées et les petites fées envahissent la scène, ainsi que Ford, Cajus, Pistola et Bardolfo, lequel butte sur Falstaff. Tandis que Quickly éloigne Nannetta et Fenton, Bardolfo opère une conjuration sur le corps de cet humain cornu *(« Spiritelli ! »)*, que tout le monde tourmente à plaisir en le rouant de coups et en lui faisant avouer ses péchés *(« Pizzica, pizzica... »)*. Quand il comprend enfin la mascarade *(« Naso vermiglio ! »)*, tous se moquent de lui (tandis que Quickly fait enfiler à Bardolfo le costume de Nannetta), mais Falstaff fait observer que c'est lui qui donne de l'esprit aux autres. Quand Ford veut bénir le couple que forment Cajus et celui qu'on prend pour la jeune fille, un autre couple, voilé, se présente, qui demande également la bénédiction de Ford. Celui-ci accepte de bon cœur et ne découvre que trop tard la supercherie : il a marié Nannetta avec Fenton et Cajus avec Bardolfo ! C'est au tour de Falstaff de se moquer de lui. Ford admet les conséquences de son geste, chacun pardonne à chacun, et Falstaff entonne alors une fugue générale qui chante la folie du monde et le vertu du rire *(« Tutto nel mondo è burla »)*.

Une opinion récente, presque une mode, voudrait que, sous sa défroque de farce, *Falstaff* soit une sorte de comédie mélancolique [1]. On voit bien où se nourrit une pareille interprétation. Avec l'émouvante humanité de Falstaff, viveur déchu, la jalousie de Ford, un instant tramée d'une vraie douleur, le ravissant nuage dans lequel le compositeur enclôt les deux amoureux, le fée-

1. Ainsi G. Steiner, dans ses *Errata* (traduit par P.E. Dauzat, Gallimard, Paris, 1997), évoque-t-il la « tristesse » de *Falstaff*.

rique tableau de la forêt, *Falstaff*, à l'inverse de l'opéra bouffe rossinien, mêle en effet au comique de situation le comique des caractères et une poésie d'une inépuisable saveur. De surcroît, le jeu de Boito sur les formes littéraires (voyez le sonnet de Fenton, ou le souvenir de Boccace dans l'enchanteur distique qui sert de leitmotiv aux amoureux : « *Bocca baciata non perde ventura; /Anzi rinnova come fa la luna* »); l'élévation de l'orchestre au rang de personnage (Alfred Einstein); le raffinement inouï de l'écriture harmonique, polyphonique, instrumentale; les innombrables touches parodiques (cadences, trilles, voix de fausset) et même l'ironie de l'autocitation (dans le cri de Bardolfo et Pistola : « *Immenso Falstaff !* », comment ne pas entendre l'« *Immenso Ptah !* » des prêtres d'*Aida* ?) : en somme, la subtilité d'une partition où semble se consommer toute l'histoire du théâtre en musique occidental a pu tromper les oreilles postmodernes et faire passer cette « comédie lyrique » pour une fable désenchantée. Or, si *Falstaff*, dont tant de tournures peuvent évoquer la musique germanique de Haydn à Schumann, est en effet l'opéra le plus délicieusement « classique » qu'on puisse imaginer, ce serait vraiment trahir Verdi que d'ignorer, non seulement le formidable grotesque des situations, la *juvénilité* sans détour de cette étude sur les formes (le corps de Falstaff, le corps de l'œuvre) et le message que délivrent les personnages dans la Fugue finale (« Tout au monde est une farce »), mais encore les mots mêmes du compositeur, qui, en août 1889, écrivait à Boito : « ... Je m'amuse à écrire des fugues ! Oui, monsieur : une fugue... Et une *fugue bouffe...* qui pourrait très bien convenir pour *Falstaff* ! Mais, me direz-vous, comment une fugue bouffe ? Pourquoi bouffe ? Je ne sais *comment*, ni *pourquoi*, mais c'est une *fugue bouffe !* », et, en 1891, à Giulio Ricordi : « Il est intempestif de parler actuellement de *Falstaff*; cependant, je suis toujours plus convaincu que l'ampleur de la Scala nuirait à l'effet. En composant *Falstaff*, j'ai écrit pour mon plaisir, et pour mon propre compte, et je crois que ce n'est pas à la Scala qu'il faudrait le représenter, mais à Sant'Agata. » Un opéra de chambre, donc, conçu « pour le plaisir », comme un *jeu*, sans référence aucune à la « réception », et comme centré, orienté vers la fugue finale : une fugue bouffe. Vérification externe : un journaliste du « Figaro », présent aux répétitions dirigées par le compositeur pour la création parisienne en 1894, entendra Verdi reprendre les chanteurs : « Je vous en prie, mesdames, je vous en prie ! Ne tombez pas dans le sentimental ! De l'allégresse ! De l'allégresse ! *Falstaff* n'est que cela [1]... » Ce qui n'amoindrit nullement la philosophie de l'œuvre, mais la replace dans le parcours verdien comme une conclusion follement ludique. Qui interpréterait *Falstaff* comme le sourire amer de la vieillesse ne commettrait pas seulement un évident contresens au regard d'une œuvre chantant l'énorme allégresse de l'illusion ; il ruinerait aussi toute raison de croire à rebours dans les fables tragiques qui l'ont précédée pendant cinquante ans, s'interdirait d'entendre le rire immense du vouloir-vivre devant le voile illusoire et vital du réel. Les passages où les commentateurs croient déceler la mélancolie de l'âge disent à qui veut bien les entendre, tout le contraire. C'est ainsi que Ford achève son grand monologue délirant sur l'infidélité des femmes par un éloge non moins délirant de la jalousie. Ce qui n'est pas la dérision d'Otello, mais sa dimension ridicule et universelle. C'est ainsi que, dans son air *« Quando ero paggio »*, Falstaff, qui met toute sa réalité dans son ventre, chante sans la moindre nostalgie, et

1. *Deux interviews – Giuseppe Verdi* (par J.H.), in « Le Figaro » du 5 avril 1894.

comme avec condescendance, la minceur de sa jeunesse (« J'étais un mirage »). Quant au monologue du dernier acte *(« Mondo ladro... »)*, écoutez comment l'allusion morose de Falstaff au déclin du monde et à sa propre mort future *(« Va, vecchio John... »)* débouche aussitôt, dans la rayonnante tonalité de *ré bémol majeur*, sur le triomphal : *« Allor scomparirà /la vera virilità del mondo »* (« Alors disparaîtra /la vraie virilité du monde ») – qui pourrait bien être le cri amusé de Verdi lui-même au souvenir de son œuvre de « compositeur casqué ». Et puisque nous nous sommes laissé aller à évoquer la question de la tonalité, on rappellera que l'ouvrage s'ouvre et s'achève en *ut majeur*, tonalité stable par excellence, à laquelle on attribue communément des valeurs affectives de clarté et d'énergie.

En d'autres termes, on dirait qu'ayant enfin exorcisé avec *Otello* le visage obscur de la pulsion, Verdi opère avec *Falstaff* un véritable retournement. Le compositeur s'y moque moins en effet des ressorts passionnels de tout son œuvre antérieur qu'il n'en montre l'autre face. Nous l'avons dit pour Ford, qui serait le revers du More de Venise. Mais pensons surtout à Falstaff. Quel est son passé ? La débauche, le vin et les femmes. Un Don Juan ? Non, mais un Duc de Mantoue. Et son présent : la déchéance sociale, et ce ventre énorme, cette proéminence, qui marque à la fois sa vitalité (sa virilité) et sa différence, qui symbolise son *exclusion*. On ne s'étonnera pas de ce terme, dont nous avons abondamment montré qu'il recouvre, au travers même d'un incessant renouvellement formel, un invariant de la psyché verdienne. De *Rigoletto* à *Falstaff*, du Bossu au Gros-Ventre, le fil n'est pas brisé. Falstaff, c'est le Duc déchu et Rigoletto redressé – mais ventru. Problème de retournement. Et l'exclu peut rire alors, d'un rire sublime et gai, de la folie du monde.

Falstaff, opéra « classique ». Certes, mais la dernière œuvre de Verdi est aussi l'opéra le plus juvénile, le plus audacieux, le plus improbable que l'Italie pût alors produire en cette fin de siècle. Au point que, par-delà quelques passages de *La Bohème* (1896), il faudra attendre *Gianni Schicchi* (1918) pour que Puccini en recueille génialement l'ultime héritage. Tandis que ce style de « conversation » musicale (un mot que Eduard Hanslick fut un des premiers à prononcer à propos de *Falstaff*[1]) devait éclore en Allemagne sous la plume de Richard Strauss à partir du *Chevalier à la rose* (1911). Du reste, depuis l'époque du *Requiem,* l'Allemagne elle-même commençait à prendre très au sérieux l'ex-auteur de « musiques pour orgue de barbarie », et, remâchant le remords d'avoir autrefois décoché de méchantes railleries contre le « dernier contempteur du goût italien », le 7 avril 1892, Hans von Bülow avait adressé à Verdi une lettre passablement folle : « Illustrissime Maestro, Daignez entendre la confession d'un pécheur repenti ! Il y a dix-huit ans, le soussigné s'est rendu coupable d'une grande... d'une grande *stupidité [« bestialità »]* journalistique (...). Il en a rougi, s'en est repenti amèrement, et que de fois ! (...) J'avais l'esprit aveuglé par un fanatisme de séide ultra-wagnérien. Sept ans plus tard, la lumière s'est faite peu à peu. Le fanatisme s'est purifié, il est devenu enthousiasme. Fanatisme-pétrole ; enthousiasme-lumière électrique. (...) J'ai commencé par étudier vos dernières œuvres : l'*Aida*, l'*Otello* et le *Requiem*, dont, dernièrement, une exécution plutôt faible m'a ému jusqu'aux larmes : je les ai étudiées non seulement selon la lettre qui tue, mais selon l'esprit qui vivifie ! Eh bien, illustre Maître, à présent je vous admire, je vous aime ! » On imagine la tête que dut faire Verdi en lisant cette missive. « Il est fou ! » avait-il aussi-

1. Voir M. Conati, *Interviste e incontri con Verdi*, p. 238.

tôt écrit à Giulio Ricordi. Mais il répondit avec une noblesse qui en dit plus long que tout portrait : « ... Il n'y a pas l'ombre d'un péché en vous ! – et ce n'est vraiment pas le cas de parler de repentir et d'absolution ! Si vos opinions d'autrefois différaient de celles d'aujourd'hui, vous avez très bien fait de les manifester ; et je n'aurais jamais osé m'en plaindre. Du reste, qui sait... vous aviez peut-être alors raison. »

C'est avec ce que Bülow aurait appelé un « fanatisme-pétrole », un « enthousiasme-lumière électrique », que *Falstaff* fut créé à la Scala le soir du 9 février 1893. Il suffirait de changer à notre reportage de la création d'*Otello* quelques noms dans les loges et sur scène [1], d'ajouter un télégramme royal et d'abréger un peu, selon le vœu de Verdi, les manifestations populaires (qui, du reste, s'adressaient davantage à l'homme qu'à l'œuvre, décidément trop audacieuse), pour avoir un croquis de cette première. Avec cette précision : aux yeux de tous, Verdi, alerte, le buste droit, et son beau visage chenu « à peine plus ridé qu'une dame de trente-cinq ans », paraissait plus jeune que jamais.

1. Les interprètes de la création étaient, outre Victor Maurel (Falstaff), Antonio Pini Corsi (Ford), Edoardo Garbin (Fenton), Giovanni Paroli (Cajus), Paolo Pelagalli Rossetti (Bardolfo), Vittorio Armondi (Pistola), Emma Zilli (Alice), Adelina Stehle (Nannetta), Giuseppina Pasqua (Quickly) et Virginia Guerrini (Meg).

CHAPITRE XIII

La fin

Pourtant elle était là, elle était venue, la vieillesse. Mais d'autant plus insinuante que Verdi ne s'était jamais mieux porté que dans ces longues années qui préludaient à la fin. Etrangement, les maux incessants qui avaient gâché sa jeunesse et son âge mûr s'étaient peu à peu dissipés. Et les médecins s'étonnaient que le maigre et fiévreux jeune homme, qui, à l'en croire, avait même failli mourir en composant *Attila*, soit devenu ce beau et robuste vieillard de quatre-vingts ans, capable de prendre un train de nuit pour Paris et, arrivé à sept heures, de commencer l'après-midi même les répétitions de *Falstaff* à l'Opéra-Comique (avril 1894). Exploit qu'il répéta, quelques mois plus tard, pour la création en français d'*Otello*.

Mais sa santé n'était pas seulement physique. Après le triomphe de *Falstaff* à la Scala, le bruit courut dans les journaux que le roi allait lui donner le titre de marquis de Busseto. Verdi pâlit d'horreur et s'empressa d'écrire au ministre. Lequel le rassura : Umberto lui-même avait ri de cette fausse information, tout en se plaignant qu'elle fût une sorte d'injure envers lui-même et le compositeur. « Qui est le roi de l'art, ajoutait le ministre, ne saurait devenir marquis de Busseto. » Et c'est en égal, du reste, que le souverain l'accueillit dans sa loge et le présenta au public en avril lors de la création à Rome de *Falstaff*, à l'occasion de laquelle Verdi effectua deux retouches ponctuelles, mais non négligeables, à son dernier chef-d'œuvre. N'eût été la santé de Giuseppina, qui se déteriorait lentement et le préoccupait chaque jour un peu plus, il eût été vraiment joyeux. Il scellait souvent ses lettres de la devise de Falstaff : « *Tutto nel mondo è burla* », et se livrait même à quelques facéties épistolaires. Le 13 mai 1893, il écrivait par exemple à Edoardo Mascheroni, le jeune et grand chef d'orchestre qui avait dirigé la première de *Falstaff* et que, par affection, il nommait « Farfarello » : « ... Je suis actuellement tout occupé à mettre la dernière main à un opéra en douze actes et un prologue, doté d'une ouverture longue comme les neuf Symphonies de Beethoven mises bout à bout, chaque acte étant pourvu d'un prélude où tous les violoncelles et les contrebasses à l'octave jouent une mélodie, non pas du genre de *La Traviata*, de *Rigoletto*, etc., etc., mais une mélodie moderne, une de ces mélodies si belles qui n'ont ni commencement ni fin et restent suspendues dans l'air comme la tombe de Mahomet... » Et, l'année suivante, après avoir désespérément cherché des motifs historiques pour le ballet de l'*Otello* parisien, il écrivait à Giulio Ricordi : « Vos Docteurs en musique ont été incapables de me trouver quoi que ce soit... Mais, moi, j'ai trouvé un Chant grec de cinq mille ans avant Jésus-Christ ! Si le monde n'existait pas encore, tant pis pour le monde ! Et j'ai trouvé une Muranaise qui fut composée il y a deux mille ans lors d'une guerre que Murano gagna contre Venise. Et tant pis si Venise n'existait pas encore... »

Sa bonne humeur ira, bien sûr, se dissipant, mais il gardera sa promptitude et sa lucidité d'esprit jusqu'à la fin, en faisant preuve, par exemple, de surprenantes positions culturelles et politiques. C'est ainsi qu'un jour de septembre 1896, alors qu'il s'entretenait de l'Inde avec Italo Pizzi, qu'il recevait désormais comme un jeune ami, il déclara : « C'est un grand et antique peuple, qui est devenu la proie des Anglais. Mais ils s'en repentiront ! Les peuples se laissent opprimer, vexer, maltraiter, et les Anglais sont des *fils de chiens* [1] ; mais vient le moment où le sentiment national se réveille, et personne n'y peut résister. C'est ce que nous avons fait nous-mêmes avec les Autrichiens. Hélas, nous voilà maintenant en Afrique en train de jouer le rôle des tyrans. Nous sommes bien mal en point, et nous le paierons. On dit que nous allons là-bas porter à ces peuples notre civilisation. Belle civilisation que la nôtre, avec tous les malheurs qu'elle transporte ! Ces gens ne savent qu'en faire, et même, en de multiples choses, ils sont beaucoup plus civilisés que nous [2] ! » L'évocation du sentiment national n'était que le réflexe d'un vieil homme qui avait vécu le *Risorgimento*, mais la critique du colonialisme et l'évaluation positive des cultures prétendument « barbares », voilà qui n'était pas commun chez un grand bourgeois de la fin du siècle.

Dans les mois qui suivirent la création de *Falstaff*, on avait attribué à Verdi l'intention de se remettre au *Roi Lear*, puis celle de composer un opéra sur le célèbre épisode du Comte Ugolin de l'*Enfer* dantesque. Mais, tout allègre qu'il était alors, Verdi savait qu'il ne donnerait plus jamais d'opéra. Simplement, incapable de rester inactif, il poursuivait sa lecture des maîtres anciens (Palestrina et Bach, surtout), et continuait à composer des œuvres religieuses. Entre *Otello* et *Falstaff*, outre

1. En dialecte : « *fiœui de can* ».
2. Cité par M. Conati in *Interviste e incontri con Verdi*, p. 341.

l'*Ave Maria* (pour chœur *a cappella* à quatre voix) sur la fameuse « gamme énigmatique », il avait écrit des *Laudes de la Vierge Marie* (pour deux sopranos et deux contraltos) sur les sept premiers tercets du dernier chant du *Paradis* de Dante. En 1896, après mille tourments de conscience et de vaines recherches dans la production des siècles passés, il acheva un beau *Te Deum* pour double chœur et grand orchestre, et un très émouvant *Stabat Mater* pour chœur à quatre voix et orchestre, traité de façon plus dramatique. Réunies, ces compositions devinrent les *Quatre Pièces sacrées (Quattro pezzi sacri)*, qui, à l'exception de l'*Ave Maria*, furent créées à Paris le 7 avril 1898 par les soins de Boito et un mois plus tard à Milan sous la baguette de Toscanini.

Mais, entre-temps, le 14 novembre 1897, après avoir laissé tomber le volume de *Don Quichotte* qu'elle était en train de relire, Giuseppina s'était éteinte à Sant' Agata. « Et à présent, adieu, mon Verdi. Comme nous fûmes unis dans la vie, que Dieu réunisse nos esprits au Ciel. » Tels étaient les derniers mots de son testament. On pourvut à ses dernières volontés. Le 16 novembre, au petit matin, Verdi suivit à pied le cercueil de sa femme jusqu'à l'église de Sant'Agata, au milieu de ses proches, du peuple et d'un détachement de carabiniers présentant les armes. Fait moins curieux qu'il n'y peut paraître si l'on se rappelle la façon dont il avait toujours évité d'assister à des obsèques, fût-ce à celles de ses plus proches amis, Verdi n'accompagna pas à Milan la dépouille de Giuseppina, qui fut enterrée au Cimetière monumental, en présence de Boito, rentré aussitôt de Paris, de la famille Ricordi et de la comtesse Negroni Prati Morosini.

Verdi avait quatre-vingt-quatre ans. La mort de Giuseppina, qui n'était pourtant pas une surprise, l'accabla. A l'automne 96, il avait eu lui-même à Gênes une attaque qui l'avait laissé immobile et muet. Il avait réussi à tracer le mot « café » sur un billet, et la tasse miraculeuse l'avait remis d'aplomb. On avait tenu l'accident secret. Et il avait retrouvé sa vigueur. Maintenant, il se plaignait de sa vue, de sa surdité, de ses mains qui tremblaient. Il se reprit pourtant, et même, dans ce vide désolant de sa vie, traînant « cet inutile corps [1] », il recommença entre Gênes, Sant'Agata, Montecatini et Milan à mener une vie tout à fait indépendante : il gérait ses affaires; suivait l'achèvement des travaux de la « Maison de repos pour musiciens »; allait prendre les eaux; recevait, parcimonieusement mais avec une cordialité toujours plus charmante, les étrangers de passage et la nouvelle génération des musiciens italiens [2]. Sans parler de ces deux anges féminins, Maria Verdi Carrara, sa fille adoptive, et Teresa Stolz, qui faisait encore briller sur lui les feux d'une affection amoureuse (et, malgré ses vingt ans de moins, ne tarderait pas à le suivre dans la mort), il retrouvait, avec une « joie » presque enfantine, les grands amis de sa vieillesse : Boito, Mascheroni, Ricordi.

En 1899, plus que jamais soucieux de mettre de l'ordre dans ses affaires, il obtint l'autorisation d'être enterré, auprès de Giuseppina, dans la crypte de la « Maison de repos », et l'année suivante il rédigea son testament. Il nommait légataire universelle sa fille adoptive, Maria Verdi Carrara, mais dotait avec largesse les écoles maternelles, les crèches et certains hôpitaux de Gênes, l'hôpital de Villanova, l'école maternelle de Cortemaggiore, le Mont-de-Piété de Busseto, sans oublier tous ses domestiques, et léguait à la « Maison de

1. Lettre à Giulio Ricordi, citée par F. Abbiati, *Giuseppe Verdi,* IV, p. 643.
2. Voir une fois de plus les pièces réunies par M. Conati dans *Interviste e incontri con Verdi.*

repos pour musiciens » ses droits d'auteur, son piano Erard, l'épinette de son enfance et toutes ses décorations. A l'été 1900, il jeta sur le papier sa dernière esquisse musicale : quelques notes sous un vers de la prière que la reine Margherita avait écrite à la mort d'Umberto Ier, assassiné le 20 juillet par un anarchiste. A la fin de la même année, il demanda à Maria Verdi de brûler toutes ses compositions de jeunesse, qu'il avait parfois dû racheter à prix d'or dans les environs de Busseto. Et, le 4 décembre 1900, il quitta Sant'Agata pour Milan. C'est dans la plus belle suite du Grand-Hôtel, qu'on lui réservait depuis des années, que, le 21 janvier, il eut une attaque alors qu'assis au bord de son lit il boutonnait sa veste noire. A la domestique qui l'aidait, il dit seulement : « Un bouton de plus, un bouton de moins... », et tomba sans connaissance.

Pendant une semaine, Milan se tut. Dans l'hôtel, on n'entendait que le chuchotement des journalistes et le crépitement du télégraphe qui, d'heure en heure, informait la Cour de l'état de santé du « Grand Vieillard ».

Le 27 janvier, à 14 h 50, Verdi cessait de vivre [1].

*

De leur créature, les biographes aiment à rapporter les ultimes mots. Il nous plaît que ceux de Verdi, dénués de toute emphase crépusculaire, soient la comptine pro-

1. C'est le 30 janvier, à sept heures du matin, que, dans un corbillard de deuxième classe et sans discours ni musique, selon les vœux qu'il avait exprimés, son corps fut transporté, à travers une foule silencieuse de deux cent mille personnes qui se découvraient ou tombaient à genoux, jusqu'au Cimetière monumental, où il fut inhumé au côté de Giuseppina. Les funérailles officielles eurent lieu le 27 février suivant, lorsqu'on transféra solennellement les deux dépouilles jusqu'à la crypte de la « Maison de repos pour musiciens ». C'est avant que le cortège ne quitte le cimetière que plus de huit cents choristes entonnèrent le « *Va pensiero sull'ali dorate* » de *Nabucco* sous la direction de Toscanini.

saïque d'un esprit égaré. « Un bouton de plus, un bouton de moins... » Comme un refrain de couturière, une chansonnette d'artisan, la devise d'une vie, de toute vie, passée jusqu'au bout à rouler sur une pente le fatal rocher.

NOTE

Ce livre est la fois une biographie et un essai sur l'esthétique et la pensée de Verdi. Il peut également servir d'introduction à l'écoute des œuvres.

Pour la narration de la vie, tout en opérant des choix personnels dans le découpage des périodes et l'interprétation des événements, je me suis imposé la plus grande scrupulosité dans le traitement des faits et des documents d'époque. Compte tenu du laxisme de certains ouvrages, il n'est pas inutile de préciser que, sauf mention spécifique, j'ai traduit moi-même toutes les citations de l'italien.

Pour l'étude des œuvres, j'ai résumé en quelques lignes l'argument des deux premiers opéras de Verdi et des ouvrages les plus faibles des « années de galère »; j'ai donné un résumé détaillé des autres opéras de la même période. Enfin, pour la ligne de crête formée par *Nabucco, Ernani, Macbeth, Luisa Miller* et toutes les autres œuvres à partir de *Rigoletto*, j'ai fourni une analyse détaillée du livret, assortie de l'*incipit* des principales pages.

M.O.

ORIENTATIONS BIBLIOGRAPHIQUES ET OUVRAGES CITÉS

ABBIATI (F.), *Giuseppe Verdi*, 4 vol., Ricordi, Milan, 1959.

ALFIERI (V.), *Agamennone, Mirra*, intr. e note di V. Branca, Rizzoli, Milan, 1981.

— *Saul* e *Filippo*, intr. e note di V. Branca, Rizzoli, Milan, 1980.

BALDACCI (L.), *Libretti d'opera e altri saggi*, Vallecchi, Florence, 1974.

BALDINI (G.), *Abitare la battaglia*, Garzanti, Milan, 1970 (1983).

— *Manualetto shakespeariano*, Einaudi, Turin, 1964.

BASEVI (A.), *Studi sulle opere di Giuseppe Verdi*, Tofani, Florence, 1859.

BERLIN (I.), *Against the Current*, The Hogarth Press, Londres, 1979.

BLANCHARD (R.) et CANDÉ (R. de), *Dieux et Divas de l'opéra*, Plon, Paris, 1987.

BOITO (A.), *Opere*, a cura di M. Lavagetto, Garzanti, Milan, 1979.

BUDDEN (J.), *The Operas of Verdi*, 3 vol., Cassel, Londres, 1973-1981 (éd. revue, Oxford, 1992).

Carteggio Verdi-Boito, a cura di M. Medici e M. Conati, Istituto di Studi verdiani, Parme, 1978.

CONATI (M.), *Interviste e incontri con Verdi*, ed. Il Formichiere, Milan, 1980.

Copialettere di Giuseppe Verdi (I), v. G. VERDI.

DEBENEDETTI (G.), *Vocazione di Vittorio Alfieri*, Editori riuniti, Rome, 1977.

DE VAN (G.), *Un théâtre en musique*, Fayard, Paris, 1990.

EINSTEIN (A.), *La Musique romantique*, trad. par J. Delalande, Gallimard, Paris, 1959 (rééd., 1984).

FERNANDEZ (D.), *Le Voyage d'Italie*, Plon, Paris, 1997.
FOSCOLO (U.), *La Chioma di Berenice*, G. Silvestri, Milan, 1833.
GARIBALDI (G.), *Memorie*, nella redazione définitiva, Cappelli, Bologne, 1932.
GATTI (C.), *Verdi*, trad. par P. Barbaud, Gallimard, Paris, 1961 (reprint Ed. d'Aujourd'hui, 2 vol., Plan-de-la-Tour, 1978).
GOLDIN (FOLENA) (D.), *La Vera Fenice*, Einaudi, Turin, 1985.
— *« La Forza del destino ». Un percorso dal teatro spagnolo al melodramma verdiano*, Teatro Bellini, Catane, octobre 1992.
— « Lessico melodrammatico verdiano », in (coll.) *Le Parole della musica* II, Leo S. Olschki, Florence, 1995.
Guide des opéras de Verdi, sous la dir. de J. Cabourg, Fayard, Paris, 1992.
LAVAGETTO (M.), *Un caso di censura : il « Rigoletto »*, ed. Il Formichiere, Milan, 1979.
LEIBOWITZ (R.), *Les Fantômes de l'opéra*, Gallimard, Paris, 1972.
— *Histoire de l'opéra,* Buchet-Chastel, Paris, 1957.
MALLARMÉ (S.), *Œuvres complètes*, La Pléiade, Gallimard, Paris, 1945.
MANN (Th.), *La Montagne magique*, trad. par M. Betz, Fayard, Paris, 1931.
MARCHESI (G.), *Giuseppe Verdi*, Unione Tipografico-Editrice Torinese, Turin, 1970.
MILA (M.), *Giuseppe Verdi*, Laterza, Bari, 1958.
— *L'Arte di Verdi*, Einaudi, Turin, 1980.
MIOLI (P.), *Il teatro di Verdi (La vita, le opere, gli interpreti)*, Rizzoli, Milan, 1997.
MOINDROT (I.), *L'Opéra seria, ou Le règne des castrats*, Fayard, Paris, 1993.
MONTALE (E.), *Prime alla Scala,* Mondadori, Milan, 1981.
OBERDORFER (A.), *Giuseppe Verdi : autobiografia dalle lettere*, a cura di M. Conati, Rizzoli, Milan, 1981.
ORCEL (M.), *Trois Guerriers plus un,* Le Temps qu'il fait, Cognac, 1993.
— *Littérature, démonisme et chasteté dans « Le Trouvère »*, in « La Grange », Genève, avril 1998.
— *La Royauté du fou*, in « L'Avant-Scène Opéra », *Rigoletto*, n° 112-113, Paris, 1988.

OSBORNE (Ch)., *The Complete Operas of Verdi. A critical guide*, Gollancz, Londres, 1969 (trad. ital. *Tutte le opere di Verdi. Guida critica,* Mursia, Milan, 1975).

PHILLIPS-MATZ (M. J.), *Verdi, a Biography*, Oxford University Press, New York, 1993 (trad. fr. *Giuseppe Verdi*, Fayard, Paris, 1996).

POUGIN (A.), *Giuseppe Verdi : vita aneddotica con note e aggiunte di Folchetto*, Milan, 1881.

RECOING (E.), *Azucena, la dette et le don*, in « L'Avant-Scène Opéra », *Le Trouvère,* n° 60, Paris, 1984.

« *Re Lear* » *e* « *Ballo in maschera* ». *Lettere di G. Verdi ad Antonio Somma*, a cura di A. Pascolato, Lapi, Città di Castello, 1902.

SAVINIO (A.), *Hommes, racontez-vous*, trad. par S. Ducrot, Gallimard, Paris, 1978.

— *Scatola sonora*, Einaudi, Turin, 1977.

SCHOPENHAUER (A.), *Métaphysique de l'amour. Métaphysique de la mort*, trad. par M. Simon, Union Générale d'Editions (10-18), Paris, 1964.

SHAKESPEARE (W.), *Macbeth*, trad. par P. Leyris, Aubier, Paris, 1977.

SHAW (B.), *Ecrits sur la musique, 1876-1950*, trad. par B. Vierne, A. Chattaway et G. Liébert, Laffont, Paris, 1994.

SMITH (P.), *The Tenth Muse*, New York, 1970 (trad. ital. *La Decima Musa*, Sansoni, Florence, 1981).

VERDI (G.), *I Copialettere*, pubblicati e illustrati da G. Cesari e A. Luzio, Milan, 1913 (reprint A. Forni, Bologne, 1979).

WEAVER (W.), *Verdi : a Documentary Study*, Thames and Hudson, Londres, 1977.

WEISS (P.), « Verdi e la fusione dei generi », in (coll.) *La drammaturgia musicale*, a cura di L. Bianconi, Il Mulino, Bologne, 1986.

TABLE

Cet ouvrage a été réalisé

FIRMIN DIDOT

GROUPE CPI

Mesnil-sur-l'Estrée

pour le compte des Éditions Grasset
en janvier 2001

Imprimé en France
Dépôt légal : janvier 2001
N° d'édition : 11800 – N° d'impression : 53244
ISBN : 2-246-61051-6